岛屿之书

盛文强_著

中国工人出版社

自序

十年之前，我的写作已和岛屿有关。我出生在胶州湾内的一个半岛，后来又往来于东南沿海若干杳不可及的无名海岛之间，深入到不为人知的所在。岛屿的弹丸之地，提供了一种可资借鉴的文本生发方式，岛屿也曾内化为我自身性格的一部分，这使我走向内陆后出现各种不适，也可看作是我在世俗中所历的种种失败的根源。本不当萦于心，然则其裹挟的光阴已然蹉跎，无可挽回。至为沉痛者，莫过于此。

值得欣慰的是，来自异国的同龄人朱迪斯·莎兰斯基（Judith Schalansky）在地理学的视域内发现了岛屿的矫然不群。作为狂热的岛屿爱好者，她为岛屿找回了尊严。她曾在地图的空白处写道："不少岛屿都远离大陆，远到根本无法绘入国家的行政区划图。大多数情况下，它们都被略去不提，只是偶尔，它们才会在绘图学的某张短腿小桌子上得到一席之地，它们被框进一个小框，蜷缩在整张地图的角落处，有自己单独的比例尺，可就是没有具体的位置信息。"

2

地图的绘制者们致力于定向，勾画出岛屿的边界，却发现这一切是徒劳，因为岛屿的形状时刻都在变幻——海潮上涨，礁石崩落，大船搁浅，这些不确定因素，都足以使岸线变动不居，岛屿的形状因此改变。一只在海岸觅食的海鸟，其长喙也可啄破脆弱不堪的岛屿边界，令地图绘制者的劳作毁于一旦。

岛屿是难以圈定的，其空间虽显逼仄，却可成为文学的样本。世事的乖谬无常极易被广袤的内陆所稀释，而岛屿地僻而小，一切情节得以无限放大，无处藏身。在岛屿，世界扑面而来，避之不及，岛屿成为纷繁世事的镜像。与此同时，岛屿也是个体精神的冒险之地——在微缩的世界里，有人谋划着疯狂的海外之行，传奇的履历，源自血液里的躁动。也有人默不作声地藏匿，内心深处却满怀着逃离尘世的喜悦。

岛屿难以被规驯。岛屿日夜悬浮在深渊之上，却不沉没。岛屿令人沉湎的理由，无外乎此。对这些岛屿的魔幻式重构也非止一日，将不同的岛屿轮廓图层层叠加，做平面投影，得到的却是乱麻一般的黑漆漆的线团，这形状似乎更接近岛屿的本质——它们从来都不中规矩，不入绳墨，就像海面的波浪一样，不停地运动，不住地闪烁光芒。

许多年后，我将所历的岛屿一一比照，随着对岛屿的截面观察的深入，自我认知也无限剖分，沉恸地寻找与追问。

犹记得十年前的夜晚，归航的船上。岛屿上连绵的山峰已经出现在海平面上，那些交接的抛物线带来了无可挽救的挫败感，颇令人沮丧。我们在船上都沉默了，没有人说话。黑压压的海面，是几千米的深渊，时间在船舷之外凝滞。当此之境，便可瞬间证得此身之虚妄，于大梦中惊醒。

写下这些，是为序。

盛文强

2016年5月于青岛

目录

上篇

下篇

上篇

岛屿之书

【壹】

他回到岛上，看到了那条废弃的木船，船头的尖角抵进了岸上的泥沙——当初它从海上回来时，冲劲太急，船头戳破了岸线。

这条船仿佛存活了几个世纪。在海上漂泊的同时，它自身也在不断缩小。构成船体的红松木，在不知不觉中溶解、挥发。在斑驳的水光照耀之下，船体俨然是受到炙烤的乌贼，急剧枯萎下去。一艘船的老迈，令撑船的水手感到揪心——水手不禁想到了自身。摇橹之际，他侧身望着船舷之外的海面，那些波浪无休止地跳动，不断闪烁光芒，似乎只有波浪才是不老的。

它终于离开了海，剥蚀殆尽的龙骨，缩小为一架船模，在码头，船模摆在嵌有镜面的货架上，作为岛屿早年历史的唯一见证。昔日的海岛少年打船模前经过，忍不住停下脚步。他的目光落在纸片裁出的风帆上，但见帆面弯曲，似有一场好风来了，他耳边又响起了包裹在帆布中的隆隆风声。

在他心中，一场近乎疯狂的远航之旅正在酝酿。

【贰】

在这座岛屿上，猫是不受欢迎的。不管多么听话的猫，多少都会偷鱼，一只成年猫的一餐甚至能吃掉整条梭鱼，而且把鱼刺原封不动地留在原处。渔家几乎不养猫，甚至听见猫叫也会不舒服。我登岛时正逢初春，阳光带来了久违的暖意，那只猫倒在一片空地上晒太阳，弓起的背部有节奏地起伏，浓密的金黄皮毛被晒得松软，根根都在风中弯折。当我靠近时，它摇晃着站起来，周身上下带着惺忪的睡意，因呵欠而张开的巨口有着深不见底的黑暗，它甩动头颅，发出扑棱棱的声响，那是颈骨的咬合之声，经过这一番甩动，它精致的头颅由松弛的睡眠状态骤然变紧，精神也随之一振，就像刚从某个逝去的久远年代之中醒来。我看到它脚下踩着几块梳子似的鱼刺走开了，那是它入睡之前吃完的一顿美餐。它的尾巴翘在空中，左右摆动着，似腾空燃起的火焰。它一直走进胡同深处，拐个弯就不见了。我跟在它身后，脚下加紧，穿过几处牡蛎壳和蛤蜊壳堆成的贝丘，笔直的南街在我面前铺展开来——南街的尽头直通海岸，几个人影在海天相交之处晃动着，南街打通了海与天地的界限，人们自由往返于其间，毫无窒碍，这是南街的神奇之处。

南街，时间仿佛静止不动。

房屋和树木十年来没有变样，街道两边的村庄依然站立着，隐藏在房屋之间的水洼闪闪发亮。太阳在不远处斜照过来，照得后背微微发烫，街上有人走过，他们脸上涂满了油亮的光，皱纹都被照开了，脸面像孩子一样平滑。看到这些，你不得不相信，这里是神奇之地。海鸥从南街上空飞过，迎风伸展着双翅，借助风力在空中滑行，它们正悬浮在我的头顶。海鸥甚至比我步行的速度还要慢一些，我走出几步再抬头，它已经被落在脑后了。站在原地仰头等着，海鸥才缓缓滑过来，剑刃似的翅膀横在半空，两肋的黑翎闪着寒光，它投下的阴影在我脸上闪了一下，紧接着划遍了南街密集的屋顶，一路朝海边去了。随着起伏的丘陵地势，屋顶也是时有起落，我的目光也一路追随着房顶。白亮的小径直上直下，通向高处的屋顶。低洼处的屋顶往往连成一片，恰似斜方纹的坐垫。渔村的外围就是海，那时的海看上去有古旧的蓝色，总要比天空的颜色还要深重一些，南街的房子也都笼罩了低沉的蓝光。几个行人走过，脸上也是透明的蓝色，漾着水的波纹，正如跳跃的海面，他们都是水的化身。

南街街尾的房子是我家，坐北朝南的五间正房，外围是红砖墙垒出的高大院墙。木门的接缝处绽开了竖纹，透出丝丝光亮。门鼻上挂着黄铜锁，我转到东墙角，在槐树根下看到了那个倒扣着的扇贝，钥匙倒扣在里面。家家户户门前的树下都有这样的贝壳，大家心照不宣，谁也不去动别人家的贝壳，这在渔村是约定俗成的规矩了。我拾起钥匙，上面还带着泥土的湿气。钥匙刚入锁孔，锁鼻就自动弹开了，簧片发出嗡嗡的金属回音。来到院子里，檐下的干鱼在风中朝一个方向歪，院子里只剩下它们。每当看到干鱼飞在檐下时，我就知道秋天已经很深了。干冷的风给了干鱼粗粝的外表，一冬的晚饭里，干鱼都会被摆放在我们的饭桌上，我们品尝到秋的凝重，这和冬季的寒冷气息倒是相宜的。这时，我眼前忽然出现了跳动的炉火，炉火上鼓着气泡的干鱼吱吱冒着油，气泡一个个爆裂，鱼香从中散出，焦黄的鱼肉在灯下有着灼灼金光。这样的夜晚是安静的，我走出房门，深不见底的黑夜里群星暗淡，这时，巨蟹座在东墙升起来，四颗明亮而又硕大的星照在天井里，地面上光华夺目，纸盒似的宅院围着星星运转，让人忘记了时间。

【叁】

在岛屿的日子里，他时常想——究竟是什么构成了岛屿的原初形态？是地火奔涌带来的绛红岩浆，是河流入海堆垒起的白沙，是死去的贝类的尸骸，还是搁浅的船只碎片？

他仿佛目睹了一个岛屿的形成——出海的渔家首先发现了孤悬海外的岛，登岛后，发现荒草高可过人，不见人迹，在岛上步行一天就能横穿而过，岛虽小，却河流密布，水声处处。他甚至听到了渔夫们的欢呼。于是，岛上船来船往，有了人烟。新来的人当中，自然少不了避世的隐居者，有逃荒的难民，有没落的王孙，更有金盆洗手的强盗。彼时他们住在岛屿的最南端，正冲着自南而来的滚滚波涛。风浪大时，潮头暴涨到了窗外，海水浸入，把熟睡中的一家老小冻醒，这些尚未深谙水性的移民们，在大水到来的深夜纷纷爬上屋顶，挨到天亮。多年以后，他们的后代都变成渔夫，在海水光顾之夜，他们也丝毫不会惊慌，全然忘记了他们的来历——海岛为他们安置了新的身份。乘船而来的，多是陌生的面孔，他们对过去三缄其口。出于默契，他们守着共同的秘密，不去触碰他人的往昔岁月。

当然，他也看见银鱼在船舷流溢，这些跳动的光源来到岛屿，摊晒在房顶的鱼群——每道瓦沟里都躺着一尾银鱼。不时有半干的银鱼被南风吹落，跌到庭院中。如果凑巧，会看到窗前有银鱼从天而降，它滑到屋檐才失去平衡，被檐角掀翻，旋转着落下来。有时身在高处的银鱼被风吹动，滑落时带动了一串，窗口就会出现暴雨似的银鱼，它们瞬间复活，争相跃入庭院的深渊。

那时节，他每听到一声银鱼坠地，都要暗暗心惊，听到的并非水声，而是冷硬的撞击。午后的庭院空旷，银鱼满地杂陈，无人照料。

【肆】

岛屿最南端，渔家房舍坐北朝南，院门紧挨着海滩，船停在门外，渔民下了船就可进自家院子，省去了岸上的奔波，而那些住在岛屿中部的渔民们对此最为眼热——他们在登岸之后，还有很长的路要走，只能怪自己的先人见机太迟，在移民大军中未能抢到岛屿的有利地形。

还未到海边，先见无数支桅杆在屋顶上冒出来，仿佛枝叶落尽的丛林，在海风中互相挤撞，一派萧瑟，恍若秋天提前降临。有一只海鸥的羽毛被海上的风吹乱，它落在桅杆上，带肉蹼的脚爪包裹住桅杆的球形端点。见我走近，海鸥一抬翅膀飞走了。我绕过这排临海的房屋，海水的蓝光迸现，照眼欲盲，身子也被海风推得倒退几步，这是海的威力，曾经多么熟悉，如今也显生疏了。

潮退远了，海岛的少年奔驰在滩涂上，泥浆四下迸溅，他们腰里别着铁铲，靠铁铲刨开泥滩，翻找蛤蜊和蛏子。黑泥闪着鲜亮的油光，掘开的浅坑，大多有着铁铲削出来的平滑内壁，不多时，就会被渗出的海水注满。挥舞巨螯的招潮蟹走过，失足掉进水坑里，摔了个肚皮朝天，它靠巨螯支撑，久久难以翻身，它在寻找支点，双螯四下里试探着。当它终于借着坑壁的支撑翻过身来，顿时凶煞附体，它举螯击打四壁，蟹螯的两对尖刺，在坑壁划出了平行的双线，泥坑里浊浪翻滚，招潮蟹的身形隐而不见。就在发疯的招潮蟹背甲之上，盘旋的短尾鹛俯身滑翔而过，它在寻找猎物，在它所过之处，滩涂的肉身罹受刀俎，变得千疮百孔。

不必担心滩涂的凌乱，海潮回来时，就会被收拾得干干净净，等到潮水再次退去，海滩又会平整如新。潮底有一只看不见的巨手，不知疲倦地抚平滩涂的创口。海潮来去之际，顺便带走了一切记忆，我亲眼看到，一对青年男女在海滩上用脚尖写下的海誓山盟，转眼就消失不见。

从海边回来，天色已晚，经过临海的房屋时，有一户人家院门大开，屋里灯火通明，窗口出现了一家人的生活场景——母亲面朝窗户织网，网的一头，拿铁钩钩住窗棂。随着竹梭的节奏，铁钩也跟着咯咯作响。在她身后的炕桌上，父亲在冲茶，在灯光照射下，开水的蒸汽柱直冲顶棚。孩子坐在父亲身旁，趴在桌上写作业。这个孩子不时停下来，咬着铅笔杆，像是遇到了难题，这时父亲总要打他的后脑勺，让他把笔杆吐出来。孩子又回到了作业本，在他的左手边，还有一摞课本，挡住了他的下巴。我在门前看了多时。这天晚上，孩子几乎咬烂了笔头，他的后脑勺不知挨了父亲多少下，他疼得龇牙咧嘴，不住摩挲后脑勺。他正受到来自纸上和后脑勺上的两种折磨，海岛少年的日常生活总是如此相像，他紧缩的眉头似曾相识，我遇到了童年时代的自己。

海边人家的窗口，上演着冗长的生活实景，父亲的手又将孩子后脑勺击中，这下颇重，而且毫无防备，孩子全身前倾，伏在了桌上。

我多想把这个孩子带走，带他一起去海上流浪。

【伍】

他走过弄堂，两厢的房子里传来蛤蜊壳落到铁盆的清澈撞击。岛民吃蛤蜊，从海滩上挖来，取海水浸泡，令其吐尽淤泥，随后下锅水煮到开口。蛤蜊出锅时，以铁盆盛放，端至炕桌，蛤蜊在盆中冒出了山尖。在炕桌底下摆一空铁盆，剥下的蛤蜊壳就扔进空盆，响声不绝。尤其在五月，蛤蜊最为肥硕的时节，满街都是蛤蜊壳的声响，叮叮当当，由早到晚，毫无停歇，五月的岛屿，满是喧嚣。他在深夜里回来，蛤蜊声兀自不绝。有的人家为了引起邻人注意，丢蛤蜊壳时还要故意碰在盆壁上，发出大声，实是一种炫示四邻的表演，以显示自家蛤蜊之多，以及吃蛤蜊之惬意舒心。这种心思本不足观，却也有人与之应和，竞相把蛤蜊壳扔得山响。岛屿在五月不得安宁。有了这种比赛，他们家的铁盆都被蛤蜊壳撞得坑洼不平了。

薄暮时分，不知是谁家的新妇走出宅院，她穿了大红的绸衫和绸裤，出门倒蛤蜊壳。弄堂里空无一人，只有她火焰似的身影，在遍布青苔的古老墙壁之间熊熊燃烧。她略为俯身，向前送出双臂，白铁盆倾侧，蛤蜊壳犹如珠玉滚落，在门旁堆成一座贝丘。这些贝壳在落地之际，居然有碎瓷般的脆响。有不少蛤蜊壳碰碎了，断碴之处银光闪烁，碎片分布均匀，在贝丘中随处可见，于是，整座贝丘也显得光华缭绕。这些弃置的蛤蜊壳，由专人收集到渔村之外的空地，其尖顶早就高过了房舍，也高过了杨树林，向着天空继续生长。

他站在巨型的贝丘下抬头仰望，贝丘早已由当年的孤峰拓展为绵延无尽的群山了，绿草占领了山间的空地，到了山脚，便再难往上推进。他在贝丘中间的草地上走来走去，想找出当年经手的蛤蜊壳。他凝神细看贝丘，才知蛤蜊壳无边无际，如恒河沙数。贝丘之内的蛤蜊壳没有标记可言，它们看上去几乎一模一样，经过风吹日晒，外壳从当初暗红的锯齿状纹络退化为灰白，更显陈旧。这其中每片贝壳或许都是他的旧时相识，它们淹没在无声的序列中，集体保持着沉默。渐趋于无限的贝壳山脉，正在以不可察觉的速度生长。在暴雨之夜，一座贝丘轰然塌陷，惊醒了熟睡之中的岛民。不久以后，又有新的蛤蜊壳来到，塌陷的贝丘重新垒砌，眼下已成最高之峰。这些庞然大物常年匍匐于岛屿中部，置身此间，他胸口一阵阵的重压袭来，贝丘雪山般的银光四下衍射，又使他有了近乎窒息般的惊惶。

令他最为困惑难解的是，这些贝丘的意义之所在。最轻贱的弃掷之物，却为何偏偏以一种近乎崇高的状貌雄峙于岛屿之上？

【陆】

初八日，早潮落尽，海滩上出现了挖蛤蜊的人群，他们手拿五齿的小铁耙，在泥沙里翻找蛤蜊。手上没有铁耙的，索性直接动手掀开泥沙，直到指尖触碰到冷硬的贝壳，等掏出来看，却有可能是空壳。我摸到一只毛蚶，它由于恐惧，双壳不住抖颤，壳内传来的搏动之力超乎想象。看来，它对加之于身的命运早有预料，我又把它扔回了海中。

滩涂仿佛永无边际，在它面前，人群显得局促，岛上渔民在自己的有生之年，也难以翻遍海滩。那时节，人们脸上盈满了初升的晨光，到处都是明净的喜气——不论所得多少，这喜气都不会消减分毫，这便是蛤蜊时节的动人之处。

人群逐赶着退去的潮水，向着海的方向步步逼近。海潮开启门户，放人群进来，随后又匆匆闭合，这短暂的空缺，早被掐算出来，有潮汐时间的歌诀，足以算出每天的出海时刻，而这歌诀，来自先人们长期坚持的观海记录。初八二十三，两头潮落干——在滩涂上，我亲耳听见古老的潮汐经验在父子之间秘密传递，父亲教给儿子的潮汐经验过于古老，这歌诀，恐怕已有上千岁了。

潮水退到了最低点，悬停不动，翻滚的白浪由无数泡沫构成。此刻，我们正踩在岛屿的边缘，这是步行所能到达的岛屿边界的极限。

【柒】

在岛屿的日子里，尤其是夏夜，常有剧团来演出，演的是柳腔戏，他想起当年在海岛看《罗衫记》的情形了。这出戏说的是海盗故事，就发生在他出生的这个岛屿。不过，那时他对故事还不感兴趣，他感兴趣的是剧团临时搭建起来的戏台，尤其是后台，才是他流连忘返之地。

对他而言，后台是一座锥形的城堡，由篷布和木架搭成。唯一的出口，与舞台的上场门相通，之间还连着狭长的篷布暗道。他掀起篷布一角，钻进了乡村剧团的后台，立刻进入了梦幻般的世界——金黄而又刺眼的灯泡，令刚从黑暗中进来的他眯起了眼睛，许久才适应。迎头撞见一个丫鬟甩着翠色水袖，在灯下飞旋，袖面上放射出雾气绰绰的碧光，让他头晕目眩，不敢直视。内中又有一眉清目秀的少年，将假胡子的髯口挂在双耳，脚底也模仿年迈者的蹭蹬步履，年轻人瞬间变为须髯似雪的老翁，手捋胡子冲他颔首微笑。还有一女子对镜上装，在耳前以墨色描出假鬓，墨色蘸得过饱，流到了下巴，她急切中抬手背去擦，却擦得满脸花。后台总是充满奇异的变形术，真与幻之间暗中偷换。这里也有扭曲的时空褶皱，潜藏着各色古时人物。一切不合常理之事，居然也能并行不悖，世间的法则在这里显得毫无用处。

与平庸的生活相比，后台总是堂皇富丽，因此吸引他频频出入。最吸引他的，是兵器架，刀枪剑戟插在木架上，刀似镜面，能照出人影，他忍不住伸手去摸，却被斜刺里冲出的一个身穿朱衣、腰横玉带的官员给喝止了，盛怒之际，官员头上的纱帽扇动着翅膀，扑棱棱的，整个头颅仿佛要凌空飞去。他吃惊非小，赶紧掀起篷布逃走了。

当他钻出后台的篷布，眼前霍然一黑，他回到岛屿的夜色之中了，他掀起的那片篷布，分明是夜与昼的分界线。这时，开场的锣鼓响过，方才所见的那个朱衣官员出现在台上，迈着方步四处走动，台上人影凌乱。他那时已隐约猜到，海盗的故事再次开演了。

【捌】

在锣鼓声中，花脸的海盗徐能登场，他是个船掌柜，身着卍字员外服，台步沉雄有力。他明里安分守己，手下船只接渡往来客商，暗地里却在岛屿一带劫人财货，专做没本的生意，不几年便悄然发迹。此时他甫一亮相，台下就有人喝了倒彩，徐能早就习以为常，兀自不乱阵脚，或许，海盗本该有临危不乱的过人定力。

时光倒溯回十八年前，徐能的客船载了苏玉和郑月素夫妇，在海上启程。徐能窥见月素貌美，立刻生出了歹心，就在岛屿附近的海域，徐能骤然翻脸，将苏玉及随行家人一一斫杀，扔进海中，只把郑月素留下，带回海岛，逼其成亲。彼时郑月素已经有了几个月的身孕，见丈夫惨死海上，仇人又逼她成亲，她又哭又闹，打算以死相拼。徐能知道再强逼下去也是无用，便把她关进花园，想等她把孩子生下来，再逼她成亲。

在海岛的夜晚，郑月素开始了逃亡，仇恨激发了一个女人最大的勇气和决心。她逃出徐家后花园，急切中迷失了方向，在路上生下儿子，撕了裙子，将孩子包裹。这时徐能带人马追来，人喊马叫，郑月素忙把孩子放在大路边，她怀着一丝侥幸，希望有过路人把孩子抱走，而她自己，却朝海边奔去，在岛屿的南端，她飞身投进了滚滚洪流。

徐能追到海边，只发现了月素的一只鞋子，以为她已经投海而亡，只得悻悻而返。在归途中，徐能听到路边草丛有婴儿啼哭，知是月素所生，想到膝下并无子女，忽而动了恻隐之心，便将孩子收为己有，取名为徐继祖——谁也没有想到，徐继祖后来竟然高中状元。

可以想见，考中状元，几乎是戏曲中男主角的常见归宿，其频率之高，简直要羡煞天下举子们。而且，得中状元之后，不是得报大仇，就是喜结良缘，可见传统曲艺的趣味，无疑是面向世俗的。

徐继祖还有一段奇遇。在赶考途中，他在一个老妪家讨水喝，老妪见眼前的书生是赶考之人，便把十八年前儿子苏玉和儿媳郑月素离家再无音信之事，从头到尾说了一遍，随后又拿出一件罗衫，并告诉徐继祖，这罗衫一共两件，是她儿媳郑月素亲手所缝。老人叫徐继祖带上罗衫，帮着访听一下，若碰上穿这罗衫的或认得这罗衫之人，让他捎个信，就说家中老母日夜挂念着他们。徐继祖带着罗衫上了路。

直到徐继祖得中归来，忽有一道姑拦轿喊冤，原来这道姑正是昔年的郑月素，她当年刚跳进海里，被出夜海的渔民们网起，后来躲进山中出家。郑月素唱："有了我儿十八岁，今天下山把状告。大人准了这一状，水贼举家该遭抄。"那时她还不知道，轿中坐定的，正是她的亲生儿子。台下坐定的妇女们开始抹眼泪，直到徐继祖得知自己的身世，拿出老妪赠的罗衫，郑月素也拿出一件，母子相认，一时间天旋地转，或许只有在岛屿的逼仄空间里，才能有这样巧的遇合，毕竟，岛屿太小了。徐能被下狱，活活饿死在狱中，这时才欢声雷动，女人们先前的泪痕还未干，悲与喜的交接如此剧烈，笑中亦含泪了。

岛屿固然是乐土，却也可能是黑暗的渊薮，所幸深渊终被光明照彻，故事在大团圆的结局中收场。然而，这种团圆却又被悲痛裹挟。我时常想，在养父徐能死去时，徐继祖做何感想？他的仇恨能否像郑月素一样炽烈？观众散去时，无不拍手称快，却没有人愿去关注徐继祖的内心，恩与仇的巨大矛盾撞击，将使这位年轻的状元备受煎熬。这个来自海岛的年轻人初尝人世悲欢，却是通过这样猛烈的方式。

海岛的故事在岛屿传唱了二百年，甚至左右了岛民的价值观念。岛屿早年间的暴力、昏聩以及残缺，在徐能死后，好像尽数消失了。

在遥不可及的大海深处，岛屿甚至会在一个风平浪静的午后凭空失踪，把全部恩仇尽数葬送，只留下空空荡荡的海面。

【玖】

他收起愤怒，回到岛屿，一度焦躁如困兽。

他想起那头搁浅的鲸，它在不久前的夜晚搁浅在岛屿的浅滩上。鲸的颅腔内发出汽笛般的哀鸣，岛上的居民纷纷披衣出门，来到海滩查看究竟。二十多米长的怪物尾部拍水，搅得泥水四溅，而它头上喷出的水柱，又使海岸降下了一场急雨。人们不敢靠前，只能目睹这个庞然大物的死去。

鲸鱼去后，又逢月圆之夜。他突发奇想，开始了环岛一周的徒步旅行。他走出大宅的门楼，立刻被月光照遍了全身，陡然间一阵冰凉，仿佛夏夜跳进海中，月夜里的环岛旅行，仿佛游在水中。此刻，通向海边的白沙路越发明亮，它漂浮在黑沉沉的岛屿之上，引导他由岛屿腹地走出，月亮在他身后照耀，他一路踩着自己的影子前行，等走到尽头，海浪拍打礁石的喧哗已在脚底，他回望来时的路，却已隐遁不见。原来，那条路上的无数细小沙粒，都在身后的月亮下映出了各自的暗影，这些密集的暗影交叠，将来时的路遮蔽，原本明亮如光柱的白沙路熄灭，淹没在岛屿绵延无尽的丘陵之间。

岛屿的边缘是海水与星空、云雾的混合物，近乎黏稠的流质，将岛屿围绕。岛屿就如混沌之中的硬核，支撑起他的肉身。这时他才知道，在他熟悉的岛屿的四周，还有那么多他从未到过的所在。途中赫然出现的礁石密不透光，其中有几块颇似人形，最为骇人。再往前，他遇到了那头搁浅的鲸鱼，只剩下骨架，鲸肉早被岛民分割，那时节，家家锅里都炖着肥腻的鲸肉。白骨弯成的穹顶散射银光，仿佛天外来客，赫然出现在他的面前。惊魂甫定之际，藏在骨架内啄食腐肉的恶鸟们纷纷惊起，它们扶摇直上，翅膀拍打出旋转的气流，一直飞进了满月里。

他一直目送着恶鸟们远去。

【拾】

岛外的浅水中，一柱巨石赫然立起，足有五丈多高，它全身火红，布满裂罅，细看还有针眼大小的气孔。牡蛎从底部往上攀缘，给岩基围上了一圈灰白，落潮之后便能看到牡蛎们裸露出来。在阳光下，无数牡蛎开壳呼吸，吱吱的喷水声，证明这是些活物。巨石顶部长满了野草，海鸟在草丛中起落，这些鸟把巢筑在峰顶。

我跟随父亲的船回岛，在路过这块巨石时，小船瞬间被黑影攫住，凉意陡然袭来，那些飞来飞去的海鸟，不知要飞向何方。小船贴着石壁通过，石上生出奇异的吸力，要把小船吸过去，父亲端起桨在巨石上一推，小船立刻跳出了阴影，星星石远去了，我还不住回头张望——惊异于它硕大而又孤单的异质存在。

这就是星星石，由天外飞来的陨星，它百余年前落到了海滩上。星宿陨落，成为岛屿民间记忆中的重大事件，后来，岛屿的民间故事几乎都和它有关。我仿佛看到它当年燃烧着坠落，扎进海水，立刻激起了冲天的蒸汽。它的底部，已经深钻进泥沙里，它四周的泥沙都给烧成了黑色，与陨石融为一体。岛屿上的房屋近半被震塌，幸存者半裸着身子跑到街上，不知发生了什么事情。彼时正是深秋，人们却丝毫不觉寒冷，陨石在冷凝的过程中释放出高温，深夜里走在海边的人们都是热汗直流。蒸汽散去，满月的光辉照耀，更显得人们脸颊与额头上珠光闪闪。海水中早就隆起了一座山丘，还不断有岩浆滴落下来，巨石周围的海水煮沸，鱼虾翻上水面，第二天一早，渔夫们的网中就有了煮熟的鱼虾，鱼肉嫩白，虾壳火红，它们无一例外地瞪大了眼睛。捞上来的鱼虾，直接可以端上饭桌了，这样的事情，以前从未有过，以后恐怕也不会有了。

星星石为何来到世间，没有人知道答案，恐怕连它自己也不清楚。

及至清末，有一个新来的知县喜欢舞文弄墨，听闻治下的海岛中有一块天降陨星，是人间难得一见的制砚材料，便让人乘船入海去采石。知县在桌案上铺开了星星石的方位图，但见万顷波涛中矗立一石，不由得暗自欢喜，他盘算着，若把整块星星石都切了做成砚台，必将获得暴利。想到这里，他手捻须髯露出微笑。

星星石孤悬海外，对此一无所知。

石匠领命来到海上，泊船在星星石下。举锤欲砸之时，空中忽降雷霆，把石匠劈落到水中，当场毙命。撑船的水手急忙拨转船头，却又遇到了大漩涡，连人带船被吸进了海底。当天夜里，雷雨大作，县衙堂前的槐树遭到雷击，几乎是拦腰折断，断碴处齐刷刷的，如刀劈一般。知县于当夜暴卒，死因不明。

于是，星星石附近的海域，鲜有渔船敢靠近。星星石上的牡蛎也无人问津，日渐肥硕。新生的大块牡蛎甚至脱落到水里，无风的夜晚，在岸边也能听到星星石上的大块牡蛎的落水之声，为海上之夜增了些轰鸣，俨然旧世界的崩坏，每一次水声大哗，都把沉睡中的沿岸居民惊醒，他们在枕上侧耳细听，有些须发皆白的老人能听得出牡蛎块的形状，以及落水的角度，竟然想得出神——牡蛎的结块，一年比一年大了，要不是随时脱落，恐怕要把星星石吞没了。

我在梦里见星星浮在波浪中。那照例是在月夜，海湾平静，只有微风，波光中有一片不透光的黑暗地带，那就是星星石的所在，我长久注视着它深不见底的黑暗。这样的梦，往往是一人一石僵持着，对望到天明。

你或许还不知道，星星石便是我的前生。

有一天，我在梦中来到星星石下，元神中忽然传来星星石的咆哮，石罅翕张，附着在石上的海藻是它的髭须，顶端的杂草则是它的头发，它有一条横向的裂缝，居然能如嘴唇般开合，石屑密如雨下，我分明听见它张口说道：

我是你。

六月至九月

【六月】

一只毛蟹从墙角冲到院子中央，朝天举出了它的两只巨螯，由上至下连点了三下，然后收拢巨螯，合在胸前，抬眼望着低沉的云团，一场雨就要来了。

毛蟹是父亲从海上带回来的，它太小了，只有拇指那么大，半透明的外壳下，肚肠是颜色稍深的一片混沌，理不出头绪，还不等人细看，它就跑远了，正如我们隐秘的生活。那天晒网时，眼见它从网眼里掉出来，肚皮朝天摔在地上，它急忙翻了个身，八条腿带着蟹壳跑远了，跑得比风还要快。几天来它一直躲在院子里的某个角落，观察着我们的一举一动。这个旁观者进入了我们的日常生活，有时我们在饭桌前狼吞虎咽，忽然想到它正在暗处，晃动触须似的眼睛朝我们望着，就不得不停下来，甚至拿出正襟危坐的姿势。今天，翻滚的云层光临小院的上空，毛蟹一定是远远望见了漫天白亮的雨，所以不顾一切站出来，向天空举出了双螯。这是一个古老的祈雨祭祀仪式，圣洁的时刻，时光为之停滞。我想到先民们留下的关于求雨的岩画，那些古老的身影穿透了几万年的时空来到我面前，他们高举双手的姿势，竟和这只毛蟹有着惊人的相似，我终于明白，最古老的生命在气质上总是相通的——脚踩大地，仰望深远的青天，头顶上翻滚的云层隆隆作响，高举的双手接通天地，雨恰在此时落下，神圣的敬畏骤然降临。此刻，毛蟹已经干渴了太久，背壳上已经绽开了几条细小的裂缝，一场雨正是它日夜盼望的，或许在夜里它还梦见了不住落下的雨，它瑟缩在梦境里，看到院子里的泥土地上多出了一个个湿润的黑点，悄无声息地洇染开来，瞬间连成了一片。

雨还没有来，空气里有片刻的闷热，院里东西都收拾好了，我们坐在炕上，说几句东家长西家短的闲话，等着雨的到来。窗户大开着，稍微偏过头，就能看到毛蟹在院里急得乱转，一家人看得饶有兴致。起风了，风吹进窗子，掀动我们的头发，甚至撼动发根，满头的黑发不住地摇晃，分明是几团黑色的火焰在跳跃，我们感到了来自头顶的燃烧着的惬意，没有人伸手去梳理吹乱的头发。你知道，这是很多年以前的场景了，老宅倾斜的院墙岌岌可危，连同半岛低沉的薄暮，如今都有了衰老的颜色。

屋里暗下来，黑夜提前降临，雨就要来了。我刚关上窗户，无数的雨珠同时落下，暗淡的屋子霎时被雨照亮，院子里坑坑洼洼的地面一下就平了。那只毛蟹占据着院子中央的一小块凹地，雨水一会儿就盖住了它。夜色渐深，从闪电里，我只看到两只螯在水面上来回移动。雨点敲在屋顶上，让人想到一把碎石块掉落在陈旧的木板上，溅起阵阵烟尘，石块四下迸溅出去，几个起落才能着地。忽然，阵阵敲击骤然减掉了大半，不知什么时候，一只硕大的海龟来到院里，石质的外壳在缓缓移动，耸动的后背投下暗影，罩住了旁边的毛蟹。毛蟹受到惊吓，踩着水逃走了。雨打在海龟身上，沙沙的声响被它陶瓷般的滑腻外壳吸走了，只留下一片湿气，使龟壳闪着冷而硬的亮光。院门紧闭着，海龟从哪里来，难道是从天而降？侧耳细听，会听到它均匀的喘息，犹如睡着的婴孩。海龟突然闯进我们的生活，稳稳占据了院子中央，给我们带来不大不小的慌乱。我们忙翻身下炕去看海龟，掀开房门，它却不见了，院子里空荡荡，留下一片椭圆形的干燥地带。这椭圆的周围均匀分布着六处凸起的地方，我蹲下来，慢慢认出来头尾和四条腿，我怀疑海龟在我穿鞋下炕时，就已经预知到危险来临。它抬起眼皮，露出了闪亮的眸子，旋即微合上了。它扇动鳍形的四条腿，像长出了两对鸟翼，它面无表情，朝空中望了一眼，就原地升空，在雨夜中飞走了，雪白的腹甲变成了一个白点。

夜里，我们听到了雨声的远去，海龟穿过了古旧的街道，飞在古镇上，越过了无数在黑暗中闪亮的屋顶。我在后半夜醒来，翻身的瞬间，恰巧从窗户上看到海龟飞过，像一个笨重的拇指拂过雨线的琴弦。凡它飞过的地方，雨水都被拦腰斩断，地上有了一条宽阔的干燥地带，其宽度正好是海龟壳的宽度。第二天早上，我们出门看时，到处都是泥泞，小股暗流还在地表穿插，阳光下的水面有各种锯齿状的斜纹，只有海龟留下的路滴水不进。我们沿着这条路走，才不会有泥浆灌进鞋里，大家都挤上了这条路。由于路窄，人们走对面时，避让不及撞在一起是常事。后来，人们个个练成了空翻的功夫，空心跟头能跃入高空，迎面来了人，使一个空心跟头就从对方头顶上飞过，落地时悄无声息，轻松避过了迎面来人，方才还是面对面，电光石火的一瞬变成了背对背。当然，我也见到过两个身手矫健的人不幸相遇。他们竟然同时凌空飞起，因躲避不及在半空相撞，发出沉闷的声响，两个人尖叫着朝不同的方向分开，就像两簇突然出现的球形闪电。你知道，这是很多年以前的事情了，就连当时相撞的人都忘记了，而我作为一个毫不相干的过路人，却还记在心里，当作天大的秘密。以后的许多年，这条路成了半岛的主干道，横穿了整个半岛，平日里人来人往，好不热闹，我们把这条路称作“龟路”。

许多年后，我时常会想到这样的场景：海龟扑腾着鳍状的四腿升空时，天地间正连接着无数条密不透风的雨线，它们把云层中的水吸到地面。而雨线碰在莽撞飞来的海龟身上，立刻消失了，就像消失在无限的虚空里。也正是因为海龟破空而去的凌厉的冲撞，所碰到的雨线齐刷刷断掉了，整条整条落在地上，下再大的雨，雨线的断口也难续上了，这种事情，我以后没有见过。

那天的雨从傍晚开始，时紧时慢，叮叮当当下了整整一夜，直到清晨才收场。雨的零星片段以后陆续出现在我的梦里。我看到海龟飞过的地方留下一片无雨的长廊，深夜里，一个头发凌乱的夜归者在这长廊里步行回家。

【七月】

中学的环形院墙扣在隆起的丘陵上，十几间黄墙的平房就是教室，这天下午已经放学了，校园里安静下来，孩子们的喧闹声跑远了，教室山墙上投下的黑影高大肃穆，不住朝东方延伸，最终被学校围墙截住了。教室的门忽然打开了，走出一个穿红色校服的男生，他或许是当天的值日生，刚打扫完卫生，也可能是被老师留下来罚抄课本，偌大的学校只剩下他一个人了。他推门走出教室，伸了个长长的懒腰，瘦小的身影被夕阳闪电般送到了山下，斜挎在肩头的书包掉在了地上，他并没有在意，书包落在水泥甬路上的声音短促，大摞的课本及时把那“砰”的一声给摁住了。他叉着腰，转动脖子几下，然后定定地望着远处的海——匍匐在学校院墙下的一片白亮的水，这时落日正把它最后的光辉投向海面，海上升腾起的大片水汽把落日的光辉形象虚化了，他聚拢目光望去，看到的太阳却是白花花的一片混沌，海水倒是反射了落日的光辉，那些细小的金色碎片不住地跳跃着，粘连成大块的碎片，较大的几块撞在一起，又碎裂成无数小块，如此循环往复，似乎没有止境，那是怎样的一种奇异材料啊，他想到这里，不由得揉了揉眼睛，眼前出现一片金色的幻影，再看房屋和树木时，竟然被金光截成了零散的碎片，他使劲甩了甩头，把它们甩到一边去了。他俯身拎起掉在地上的书包，大踏步朝校门外走去。

岛上只有一条街，横贯南北，他在这条街上已经走过了十多个年头，碧绿的邮局藏在一丛杨树里，与杨树的绿色合为一体了。当猝然发现青枝绿叶后的坚硬墙体时，才发现邮局的存在。他经过邮局门前时，拍了一下邮筒，险些把邮筒推倒，投信口的正下方有个方块形的纹样，刻着“开箱时间”几个字，后面的具体时间是用黄漆手写的，字迹早已漫漶不清，开箱的时间已经没有人能知道了。邮局旁边有三间平顶房，门前的大牌子上写着“半岛百货店”，他朝里面张望，看见老板娘趴在柜台上睡着了，皮筋把扎在脑后的头发高高立起来，旁边的桌子上摆着电扇，鼓出的风柱把老板娘的发髻吹得来回晃悠，他在门外差点笑出声来。老板娘有所警觉，忽地抬起头来，他拎着书包赶紧跑开了。

百货店旁边是公交车车站，每隔半小时会有一辆绿皮的公交车开过来，车上坐着零星的几个乘客，车身颤颤巍巍，好像来自久远的年代，他赶紧躲开。站牌下有个穿黑西装的中年男人，他胳膊下夹着棕色的公文包，看上去像个小职员，或者是从事会计之类的工作，因为普通劳动者是不需要公文包的。在公交车刚进站时，中年男人适时挥手拦住了车。孩子正从中年男人身后路过，只看到个背影，粗壮的背影，几乎与车门同宽，黑西装的坚硬色块晃进了车里。售票员靠过来，中年男人抬起左腿，把公文包放在大腿上翻找零钱。汽车开动，金鸡独立的中年男人被闪了一下，在空荡荡的公交车里倒下去，售票员不耐烦地晃着手里的票，两边坐着的几个乘客面无表情，甚至连头也没偏转一下。中年男人倒在车里，男孩没有看到他倒地的样子，汽车窗户以下就看不到了，只看到斑驳的铁皮车厢，男人倒在了巨大的未知空间里，公文包斜刺里飞出，他向后栽倒时是那样慢，像一次煞有介事的表演，悄无声息地倒下去，好像忽然消失了。公共汽车跑远了，离开了半岛的尖角，逐渐跑进了深不见底的广阔内陆，孩子还在朝车里张望，他没有看到那个男人在车窗上出现。这时，他感到肚子急剧抽搐，发出空旷的回响，他不由得加快了脚步。路边的一个村落里有他的家，几户人家正在房顶上摊晒绿线网，人们的身影一律变成了黑乎乎的剪影。他看着几个离他最近的侧影，越看越觉得眼熟，一时又想不起来是谁，各家各户的烟囱喷出飞旋的火星，随着风势忽明忽灭，再远处是白亮的一片海水，微微罩了一层夕阳的胭脂红。晚饭就要开始了。

他走进村子时，忽然听到了炸鱼的一连串声音，“吱啦”是油开了，“扑扑”是筷子拌面糊的急促声音，“啪啪”是裹了面糊的鱼结结实实贴在锅底的声音。黄花鱼的身影在他面前游动，沿途洒下略带甜味的面糊的香气，他仿佛看到母亲把炸鱼端上了炕桌，父亲从窗台的角落里拿出了前天喝剩的酒底，在灯下晃了晃，他躲开母亲的视线，侧过身微笑着斟上了半杯，金灿灿的灯泡映在酒盅里，父亲忍不住先尝了一小口，长出了一口气，把酒在舌上的余香品得啧啧有声，黑白电视上开始播报天气预报……想到这里，他脚下生风，左转右转就不见了。他也许不会想到，在车站，他意外地看到了三十年后的自己。三十年后，当他夹着公文包挤公交车时，或许也同样是狼狈不堪，而当他到站下车，拍打着裤子上的尘土，溅起的尘土一定包围了他，他在浓雾般的尘土中消失了。就在这弯下腰的瞬间，他会不会忽然想起三十年前的这个下午？

【八月】

八月里，梭鱼成群结队回到深海，它们扭转身躯，半透明的尾鳍在水面搅动出一片漩涡，青黑的身子悄无声息地沉进了黑暗。每到这个季节，随着梭鱼的远去，渔民们也获得了前所未有的闲暇时光，他们纷纷登岸，用独轮车推着打包的渔网，回到海边的渔村，在村口分散，回到各自的院子里。刚走进门楼，他们立刻被白光笼罩，满地都是灼烫的白色火焰，地面散发着蒸汽，弯曲的气流在地上投下流动的暗影，檐下有一处窄条的漆黑阴影，黑与白的交界处，白光跳跃着逼近，黑影力不能支，这条界线在中午变得暧昧不清，不住地变换位置，让人想起在风中翻滚的一条窗帘。四面院墙紧紧包围着，热气难以消散。这样的季节，轻微的举动，哪怕是高声说话，都会赚得满身大汗。我躺在竹席上，目光斜穿过窗户朝上望去，水缸反射的金色日影在那里流泻着，它兼有了水的流动和光的明亮，径直照到屋檐里面去，八月的最后一块黑影就此失守了。灼热的白光把人们囚禁在屋里，我们为了保持体力，不得不小心翼翼，一举一动都缓和下来，更不敢出门活动，长此以往，我们便有了安详的品性，这就是八月带给我的最初印象。

凌晨，我照例被柴油机船的隆隆声震醒了，那是海上的挖沙船在作业，天上还闪着星星，这么早就有人开始了新一天的海上劳作，而这时许多人还在沉睡中，我回身轻轻合上了黑漆院门。山墙上开着的窗户传出了均匀的呼吸，在那些绿纱窗后面还有粗重的鼾声，带着夸张的颤音和轻快的哨声，我走在胡同里，听得见自己的脚步回声，没有人知道我在这里。

村前的大街上还没有行人，卖豆腐的推车从远处走来，他已经穿过了几个村子，早晨的清爽全被他一个人占去了，我这样想着，他好像远远望到了我，不失时机地敲起了梆子，有了梆子声，我的早晨就不孤单了。迎面是南山，在一丛屋顶后冒出来，那是一整块的石崮，也是半岛的制高点。许多年前，我在山脚下经过，捡回两块暗黄云纹的石头，火苗似的花纹闪烁，不经意间透露出它来自火焰的古老秘密。走在山路上，两边的深谷寂静，谷底的水潭闪着寒光，投射出令人目眩的引力。脚下的路恰似凌空铺设而成，摇晃着通向山顶。我记得山顶有一片开阔地带，石缝间生出几棵低矮的赤松，每年第一场雪后，我们在这里张网逮过麻雀。这时星星已经下去了，在我脚下，各家各户的窗帘被拉开，窗口亮起灯光，他们或许会看到站在山顶的我——不到一指高的身影。向南望去，我们的半岛像一根碧绿的手指，平伸进灰蒙蒙的海水里，走到指尖就可深入海湾的内部了。我去过无数次，每次回头看，来时的路在海浪中若隐若现，弧形的海湾就此一分为二，那真是一根孤独的手指，它伸得笔直，执拗的姿态是要告诉我什么？往来的渔船都在绕开巨大的手指，从这片海湾驶向另一片海湾，船尾掀起的白浪经久不息，它们紧贴着半岛外围航行，不经意间描出了手指的轮廓。那年母亲给我做皮手套，把我的手按在皮革上，用笔描出了手形，铅笔扫过我手指的外缘，总要比手指的轮廓宽出一些，尤其是线条的圆润与轻捷，和这些船的航道何其相似。

突突响的马达声从那些窄条的船上传出来，每天早上惊扰我们美梦的正是这些船，我看到了噪声的来源。海面上有一股金黄色的火花在翻滚，小船上的人看上去完全成了黑影，他们不断地起身或俯身，照料着船上的工作，不知不觉中在闪着火花的水上通过。这时我忽然注意到，我站着的山顶正是半岛这根手指高耸的指关节，回头看，是连绵不尽的丘陵，在缓缓移动，那是蜷起的另外四根手指——这真是一只巨人的手掌。在家族的传说中，我们的始祖来自西南，他一路不停地走，终于到了海边，发现不能再走了，便停了下来。要按他的性格，走起来是不会轻易停下的，是海改变了他。在海边，他遇到了高入云端的巨人在踏平村庄，我的始祖带上干粮，背上家传的宝刀，攀着巨人的腿毛，经过一个多月，一直爬到巨人的心脏，像掘地道一样挖了进去，就这样杀死了巨人。巨人喷涌而出的血水把他托上了天空，长达半年之久。他靠喝血水活了下来，并且掌握了在空中睡觉的本领。巨人的血流尽了，而他也慢慢降到了地面，意外地看到山石和泥土都变成了紫红色。许多年过去了，没想到巨人的遗迹还在，他的全身和面貌不是我们活在地面上的人能够轻易看到的，可以约略感知到的仅仅是他的一根手指，而且要费去半天的时间登到山顶，才能远远望见那根手指横在海湾中。我们在他的手掌上生活了无数代，其间，有许多人轻松走到巨人的指尖，迈着悠闲的四方步，轻轻掠过无数的沙砾，正如轻轻掠过他们曾经生存过的无数个日夜，最终沉入一座座坟墓，许多人还没有懂得生活，巨人的手掌，更没有几个人能看见。谁又能想到，指向波涛的一根手指，竟然是我们日夜止栖的广袤土地。巨人给我们指出了什么？我望了望，只见波涛滚滚，什么也看不到。回头望，密密匝匝的屋顶挤在山脚下，我在搜寻自家的红瓦顶，它却淹没在成千上万的红色或蓝色方块中，如同一片瓦消失在宽阔的廊檐。漆黑的柏油公路穿过半岛，通向深不见底的内地，过完这个暑假，我就要离开半岛去内地上学了，听母亲说，这条公路正是通向学校的必经之路。我踮起脚尖，眼看着公路的另一端消失在愈走愈低的天空下，对从未离开过半岛的我而言，那里是神秘的未知之乡，它会在某个清晨忽然出现在我面前，就像顶着一头露水的庞然大物，湿淋淋的新生活足以让我手足无措，那时我也一定揉着惺忪的睡眼，在车上颠簸着，手里紧紧攥着行李的把手，行李包还是以前常用的，这是和旧时岁月的唯一联系。我看清了离开半岛的路线，公路由海边码头开始，一路向北，在我快要看不到的时候，忽然向东甩去，转了一个大弯。我把看到的这一切牢牢记在心里，启程之前我就会知道，在半路有个急转弯，真到了那一天，当汽车急转时，我至少不会惊慌。

那天我从山上下来，太阳已经升到很高了，清晨的新鲜空气变得微温，我必须马上离开了。这时，肥硕的斑鸠出现在山坡上，它们急匆匆赶路，灰底白花的肉身连蹿带跳，两条细腿因为挪动太快而看不到，它钻进草丛不见了，齐腰深的蒿草顶端一片摇晃，那是斑鸠碰折了草茎。朝山下望去，所有的草丛都在晃动，还有野兔，蹦跳着穿越土路，有时撞到裤脚上。我看到一只野兔在十字路口呆立着，默不作声。居高四望，看不到尽头的荒草上划出一道道伤口，随即迅速弥合，如此反复，沙沙的巨响连成一片，在半岛上空回荡，这些动物的来回穿梭，最终导致巨人的手掌一阵痉挛，我仿佛感到了来自脚下的猛烈震颤，拳头大的石块纷纷滚落下山，山路上布满了滚动的石头，我感到一只巨大手掌的收缩，周边的海水伺机窥视，有意淹没孤独的手指，单薄的半岛岌岌可危，我终于看到了半岛的真实情形，心里暗暗吃惊。

【九月】

石榴树已近迟暮之年，它缓缓起身，晃悠着紧走几步，挨着院墙靠住了身子，就不再动弹了。许多年后，它从老宅门楼上探出头来，扔下大片的暗影，墨绿油漆的木门在暗影里陷落着。门侧的阳沟里有污水流出来，一小片青色的影子在水底慢慢移动。那是一只青蟹，它立着双眼，眼珠一下又一下刺破水面，波纹一圈圈荡开去。从那一起一伏的双眼，我感到了丘壑密集的沟底。水向西流去，在一片开阔地里铺展开来，渗进地下。周围开满了简单的花，我的视线到此为止，那只蟹也蓦地不见了，像被一阵风刮跑了一样，它藏到了哪里？或许它也像水一样渗到了地下。那片开阔地里有太多不被我们所知的秘密，大片积水常年淤积，夏天的早晨可见到蒸汽升腾，水面泛着生铁般黑硬的光，这里面不知竖起了多少双密密匝匝的蟹的眼睛，那些细小的目光忽明忽暗，闪烁不定，却足以穿破水面，投放出一道道波纹，水面上掀起密集的漩涡，让人目眩。有人走夜路时看到那片水洼里竖起两根并排的旗杆，他忽然想起，这里平时并没有竖旗杆，想到这里，不敢贸然靠近，抬头望，只见两根旗杆微微摆动着，有时在水中来回游弋，身后拖出两条长长的波纹。天亮后，两根旗杆就沉入水底不见了，老人说那是蟹的两只触角似的眼睛，趁着天黑出来作怪。这么多年过去了，我们并不了解这片积水的洼地，只在路过时顺便看一眼，低声骂几句，然后小心翼翼地绕开。

我在老宅度过了很多年快乐的时光。记得那时的院墙高大，陡峭的四面围墙里鱼虾堆积，游荡着咸腥，浓烈的气息也被围墙切成了方形，长年累月的挤压发酵，像要燃烧起来。阳沟里也不断有漂着鱼鳞的污水流出来，那正是蟹族枝繁叶茂的时节，在村子周围，到处都能看到高举着双钳的小蟹，它们通常是八只脚抠住地，整个身子朝上掀起，双钳举过头顶，不住地抖颤，像要迎战一切来犯之敌。它们有的是和鱼一起被网回来的，也有的是自己爬上岸，跑到村子里的。我们走在院子里经常踩碎几只，鞋底下咯吱响，习惯了也并不在意。那年的春末，我搬开水缸，清洗缸底的青苔，一只小青蟹从那片圆形的湿地里蹿出来，赫然站在院子中央，举起了略带苔色的双螯，它躲在缸底已经太久，也早已适应了淡水。这是最常见的一种蟹，体型较小，蟹盖不到二指宽，八条半透明的细腿里注满了青色体液，末端生着倒刺，两只螯机械地一开一合，似乎永远不知疲倦，不到生命最后一刻不会停息。或许是因为瘦小，才逃过了捕杀，它们像暴风雨一样掠过了半岛的沟沟汊汊。而那些个大肉肥的梭子蟹、毛蟹们却成为争抢的对象，短短几年下来已几近绝迹。

河网密布的半岛上，经常有鱼虾改水，在淡水的后来到了海水，一场暴雨把河里的鱼冲到海里，有的死掉，有的却活下来，出海时经常能网到淡水鱼虾也就不奇怪了。自从那天在缸底看到改水的青蟹，我到海边又逮来十几只，拿衣服兜着，一口气跑到南山脚下，那里常年有几条溪流从山上淌下来。到了溪边，我拎起小蟹，一只只扔进去。溪水清澈见底，最深的地方过膝盖，水底的白沙反射着太阳的金光。蟹触到水面，并没有像石头一样直挺挺地落下去，它频频拨动细腿，坠落的路线变成了平缓的斜坡，这样过了很久才落到水底的白沙上。它们脚一沾地，立刻来了精神，眼睛直立起来，四下探视，接着吐出细碎的气泡，顺着溪水的流向跑远了。几天后，我在溪水下游看见过两只蟹，它们已经适应了淡水。捞起一只来细看，它的背壳被淡水泡得发白，双螯有气无力地摇摆着，看来改吃淡水不是多么轻松的事情。从那以后，我再也没见过它们，漫长的漂泊在我身上开始了。

再次回来是在秋天，石榴树仍然骑在墙头，鲜红的石榴上下跳跃，和当初没什么两样。刚进院子，我看见一道蟹影，倏地从南墙根斜刺里钻进一丛菊花里，金黄的菊花次第开放，不断有花骨朵爆开，丝丝缕缕，裂成一朵绒球样的黄花。那只蟹躲在菊丛深处，半边身子被枝丫挡住，一只眼探出来，四下探视，我手里的大包小包纷纷落地，掀起的气浪在院子里回响，那只蟹受到惊吓，疾速挪动八条腿，眨眼间消失得无影无踪。

偶然的机会，它离开了海滩，在渔家院里住下来。我忽然想到那年被我扔到溪水里的十几只蟹。突如其来的暴戾，它们默默承受了，寡淡的溪水成了它们的家，或许，一场暴雨会使溪水暴涨，把它们冲回老家去——许多年后，我在心里这样安慰自己。一个孩子一时突发奇想，毫不费力地把它们掳走，这超出了蟹的认知范畴。在它们面前，我是难以预知的神秘力量。那么在十八年后，送我远走他乡的又是什么力量呢?

到了夜里，我在床上翻来覆去，眼前总是出现像毒蛇似的疯狂喷着芯子的菊花，还有院子里窜来窜去的蟹，它们眼神诡秘而又落寞，似乎是意味深长的注视，让人不寒而栗，曾经多么熟悉的院子，忽然变得躁动不安，在这样的院子里是难以入睡的。几千年前，半岛还是一片蛮荒之地，它们是这里的早期居民，我们都是后来者，平地而起的房舍和道路，于它们而言，和礁石没什么两样，这里是属于它们的，它们是这里恒久的居民，而我们，只是早年间的漂泊者的后裔。

那天晚上我忽然梦到菊和蟹铺天盖地，先是挤开房门，遍地流淌，继而淹没了屋舍，淹没了村庄，菊的花蕊悬浮在半空，一派黄光，凛冽的香气使人沉醉。我不知身在何处，慌乱中顺手抓过一只蟹，这是一只肥硕的蟹，铠甲的接缝处肥得快要爆裂开来，像一只熟透的石榴，足以塞进手指。蟹壳顶端传来一阵阵彻骨的冰凉，出于恐惧，两簇细腿扑棱棱直响，它后背上近乎绝望的抽搐令人心慌。

渔民画记

【壹】

《汉书·地理志》关于东南沿海的民风描述，有八个字："文身断发，以避蛟龙。"

隔着遥远的时空，我仿佛目睹了那些赤裸的臂膀在海上展露出狰狞的一面。他们操控着臂膀上的肌肉，那些古老的图像便扭动起来，直吓得海中蛟龙也急急远遁了。在这里，图画充当了护身符。

【贰】

一九三五年，远道而来的希腊人卡赞扎基斯从东海取道直奔中国。在他的眼里，东海往来的船只无一不带有浓烈的巫风：

船头的龙，黑色，橘色条纹，张口，像火一样的舌头伸出来。它红红的眼睛盯着带泥的水，仿佛驱赶波涛里的恶鬼。[1]

显然，他被这奇异的图案惊住了，直愣愣定在船头，那一刻，他置身于无数次梦见的东方世界。出于习惯，他在胸前一遍遍地画着十字，他的食指切开海风，驱赶着心里的惊慌。在他脚下，火轮船犁破海面，白色泡沫翻滚，站在船头向前方望去，海岸的粗重线条隐隐可见，他已听到，那些滨海的岩石在海浪中崩陷，漫长的岸线随时变换形状，古国的版图即将在他面前徐徐展开。等待他的，是这个国家广阔到令人绝望的疆域。舍舟登岸，他即将淹没在那些连绵无尽的村庄、山丘、河流、街市之中——黏稠而又绵密的古国岁月，足以消磨他的一生。

在旅途中，卡赞扎基斯心有余悸，他在笔记本上写道："在孔夫子美好道德和安详的面具后面，会飞出一条凶恶的、食肉的、身披绿鳞的龙。"[2]

东海那些船头的彩绘纹饰，是他对古国的第一印象。虽然他在东海行色匆匆，却无意中成为东海渔民画的早期记录者，随后，火轮船带他直抵这片传说中的大陆。

---

① ［希腊］尼克斯·卡赞扎基斯：《中国纪行》，译林出版社2007年版。
② 同上。

【叁】

渔民画的源头，最早可追溯到渔船上的神像、旗帜乃至船身的纹饰，那些渔夫的手娴于精准捕捉，和机敏的内心保持一致。他们手上毫无滞碍迟疑，画出的图样直抵内心，尘世中再也难觅这样的纯粹。

在船上，我铺开《东海岛屿图》，这是一幅手绘的立体地图，一座座山峰从东海中矫然而出，默默承受着几万年的风吹浪打，我挨个山峰打量，找到了此行的主要落脚地，它们的名字是：嵊泗、黄龙、岱山、舟山、普陀……

这些孤岛将在碧波中逐一显现身形，岛屿是世上最幽深的所在，无论何时，我都希望能够回到海上，长久盘桓在那些没有时间、被时间遗忘的隐秘之地。

【肆】

在去往嵊泗的水路上，眼见着海水的颜色逐步转为深蓝。航程过半时，天已向晚，四周是散落在海中的大小岛屿，它们高耸出水面，仿佛精心培植的盆景，使海上的长旅不再单调。人们纷纷走出船舱，视野中的岛屿迎面扑来，腾跃不止，这些庞然大物，就像受惊的象群一般发足飞奔。

这里是东海深处。杜光庭的《录异记》载：“海龙王宅在苏州东，入海五六日程，小岛之前阔百余里，四面海水粘浊。”若按此说推算，传说中的水府龙宫的大致方位应在我们船下了。我手扶船舷往水里看，波浪之下，是深不见底的黑暗渊薮，其中包藏着死寂的湮灭之力——引而不发的巨大躁动，足以震慑心魄。巨力层层叠叠，推送至眼前，足以冲击元神，眼前一阵昏暗，仿佛黑夜提前降临。我赶紧直起身子，不敢再往水里看。原来水的危险之处，不一定在于巨浪滔天，同样也可以是沉凝不动。

那一刻，我们的船浮在无底的深渊之上，个体生命的存在感，或许只有在远离陆地的航行时才分外清晰。这不禁让我想起了清代文人沈复，他生在乾嘉之际的苏州，嘉庆十三年，他随使船经东海赴琉球，在海上漂泊数月，顿觉浮生若梦，于是作《浮生六记》。正是这本薄薄的册子，成就了沈复不朽的身后名。在东海过往的行客，古往今来不计其数，如沈复者，却寥寥无几。二百多年后的今天，我来到东海，不禁想起沈复这样默默无闻的书写者，想起他在异代行走的苦辛。一念及此，海上的天空也变得低沉阴冷起来，我深信沈复还没有离去，他还游荡在东海一带，俯瞰着山与海，仍像初生的孩童，满怀欣喜地打量着这个世界。

【伍】

“海龙王在水里看我们。”

船上的保安这样跟我说。他是嵊泗当地人，常年往返于上海至嵊泗的航线上。这段水路船来船往，忙碌如蚁阵，正是东海诸岛与内地联系的津梁。他五十上下的年纪，在船舷走来走去，提醒乘客注意安全，随时把攀上护栏的孩子抱下来。他对我说，这样的生活已经有十年整了。他穿着一身半新的制服，轮船发动机传递出来的巨大抖颤，使他上衣的金属纽扣闪烁不定，而他的双脚却像粘在了甲板上，身子也是丝毫不动，这是长年在海上练出来的特殊技能。帽檐的阴影横亘在他脸上，使他的脸色显得格外凝重。看来，他对古老的传说深信不疑。东海龙宫的传说在东海传承了几千年，几乎每一个母亲都要给自己的孩子讲龙王的故事，几千年层层心印的叠加，在滨海之民的意识深处反复着色，龙王的面貌必然狰狞到了极致，电角火目，有炽烈的白光环绕周身，仿佛一说出他的名号，便足以惊动三世十方。海龙王的形象，应是源自我们内心的古老恐惧——每个人初到世上之时，都怀揣着惊悸与不安，每长一岁，便增一分。

“他能看见我们，我们谁也看不见他。”那个保安又补充了一句，就匆匆走进了船舱。

我忽然感到，我们的船底，似乎正经受着那个龙头怪物目光的威压，不免忐忑起来。后来，我接触了更多的东海渔民画，其中的龙王形象多数是张牙舞爪的大阵仗，非但不可怕，反而好笑，可见渔民画暗寄讽喻，作画者与观画者彼此心照不宣，默默护持着共同的见知与秘密。

在船头，一伙年轻人正在忙着用手机拍照，一声脆响过后，年轻的面庞和远处地平线上的一簇簇海岛同时定格在电子屏幕上。海岛有几千岁了，那些年轻的面孔只有二十上下，没有人注意到他们之间的年龄差异。你知道，这些人什么都不怕，嘻哈打闹着，为海上的航行增添了许多热闹。

【陆】

和我一同下船登岛的，还有挑着担子的岛上居民，担子两端是捆得近一人高的货物，这是岛上的小商店主，刚从岛外进货回来，我跟在他们身后，步行进入岛屿腹地，行不多时，天下起了小雨，却无人躲避。炎热之季，人人都在盼雨。

在嵊泗的日子里，几乎每天都在下雨，窗户之外，是海天之间的密集雨线交织的世界，白亮的雨散发白光，照得屋里通明，这似乎推迟了夜晚的脚步。主人端来虾和蛤蜊，甲壳上还散发着蒸汽，紧接着，忽觉满眼红光，蟹上场了，蟹盖一开，屋里立刻充塞着香甜，还有一丝不易察觉的微腥，这是它们特有的身份徽记，从甲壳中汩汩流淌出来，成为晚餐大合唱中的一支低音。

那些夜晚，我投宿在渔村，躺下以后，雨更大了。雨声撞击在石板路上，格外清脆悦耳，落到别处的雨滴，则是混沌迟滞。于是，我在枕上听到了那条石板路盘旋的身躯，即便是在暗夜，它在我的耳中也无处躲藏。

一夜雨声不断，仿佛要洗尽世间烦恼。海岛的身躯是巨鲸的脊背，它在黑暗里接连撞破了一个个浪峰。

【柒】

我一早就赶赴田岙。嵊泗东部的这个小村庄，在地图上难觅踪迹，却因渔民画而闻名遐迩。

如果不是为了渔民画，我可能一生都不会踏上这个村庄，这里孤悬海外，毕竟太遥远了。

在田岙，房屋多是高大方正，屋顶却样式各异，有的是尖顶，有的是平顶，也有的是斜顶，密密匝匝的屋顶，堆积在海边的开阔地上，海上往来的船只都漂浮在渔村的屋顶之上。海因其深远，反而悬在高处，造成了奇异的视觉之差，更增添了渔村的神秘。明亮的海水悬浮在空中，不断闪烁光芒，使渔村的细节纤毫毕现，所有的阴影都被驱逐，就连墙角、门后也被海水的蓝光照彻。岛民的心性也受到环境影响——敞亮、清澈、轻盈的气质属于他们。纵然心中有荫翳，也会一扫而光。

沙滩上彻夜狂欢的人群在黎明前已经散尽，篝火还在浓黑的废墟上燃烧，物质的变动、组合、凝聚、消散，瞬间焕发最原始的莽力。地、水、火、风，这四大元素在海边的篝火旁都具备了。此刻，孤悬海外的田岙村外的沙滩上，就可依稀窥见远古时代自然之力，晋代的葛洪也因此不远万里来到东海，随船带来了八卦纹饰的紫铜丹炉，这里成了他秘密炼丹之地，据说葛洪后来就在这里飞升登仙。

在一面围墙前，我不由停住了脚步，墙上传来异常的波动。正值午后，围墙挡住了阳光，墙上的彩画在阴影中更显热烈，画中描绘的是渔家丰收的场面，比人还高的虾蟹出现在波浪之间，人们手中飞出了套索，把那些巨型的怪物锁住，墙面上充溢着巨力，我触到隐隐的湿气，似要破壁而出，喷洒漫天水珠，这熟悉的场景，瞬间把我带回海上的漂泊岁月。

田岙的格局，依地势起落，深得参差之妙，有不少上坡需发猛力才能登上，那里有三五座房屋正在等候，其中有一家的女人会画渔民画，可惜没有见到。她家里开了商店，几天前她渡海到宁波去进货了。她的画挂满了墙，其中有一幅是夜捕乌贼的场面：船头挑出一盏明灯，有着趋光习性的乌贼从远方赶来，聚集在灯下，却未防备那早已布置在灯下浅水中的大罾。画中的大罾提线绷得笔直，正在将收未收之际，白乌贼弹跳不止，它们正用自己的肉身，一次次切割着黑夜。

【捌】

有这样一种风俗：东海上的渔船寝舱内，要悬挂一幅观音画像，以护佑阖船水手的平安。

这些观音像出自渔村画师之手，有的干脆就是略通图画的渔民所画，画中的线条，是曾经在暴风雨中挥打着的手所画下，这样的画有着神秘的力量，那些兴风作浪的海怪也必隐匿形迹，远远躲避。

显然，这种画与师法自然造化的上古巫术有着千丝万缕的联系。作画的那个人，是上古巫师的孑遗，彩墨挥洒的那一刻，神明附体，仿佛有一股看不见的力量，在驱使着手臂。他在高度亢奋中完成的画像，直到颜料尽数落下，正如尘埃落地，作画的那个人才恍然惊觉，如大梦初醒。

每个人心中的观音都是不同的，因此，他们笔下的观音像也是各异其趣。我见东极岛的张定康画过一幅《穿龙裤的菩萨》，这幅画里的菩萨身穿对襟布衫，腰着百褶裙似的龙裤，龙裤是渔民下海穿的黑色长裤，就和童年记忆中的形象一模一样，菩萨俨然渔家姑娘的装扮，令人倍感亲切。

许多年以前，在东海的渔船上，追赶鱼汛的脚步从未止歇，夜晚，他们结束了一天的劳作，停泊在途中的海岛，他们将在船上度过长夜。船舱内，船老大的铺总是安置在观音的神像之下，以示其地位之特殊。其他的水手环列两厢，纷纷睡下。这样一来，夜晚的船舱就处在观音的庇护之下了，一念至此，全船水手都睡得心安。鼾声缭绕，攀上了船桅，桅顶的红布条无风自动，与鼾声的节奏相应和。

深夜，月光照进船舱，照在一个年轻水手的身上，月光的圆柱正触在他的后背，凝结为明亮的圆形光斑，这使他感到背上一阵冰凉，他醒来，朝外翻了个身。借着月光，他看到观音像在眨着眼睛，眨眼过后，观音的双目更加明亮，眸子中有月光流转，并随着眼睑的开合而忽明忽暗。他心上一紧，险些喊出了声。他揉了揉眼睛，再次朝观音像看时，观音像却已恢复如常。

他时常想起这个夜晚，同船的水手还在沉睡，鼻息雷鸣。而他比别人看到了更多，内心的负担也就比别人更多，他也不知这是福是祸。

他的秘密扣人心弦，他的秘密却无处诉说。我同情他的遭遇，并以他为异代的知己。

一个人怀揣这样的秘密，注定会与众不同，他比世人知道得更多，然而，世间碌碌者众，谁又会看得起这样的秘密，所以他选择了闭口不言，这一聪明的决定，也就避开了世人的讥笑。否则，他将成为人们口中竞相传颂的傻瓜。这是他长期观察渔村生活而得出的结论，可谓是正中靶心。

一幅画像就这样改变了他的一生，他仿佛变了一个人，从此变得沉默寡言。

这成为他终身的秘密，直到弥留之际，才对儿孙们说出，只不过没有人相信罢了，守在床前的儿孙们个个瞠目，都以为他病得糊涂了——你知道，这是许多年以前的事情了。

故事是由嵊泗岛的渔民讲述的，我在向导的帮助下，终于听懂了夹缠的吴音。这个故事的来源，连讲述者本人也记不清了，或许，它来自某个家族的古老记忆。

【玖】

在东海岛屿，渔民画早就进入了日常生活。

住宅的墙壁、花坛、花盆、石凳等处，随时会有令人眼前一亮的纹样，渔村的细节之美令人惊异，它们在不惹人注意的角落里出现，一出现就耀人眼目，这也流露出海洋文化中沉静和野逸的两面性，如同大海的平静和暴怒。

我所见的一组石鼓，就躲藏在花丛之中，每个石鼓上的图案都是一宗海产，虾、蟹、螺、鱼，乃至海藻，它们自成体系，仿佛把海底世界搬到了渔村，那个立在波浪中的人走出水幕，用肩头扛起狂澜，所有的波浪都围绕他旋转，他仿佛置身于宇宙大爆炸的“奇点”，在风暴的核心默默抵抗，他的身影孤单，几乎可以忽略不计。生活因平庸而残酷，而他搏击大浪的悲壮，却足以令他超越己身的卑微。

在东海岛屿行走，我愿那些渔民画随时出现，如同在现世生活中希求出现奇迹一样。于是，一路之上怀揣着焦灼与不安，默默忍受着平淡无奇的空白地带，就像忍受日益平庸的生活。

【拾】

岛上多山地，房舍随地势起伏。穿过长长的弄堂，我们来到李佛裔的家。这时，我已迷失方向，回望来时的路，早就淹没在芜杂的房屋之间了。院中有一盆兰草，在檐下的阴影里吐丝。

三十年前，李佛裔来到岛上，在文化馆从事美术工作，曾辅导海岛青年进行渔民画创作，他在早年的一篇文章中提起渔民画：

> 恍惚间似乎有一股力量从作品上呼啸而出，像巴格达窃贼在海滩捡到的葫芦瓶释放出的魔气，神奇地、无可抗拒地把你摄到那遥远的、古老孤独的外公家的船篷里，并让你痛饮一坛老酒，饱餐一顿鱼羹。[1]

对那些有着坎坷身世与惊人秘密的人来说，这些画面又何尝不是痛苦而又悲伤的漩涡，激流之中的安静地带，如同台风之

---

① 李佛裔：《嵊泗渔民画的设想和实践》，载《美术》1988 年第 2 期。

眼，在这随时都会崩坏之地，他们在纸上把平生经历一一呈现，生活的困顿、海上的苦辛、天涯海角的孤独，在这里都显得可歌可泣。

三十年前，他们拿起画笔，试图表现自己的内心。在他们眼前，有“苦苦”叫的黄鱼飞过，有长串的白亮乌贼从墙头垂下，更有无数的海神精怪呼啸而出，像打翻了潘多拉的魔盒。用画笔制造这混乱的人，忍不住要手舞足蹈了。摸惯了橹桨的手依然有力，在纸上打开了一扇门，那些落空的希望，那些对未知世界的恐惧，那些海岛夜晚的辗转反侧，都可穿门而过，他们的人生因此而不同。

他们在最美好的年华拿起画笔，不论他们的欢乐多么脆弱，也不论他们的人生如何坎坷，他们终于拥有了一条自救的道路。

嵊泗的渔民画家马绍洪说，她心里常有莫名的恐惧——来自内心深处的恐惧。在我看来，她的恐惧应是对不可掌控的命运的恐惧，毕竟，谁也不知道下一刻会发生什么。对生活在海边的人来说，这种感受将更加明显——海上风云变幻莫测，出海的亲人随时都可能有性命之虞。马绍洪所说，正触及了人类原始的恐惧，这恐惧来自天地之间。于是，她笔下的海怪每每狰狞可怖，象征着海洋的不可抗拒的摧毁力量。这些海怪多数无名，一如心头恐惧之无名。

有人说艺术起源于原始巫术，只有通灵者才能接通天地，在过去和未来之间自由穿梭。也只有通灵者才能胜任巫术和艺术，信哉斯言。常看到那些毫无才华的人，硬要往艺术的路上挤，就像拖着一条船在旱岸上跋涉，难以迈出一步。与此同时，那些通灵者们，正驾船驶出了海天之外，杳无踪迹。

这是通灵者们与生俱来的密钥——有着密集锯齿的密钥，毫无规律可循，更是无法复制，这是自然生长的秘密之钥，他们含钥而生。

【拾壹】

海上的漫长岁月里，他们忽然看到了自身的存在，并为之思索。在风浪中讨生活，给他们带来勇猛精进的美德，而海上的景致，又使他们在勇悍之余耽溺于美。谁会想到，一个渔夫会在不经意间具备了这两种截然相反的秉性，却又能做到并行不悖、自知爱惜，这使他们会在创造美的活动中不知疲倦，相约在通美之途上跋涉。

当他们懂得欣赏美，并为创造美而彻夜劳作之时，他们已经找到自己。

【拾贰】

后来，我看到法国作家米什莱对格朗维尔、诺曼底等地贝壳画艺人的访问笔记，贝壳画和东海渔民画相类，亦是渔民对海洋的一种关照，进而拓展到关照人生的层面。

米什莱所见的这些艺人，其身份首先是渔民，其次才是手艺人，他们“以打鱼为生，要去最危险的远海，生死难料”[①]，所以，米什莱发现他们身上都带有“近乎残酷的壮丽”，残酷和壮丽的合体，无疑是濒海之地民间艺术的共有属性，命在旦夕之间垂悬的海上岁月，毕竟是农耕文明的安逸所难理解的。

米什莱见到的一个老艺人不敢提起海，谈论海时也往往用手一指海面，并不直呼其名，大海葬送了他的亲人，他早就被大海逼疯，但又被大海牢牢拴住、动弹不得，只能长久寄身于海上，除了捕鱼之外，他身无长技，这不止是他一个人的悲剧。

【拾叁】

在沈家门渔港，街巷中总有一种难掩的激越。尤其在晚上，车辆和人流的大潮退去后，空气中的热烈更加突兀，蜂鸣式的轻微震颤和聒噪，把整个渔港笼罩。风从渔港中穿过，当然也穿过了几万条船的桅杆之林，一片萧瑟。

深夜醒来，见窗外俨然一片黑压压的丛林，那是来自渔港的无数桅樯，在无数垂直的黑色线段的共同托举下，靛蓝的海上星空显得更加高远。此时此地，心中满是逃离世界的喜悦。

在沈家门，我盘桓大半个夏天，拜访渔民画家，搜集渔民

① ［法］儒勒·米什莱：《中国纪行》，华夏出版社 2008 年版。

画。这个夏天，渔民们用画笔给我讲了多少故事？

【拾肆】

在这个夏天，我看到俞世祥的《蟹螺亭》，热闹的场面，像东海的夏天一样炽烈。螺壳为凉亭之顶，螺丝盘旋无尽，朝天空飞遁，而蟹盖为底座，镇住了逃逸之心。蟹螺亭漂浮在海上，蟹壳为基座，螺壳为尖顶，亭内是正在织网的渔民，人影凌乱。他们耽溺于狂欢，借此可以搁置生存的艰辛和磨难，在狂歌中忘记时间的存在。风云际会，皆在蟹螺亭中。沈复认为蟹与螺的二位一体是寄居蟹，蟹螺亭则是寄居蟹式的蟹螺组合。蟹轻逸敏捷，螺沉凝如山。蟹走直道，一意孤行。螺走曲线，盘旋着遁入壳中，一轻一重，一曲一直，截然相反的品性，也可嫁接在一起，并行不悖，这是蟹与螺的象征意义，也代表着渔夫的处世之道。

杨素亚的《花色大鱼》中有三条不知名字的大鱼，不知它们从何处来，也不知它们要去何方。但见鱼身肥硕，撑满了画面，我们甚至可以看到鱼腹中吞下的水母和小鱼。每条大鱼的獠牙显现，露出微笑，鱼眼周匝的梅花式装饰，使大鱼笑意更浓。大鱼的微笑，极像东海渔夫的笑容，坦荡而又澄澈。这久违的笑，让人看后也忍不住嘴角上翘。

【拾伍】

在蔡成世的《赶修》中，可见桅樯如林的海上空间。多年以后，当我置身城市，在高楼大厦之间奔走，我就会想起船上的生活——高下错落的木板结构，搭建成了饶有兴味的日常生活空间，而我们在船中穿梭，或者攀缘。渔夫回到船上，就像隐士回到沙漠，僧侣回到庙宇。他们在风暴到来之前的夜晚，早早得到了消息，锤锯必将彻夜不歇。

他们在风暴前夜抢修渔船，沿着船桅攀爬之时，目光穿过变幻不定的雾霭、密集的桅杆，以及岸上林立的吊车与脚手架，看到那座喧嚣之岛，已经建成的高楼赫然出现，泛着蓝光的玻璃门窗，被桅杆截成了屏风式的连续纹样。我们终日打鱼晒网的渔村，早就改变了模样。

在徐鸿芳的《夜饮》中，我们看到了船中世界的剖面，或许只有对船舱结构了然于胸才会有这样的画作。我又想起故乡半岛的渔船格局了：一帆一橹，船篷密不透光，尤其在夜航时，船篷里面比海上的黑夜还要黑。那时节，只有点起蜡烛，才能在舱里视物。灯盏在桌上落定之后，便生出一团橘黄的光幕，把桌前的两个人笼罩在其中，在光幕之外，一切都陷入黑暗，只有对饮的二人仿佛大洪水之后的幸存者，他们在小舟中兀自饮酒，撕扯干鱼果腹，忘记世间的纷扰，哪管船外海枯石烂。

【拾陆】

赵明珠的《渔村》带我们抵达渔村日常生活，敏锐的细节感人至深——

渔村屋檐下照旧挂着干鱼，薄暮时分，主妇拿着竹竿出门，挑下了两条干鱼，左右手各执一尾，互相敲打，干鱼顿时烟尘四溢了。紧接着，有枯木撞击般的声响尾随而来，这两条干鱼，就是他们晚饭中的一个伴样了。主妇转身进屋去了，院门闭合，隐隐传来铁门闩的低鸣，这一家人的生活不为我们所知，只能远远观望。

无风的夜晚，你从海上回来，带着一身疲惫。走过长长的弄堂，泥水滴了一路，你老远就望见自家屋檐下的干鱼。这时节，悬停在檐角的干鱼最为锋利，过往的秋虫不小心撞上去，都会被当胸切成两段。这些干鱼在深靛的夜空衬托下，显得异常单薄，纵向的黑色闪电般的身影，是对庸常生活的公开宣战。它们急欲飞走，回到它们的来处。

渔村的时光仿佛凝滞不动，出走多年再回来，干鱼还在，你却已不是当年的你了。屋顶上赫然冒出了明晃晃的太阳能热水器，那些光芒四射的金属管道，仿佛宣告着渔村古典时代的轰然塌陷。

最可欣慰的是，檐下的干鱼还在，它们头指青天，似要破空飞去。这些悬浮的飞剑，为渔村增添了汩汩流淌的寒意。这时你才发现，秋天已经很深了，形销骨立的干鱼，更令人倍感凉薄，一如世道人心。

晚风吹过，干鱼齐舞，旋身踏步，莫不应和节拍，不久又复归寂静，这种自然的舞风，不禁令人想到了上古之世的葛天氏之舞，乐极忘形，却又彼此无伤。檐下又传来熟悉的声音，仿佛树枝在风中的碰击，短促而又遥远，那是干鱼在风中互相挤撞，也只有渔获大丰的季节，才会有这样的声音。你在窗里听到了，却紧锁双眉，心里还在挂念着远方——有人在海上漂泊还没回来。此刻，只有晚风中送来的阵阵鱼声，每一声都给这宅院平添了几分空旷。

今夕何夕兮？

海底的祖先

【衣冠冢】

那天我一早就动身，在路上费尽周折，回到半岛时已经很晚了，暮色中我还是看到了那条白亮的小路——它从海滩那边伸过来，擦着村子过去，一直通到山坡上。山坡朝西北方向攀升，那里没有高大的乔木，地上只有些地龙草。许多年了，它们匍匐前进，枝蔓上垂下的气根又扎回到地里，逐渐做成了死结。这些地龙草经常暗中发力，将往来行人绊倒在地。

每当秋季到来，地龙草变得通体灰黑，映得山坡也是灰蒙蒙的。同样灰黑的蚂蚱藏在草中，随时会撞到人。有一次，我遇见一只螳螂，也是灰色的，它站在蒿草的顶端，独自舞着大刀，四周空旷，它的武功也一定是寂寞的。

每到深秋时节，上山的小路越发白亮起来，路边的地龙草被来往的鞋子踢折，露出未见阳光的雪色内瓤，给小路加上了星星点点的光晕，在绝望的荒野里猝然出现，常常让人不寒而栗。山坡沿着白色的路裂开，这是特殊的留白，正如空底的船。确切地说，这条小路连通了海滩和墓地，这分明是一个不安的隐喻。早年间的半岛有渔歌唱道："岭上土饽饽，一人来一个，有馅没有馅，别嫌没滋味。"说的是那些远航的人在海上遇见了飓风，多半会葬身水底，难以找到尸体。飓风抬起的巨浪有几十米高，浪头落下来能砸碎渔船，再好的水性也难以抵挡那浩无边际、无法呼吸的绵密介质，一连串的惊呼和船板的噼啪爆裂之声过后，一切归于沉寂，只剩下风声和雨声。从那以后，他们再也没有回来，再也没有听到他们的消息，建造墓地时，他们的家人找不到尸身，只能含泪捧出几件他生前穿过的衣服下葬，做成衣冠冢，正所谓"有馅没有馅，别嫌没滋味"。坟头就堆在海边的山坡上，石碑的正面对着大海，人们盼着那个故去的人能够望见回家的路。

那支渔歌到现在恐怕已经没有人会唱了，本族中有位年近百岁的老曾祖母是唯一会唱这歌的人了。除夕之夜，在我们的怂恿下，她用没牙的皱嘴高声唱着这几句渔歌。那一刻，她的老态一扫而光。正月里的天黑得快，我的堂弟拽开了灯，红眼的灯泡放射出浑浊的光，老曾祖母穿着对襟福字大红袄，腰板拔得笔直，因为嘴里鼓着气，两腮上的皱纹骤然平复了，双颊也泛着红光，她或许在年轻时听丈夫唱过，或者是在她很小的时候，扎着小辫，坐在大人们的腿上，听大人们唱过，一连串的浊音从她喉咙里喷溅出来。她以衰年之躯居然会爆发出如此巨大的气场，这是久远年代的绝响。我被歌声穿透，这是祖先们的声音，也是半岛人对死亡的巨大嘲弄与戏谑。在近乎癫狂的曲调里，生死攸关的选择变得无足轻重。歌中的“土馒头”即坟茔，我不由得想起了半岛上最有名的一座衣冠冢。

现在，我就站在这座衣冠冢的面前，许多年过去了，它丝毫没有改变。当我再次来到墓前，墓碑的阴影在草地上拉得很长，它站立了几百年，渴望歇一歇的心迹在倒伏的阴影中表露无遗。这是一座年代久远的古墓，它雄踞墓地中心，基座是砌得齐整的青砖，刚下过雨，青砖上满是泥点，再往上是一人多高的土包，经过几代人的培土加固，它已经成了墓地中最大的一座坟了。坟前花岗石的墓碑纵向裂开了一道缝，填满了油腻的浮土，碑顶生出了两三棵杂草，在风中摇曳。碑的正面，逝者的名字经风雨剥蚀，大部分已经脱落，难以辨认，隐约看到一个“公”字，指尖一碰，哗啦掉下来一大片石头碎屑。时间过去了太久，几百年后，已经没有人能记得他的名字。石碑背面是密密麻麻的小楷碑文，不知出自哪位乡贤手笔，大部分也是漫漶不清。我用手指试探着笔画，断断续续地读出了这样一句：

自公沉海十数载，族人每遇险，□□公立波涛间，以手指浪，海波□平……

字迹到此戛然而止，再也续不上了。后面的文字还有不少，可惜笔画已经落尽了。遥想当初，有位乡贤受人之托，来写衣冠冢的碑文，确实是费了一番心思的。那正是雨后初晴的天气，屋内乍觉明亮，他提着一管竹笔在素白夹宣上写下了铁划银钩，满屋都是毛笔落纸的声音，似乎比秋后树叶落地的声音还要重一些。外面客厅里，条案上杯盘罗列，几个渔夫在客厅里焦急地等待着，其中有一位还站起身来朝书房张望。窗户开着，牡丹花探出窗台，在风中晃动。

这是很多年以前的事情了，而如今时光的锉刀最终将它们抹去，先人的故事就这样淡出了我们的视线，所幸故事还在人们的口耳相传中得以保留了微弱的光亮。这位先人在满月之夜会回到自己的衣冠冢，有人赶夜海回来，曾看见他在墓碑前徘徊，长袖飘飘，帽子后面的飘带在风中凌乱，孤单的身影在白沙土地上被月光照得很长。人们看到后失声惊呼，他的影子转瞬就不见了。

从此以后，只要月亮升起，人们就会想起他。只要有月亮时刻提醒我们，古老的传说便不会湮没，古老的传说当与明月同在。

十八年前的夏夜，我们一家人在房前的空地上铺开凉席，就地而坐，摇着蒲扇乘凉。抬头望去，东南方向的山坡上，那座古墓出现在满月中，它的硕大圆顶将一轮满月切成了豁口朝下的月牙，随着月亮不断升高，我们目睹了难得一见的月食奇景。父亲低声哼起了“土饽饽”的旋律，母亲看我听得出神，就讲了衣冠冢的故事给我听，她说：

“几百年以前，你的祖先坐船去深海里打鱼，正遇上风暴，全船人都沉到海里去了。家里人知道消息，找出他活着时穿戴过的衣服和帽子，立了衣冠冢，就是紧挨着月亮的那一座。又过了十几年，他的儿子长大成人，出落成壮小伙子，又出海打鱼，他第一次出海时就遇到了大风，船眼看就要沉了，这时小伙子忽然看见死去的父亲站在水面上，抬手一指，水面就平静了，小伙子上岸后重新修了父亲的墓。传说你这个祖先只救自己家族的人，所以那些船老大每年春天都争着抢着来找你爸搭伙出海，你还记得吗？”

母亲在月夜里讲述的故事，看上去似乎要比今天的更古老一些。是的，我忽然记起来了，每年的正月里，一过了十五，家里就陆续有人上门来，他们一律用红布包袱包了印着红花的饽饽，还有上好的坛装烧酒，一起来看父亲。一天最多时能来十几拨人，小院顿时热闹起来。春节刚刚过去不久，喜气还留在人们脸上，蓝呢子大衣，黑绒线帽子，脚上还有半新的黑皮鞋擦了鞋油，阳光下还能看到丝丝缕缕的鞋刷的纹理。他们是周围村镇的船老大，来找父亲搭伙，父亲迎出来时，他们忙着敬烟，有时父亲手忙脚乱，不知该先接谁的，或者干脆愣在那里。一会儿他缓过神来，高声招呼母亲去泡茶，这应该是他一年之中最兴奋的时刻，只要他决定跟哪家的船出海，那家的船老大就会放上一挂上百响的鞭炮庆祝，青烟与红纸屑弥漫在小院上空，火药的气息让人精神一振。父亲做出决定后，未中标的船老大们站在旁边眼睁睁看着，急得直抖手，有几位跺着脚离开了我们家的院子，到村西头去请父亲的几个堂兄弟。那位先人的巨大魔力并没有随着时间而减淡，相反越来越浓烈，穿越了几百年的时空，在贫苦的年代里给子孙们留出一条生存的路，毕竟，想在船上谋个差事是极难的，船上多是选些膀大腰圆的人，瘦小的父亲显然不在此列。

从那以后我才知道，在看不见的海底深处，居然有我们一位先人，即便海上时有风暴肆虐，我们也不再心惊，毕竟，我们已经找到了一条走出绝地的秘密路径，风浪再起时，我们大可不必惊慌，包括船老大，也能平心静气地对待风浪了。穷人有什么指望呢？本族中陡然出了这样一位神话般的人物，对于他的存在，我们都深信不疑。

站在先人墓前，神圣的敬畏猝然降临，每当想到他身着古时衣冠，在水面上如走平地，举手投足间荡平海波的风仪，总是让人感奋不已。后来出现了另外的说法，在我们附近的村子里流传很广，据说他老人家从水底冒出来的时候，头上还顶着一只张牙舞爪的螃蟹，蟹嘴里吐着泡泡，盖住他的眼睛，他一只手对付波浪，另一只手使劲擦眼睛——对于这种丑化的说法，我一向是坚决反对的，肯定是外姓因为嫉妒而搞出来的谣言。

我作为他的后人，居然头也不回地离开了他所荫庇的蓝色之乡，是什么引我走向歧途？秋风乍起之时，天空格外高远，那种明净澄澈的蓝，正是海的颜色。这时节，我忽然想起了衣冠冢，想起了先人传奇的经历。

我想，我最终还是会回到海上的。当我的船浮在海上时，先人在水底仰头望着我的船底，他的目光穿越了层层鱼群。阳光照透水底，不时有鱼影在他脸上闪过。我的心头一阵微温，从此不看老天脸色。

【网兜招魂】

那个孩子跪在海边的沙石上，膝盖早被海水浸湿，却恍若不知。此刻，他嘴唇频频开合，发出一连串含混不清的音节，虽然微弱，却也在潮水鼓荡之声中忽隐忽现。他嘴里念叨的字句似乎有形有质，早就切入海浪中去了。

他手里攥着网兜的槐木手柄，约有二尺多长，手柄的顶端，是黑铁的圆圈，铁圈上敷着的网衣，围作锥形的网兜。他把网兜探进海水里去，来回翻搅，不时提起来查看，见有小鱼小虾便倒扣出来，盛进身侧的渔篓里。每看到有人在海边拿网兜，用这种怪异的姿势捕捉小鱼虾，就说明他最亲的人死在海上，而且未能找回尸身，他们丧生于风暴，或者暗礁。

早年间出海全靠风帆和橹桨，小船难经风浪，每每有渔夫坠入无尽的深渊，家人久等不回，便知遇难。要为遇难者立坟冢，寻不到身子，只能设衣冠冢，将死者生前穿戴的衣物下葬。

网兜招魂是一种古老的海上巫术，网兜能将死者失落在海中的魂魄招回，口中默祝之时，网兜抄起的小鱼小虾就被认作是死者的魂魄所变，这些小鱼小虾，和死者的衣冠一起下葬，作为死者肉身的替代。无形无质的魂魄，在网兜里凝结为弹跳不止的实体。于是，南山上的衣冠冢里，尽是鱼虾的骨与皮，若干年后若有人发冢，见墓中全是鱼虾残骸，不知做何感想，难保不会惊慌失措。人即鱼虾，鱼虾亦是人，在海上，人与鱼虾混一，本就难分彼此。古老的巫术使人和鱼虾的转化变得极为便易，古老的隐喻，暗暗指向了滨海之民的命运。

平时用来捕鱼的网兜，本是常用工具，哪个渔夫家里都能随意找到三五个，甚至更多。网兜有时也挂在墙上，在不经意的抬头瞬间，就能看到它的身影。作为招魂的工具时，网兜则显得庄重，手持网兜的人，也照样端肃，不苟言笑。

网兜在海水中几个起落，兜住了过往的鱼虾，他抬起网兜，望着网中挣扎的鱼虾，不禁面现悲戚，这些纤细的生命，与心头那张无比熟悉的面孔，有着怎样隐秘的联系？他希望从鱼虾身上看到父亲的慈容，却总以失败而告终。在他心中，隐隐感到生命在发生转幻，眼前的海，正是促成转幻的熔炉，虽然生命的外形不啻天渊之别，但他在手柄上仍感到鱼虾的冲撞与震颤源源不竭。

他倒转网兜，所获鱼虾落进渔篓，独有一尾小鱼咬住网扣不松口，连抖几下，也未将其抖掉。他只好伸手到网兜里去捉，捉到了鱼尾，把它拽了出来。刚要投进渔篓，那条小鱼扭回头看了他一眼，那眼神似曾相识，闪电般的一瞥令他心惊。

【风中的预言】

耳边隆隆作响，耳郭振翅欲飞，正逢海风贴着水面飞来。旧帆布上滚着雷声，由帆的中心荡向帆布边缘，似乎永无休止。海边的孩子跑出小屋，迎着风来的方向变换口型，不时扭动脖子，就可使灌进嘴里的海风发出不同的节奏，孩子张开的嘴正如古埙的音孔，唇齿间鼓荡着呜咽的低音。水鸟刚从岸上飞起来，就被风吹得歪斜，紧急迫降到礁石上，翅膀还没收起来，又给海风吹乱了，连收了几次翅膀才得以落地。它扭回头梳理自己身上的羽毛，就像梳理着一件蓬松的旧大衣。橘红的长喙穿过白羽毛，细小的绒毛不断飞出来，逃离身体，箭镞般射向下风方向。它把羽毛收拾好，翅上的翎毛折扇般合拢，躲在礁石后面喘息着。

海风在警告那些走到海边，并且试图冒险出海的人——从哪里来，就回到哪里去。许多人还没有拿定主意，就被海风劝回家了。人在海岸上如果禁不住风力，仰面摔倒在地，索性还有大地托着，倒地后还能爬起来，最多沾上一身泥而已。如果是在海面上，就没那么幸运了，船遭遇风暴会坠入无底的深渊，从海面到深渊，只有一阵风的距离，却足以通往暗无天日的幽冥之路。

海边的小木屋里，窗框颤动不止，固定玻璃的钉子也松动了，玻璃的一角发出嗡嗡的蜂鸣。一场大风刚刚在海面上降临，是从遥远的外海吹到陆地上来的风，到了屋外已是强弩之末，而海上又不知有多少人一去无回。

海湾内的弧形地带里，要经常弓着身子走路，因为在这里直着身子是走不动的，海风会把上半身吹歪。站在礁石顶上，迎面而来的风会把人吹落，落地时轻飘飘毫无损伤，有风垫在脚下，稳稳托住了鞋底，也只有这时才会知道身子是累赘。许多年前，海边降下的一阵雨都是横着飞的，地上落的水迹也是长条的鞭痕，沙滩被划出了条状斜纹，这些斜纹指出了风来去的方向。

那些年，海风改变了很多事情，包括我们弓身走路的姿势、向后倒伏的头发、从船上旋转着落水的渔筐，以及海边歪斜的树、在半空中和风僵持着的海鸟，所有的一切都行色匆匆，带有了风的性格。人们恨不能在胸口开个洞，好让风穿胸而过，把迎面而来的巨大阻力化解掉。

古老的传说里还真有这样一个穿胸族，族人的胸前都有一个大洞，做衣服时先要在前襟后襟分别裁出两个圆孔。穿胸族是典型的渔猎民族，这胸前的大洞自然是久居海边的缘故，海风在他们身上寻找通道，久而久之竟然洞穿了前胸。他们在风中穿行无阻，风经过胸口时都漏掉了，海风在他们面前化为乌有。走在风中，总会想起健步如飞的穿胸族的人民，海风在他们面前束手无策。

海风是危险分子，这让我想起了一个和海风有关的故事。

那一年，父亲所在的船准备起航了，鞭炮声中，新船带着松木的芬芳下水了，鞭炮的红纸屑洒满了水面，人们拍手叫好，船东站在船头给孩子们分糖。这时风中斜着飞来了喜鹊，它歪着头躲避鞭炮留下的浓烟，鞭炮的红纸屑落在它头上，它也毫不在意。它衔着树枝开始在桅杆上做窝，人们面面相觑，谁也没敢上前打扰。几天的时间，窝就垒好了，又过了几天开始孵蛋。新船起航的日子迫近了，桶装的淡水和食物也陆续运到了岸边，船却迟迟不动。接连几天，船东跑过来催了好几趟，全船人都坐着不挪窝。大家一致认为，应该等小喜鹊随父母飞走时，船再起航，就这样，前后等了一个多月，小喜鹊羽毛日渐丰满。这一天，人们来到海边，发现巢已经空了，几片白色绒毛挂在巢边凸起的细枝上，在风中跳动着，它们终于离巢而去，小喜鹊们跟着父母飞走了。就在这一个多月里，海上陆续传来其他船遇到风暴的消息。

是喜鹊把我们从风中救出来的，一个船员对我说。

从那以后，大人嘱咐孩子们不准掏喜鹊窝，这个规矩传了不久，喜鹊就在半岛上繁衍开来，但有树梢处便有圆滚滚的喜鹊窝，雏鸟在窝里伸出头来，朝天张着嘴。那些突然出现在路边的喜鹊窝就像树的肿块，原本苗条的树像孕妇一样臃肿了。每当看到喜鹊逆风飞在渔村的上空，我就会想到这个和海风有关的故事。喜鹊飞在渔村上空，风速和它的飞行速度大抵相当，于是喜鹊悬停在空中，与海风僵持着，成为半岛上常见的一景。

在半岛，喜鹊的巢穴也常被海风掀掉，雏鸟掉在地上，叽叽喳喳叫着。作为一个泄密者，喜鹊默默承担着海风的报复。在海边生活的喜鹊，不住地在风中起飞，侧着身子在几股风柱之间穿行，你从中看到了与自身相似的命运。

【望夫石】

有一个“望夫石”的故事是这样说的：很久以前，有个渔夫出海捕鱼，这一去就没再回来，他的妻子天天去海边望丈夫，却总也不见丈夫的帆影。那天她在海边看到了漂回来的小船残骸，她终于绝望了，眼泪都哭干了，最后化作一块人形的礁石。直到今天，我们到海边游玩时还能见到她眺望的侧影，她用一种执拗的方式，把悲痛延续下来。青黑的石头赫然矗立，与周围的清新景色形成了令人伤心的比照。而石头又有千年不朽的神奇品质，没有什么比石头更胜任这个角色了，所以千年之后的我们，分明也感到了沉重的悲痛。正是这种沉重，足以令叽叽喳喳的人群噤声。如果到近前细看，望夫石有着扭曲的纹理，这让人想到她化石那一刻的急剧痉挛。前来旅游的几个小姑娘在望夫石前留影，摆着 V 形的手势，她们还不懂得什么是悲伤。

有人说，望夫石大有蹊跷——女人白天变成石头，晚上变回人形，拖着疲惫的身体回家吃饭睡觉。白天变作石头，是她简单的生活里唯一的支撑，为了等丈夫，竟然变成了石头，她在街坊四邻的称赞声中，不觉有些飘飘然了，也常有人领着自己的妻子儿女到望夫石下，学习望夫石的精神，留下一堆祭品，祭品中鱼肉虾蟹一应俱全。于是，变成石头是她的全部荣光，也是她后半生的主要生活来源。每天晚上，人们看见她家的烟囱冒出火星和黑烟，那是她在生火做饭，窗纸上闪出的侧影，和望夫石的形状一模一样。所不同的是，这时能听到环佩叮当，还有她走动时粗布衣袖与上衣摩擦的细微声响。

夜里有渔民把船停在岸边，第二天早上去一看，小船被望夫石顶在头上，船底已经被顶穿，渔民来时叫苦不迭，这才知道，昨晚把船停在了望夫石的位置，而望夫石在夜里变回女人，回家去了。直到当天夜里女人回家时，小船才落地，这个渔民才把船挪走，船底被戳出一个大窟窿，接连补了几次，到最后还是渗水，终于有一天，渔人出海时，那个补过的窟窿裂开了，当时渔人正好站在那里，整个人陷进了海里，不一会儿，船进水过多，也沉没了。望夫石也成为一个恐怖的信号，没有船敢靠近。而她像往常一样，吃过饭早早就睡了，明天还要继续去海边，匆匆忙忙去变成石头，就这样风雨无阻，不知过了多少年。是的，石头的生命状态是难以纪年的。我离开半岛以后，也有了同样的经历，每天去做一块石头，怀着美好的愿望眺望远方，晚上拖着疲惫的身子回家吃饭睡觉，这样的生活，居然也同样受到乡亲们的羡慕。

还有一种说法，说女人的丈夫遇难后，女人就回娘家了，在娘家住了半年，改嫁到遥远的内地去了，从此以后没有人见过她。她的不辞而别引起了邻居们的恐慌，于是大家四下里找她，却没有找到。那天海水落潮，露出一块尖角的礁石，礁石顶上碰巧有高耸的环状云纹，人们忽然想起了她平时最爱的高髻，越看越像，乃至从石头上看到了她的侧脸，这里是鼻子，那里是眼，大家唏嘘不已，有几户老邻居流下泪来，女人变成石头的事就传扬开了，方圆几十里争相前来观看。新来的县令听说了这件事，精神为之一振，亲书“贞烈千秋”匾，以示旌表，乡党无不称羡。没过几年，全县大治，县令也升任别处。没有人知道，那个女人在内地嫁了个卖豆腐的，又生了两个孩子。她每天磨豆子到半夜，累得腰酸腿疼，她开始想念海边的生活。连日来，她梦见自己变成石头，在海边受人拜祭，她抬起手来看，手却变成了粗糙的青石，全身都不能动转，她在半夜里惊醒，热汗直流，醒后坐在床上莫名其妙，也不知是什么预兆。从此以后，她一碰到石磨就心慌，还有石臼、石墩，所有的石器，一律不能碰了，她丈夫只好雇了个伙计来帮着磨豆子，院子里的石板路也换成了木板的，石墙也镶嵌了木围子。

刚才讲到的故事结局，可能和你祖母讲到的不一样，你也不必吃惊，因为你知道，望夫石的传说毕竟已有上千年的历史了，在商埠码头，在街市巷陌，总有人在提起，说到上句，很快有人顺着说出下一句，每个细节和词语都烂熟于胸。这个故事是一把使用多年的痒痒挠，光滑而又得心应手，每当拿出来，总会给庸常的生活带来更多的惬意和闲适。夏天的晚上，走在弄堂里，老人们在讲望夫石的传说，孩子们惊奇地睁大眼睛，眸子湖水般闪烁。我正好路过，不由得放慢了脚步，想再听一遍那个熟悉的故事。等老人讲完，孩子们唏嘘不已，我暗暗为孩子们担忧。其实，在我的内心深处，还揣着另外一种结局，许多年来如野草般强劲蔓延：

那个女人的丈夫厌倦了庸常的生活，终于有一天，他不动声色，像往常一样按时出海，为的却是借机离开她，为了这次远行，他准备了几个月，那天早上，金光闪闪的海面寂然无声，太阳刚出来，还不算耀眼，就挂在船的上方，剧烈燃烧的橘红色火球噼啪作响，发丝般纤细的火苗看得清清楚楚，他第一次离太阳这么近，心里有说不出的兴奋。阳光照得他满面红光，这是海面上的早晨，如此鲜艳，让人猝不及防。他甚至没有回头望一眼，只是紧紧攥着两只木桨，一次又一次掘开水面，正如铁锹掘开土地——他选择了一种无家的流浪生活，永远离开了故乡，没有人知道他的下落，也没有人知道这究竟是为什么。

北船录

【壹】

一堆乌黑的铜钱堆在火炕上——层层覆压的鳞状云团——在世上流转了几百年的铜钱，从一个口袋到另一个口袋，无数人的手指肚正如铁砧，在无声的传递中，磨出了边缘锋利的薄铜片。铜钱上布满了无数死者飞旋着的指纹。

一百年前，在半岛，布衣蔬食的前生。你推开米店大门，突如其来的白光照进暗室，在你脚下铺开一条锥形的白色之路，门框周围烟尘四溢，在白光里飞舞不止，其间夹杂着陈米中嗞生的黑盖甲虫。你在烟尘大作的背景中勉强镇定心神，掏出铜钱来买米，浑圆的钱币在米店的钱匣里滚落，铿然有声。木门打开，门外的长街上，人群流淌。就在刚才，指纹已经嵌在钱上，成为铜钱的一部分，不会因人事代谢而改变。

一百年的岁月往替，山河日非。当年经手的铜钱再次来到面前，你把它举在窗口的四棱光柱里仔细端详，铜钱忽然嗡嗡低鸣，在指尖轻颤，正是那段被锁住的声响，今日得以重现。前世的钱柜形象在眼前不断闪烁，是否在记忆之门打开之时，都会有这样的晕眩？而你是否会从铜钱表面认出自己前世的指纹，并且默默流泪？

黄铜的光泽已被尘世间的污垢所遮蔽，彼时天色渐暗，海上风暴即将来临，满炕的铜钱隐入黑暗。那些圆点模糊不清，让你想起有一场急雨打在久旱的土地上，无数深黑的圆点顿时连成黑压压的一片，最初的圆斑早已无迹可寻。每个人在生命的早些时候，都会有这样的记忆场景，以后的许多年里，这样的场景不时出现在梦里，或者一低头的瞬间，只不过随着年齿日增，许多事就被庸碌无奇的重复岁月轻而易举地搁置了。

那个夜晚距今已有上百年了，黄昏因暴风雨过境而提前来临，每当我们回忆起这个夜晚，屋外的天空总有短尾鹂飞过，灰色翅膀扇动的气流使门窗轻颤，在耳郭中留下经久不息的鼓荡。那天的黄昏提前来临，应该是不祥之兆。几代人对此深信不疑，后来发生的一切也证明了这一点。

我知道，这些铜钱要用铆钉钉在新船的船头两侧，作为船之眼，铜钱的外围还要以黑漆描出眼眶甚至睫与眉，那时节，破浪而来的船头上总有一双美目顾盼生辉。据说铜钱之眼可在危难之时开眼视物，水中暗礁一览无遗，船在这时会自行躲避，无须人操纵，种种妙用，都是船眼的神异之处。

另外，开眼之后会有白光大作，还会吓退海上兴风作浪的各类海怪，保护船不受沉覆之祸，船眼因此成了一只船的核心部位，开眼也必有隆重的仪典。它的神效虽然没有人见到过，但人人都相信。这是祖辈传下来的造船风俗了，铜钉穿过铜钱的方孔，刺耳的摩擦阻力隔着上百年的时空传递过来。开眼的仪式由族长来完成，必有一双行将就木的枯手，摇着锤头把钉子楔进去，闪亮的新钉帽更加衬出了铜钱的暗淡。族长踩在长梯上，锤子每一次落下，梯子的两只脚便在土里下陷一分。

几个月的辛勤劳作在此时一扫而光。

孔方兄能开路，放在船头无往而不利，古老的信仰总是合情入理，并能自圆其说。

那年春天，一夜大雨之后，岛上迎来了湿漉漉的早晨，滴答之声还在檐角继续。族人已经聚集到海边，新船上的黑油纸揭掉，赤松的新木发出灼眼的红光。三十条新船，组成了浩大的船队，在外滩一字排开，岛上居民扶老携幼出来观看，他们踩在爆竹的红纸屑上，鞋底轻颤。那时节，无数花苞在雨后的浓雾中绽放，随即被雾水粘成一团，刚开放便萎缩了。许多年后，人们才知道，这分明是一个不安的隐喻，只不过人们都被巨大的喜悦所蒙蔽。

新船队好似从天而降，船头昂起，须仰视才见，船桅仿佛来自云间的闪电，桅端的蜈蚣旗洒下条条红光，每个人的脸上都是红扑扑的。这真是我们家族最为昌盛的年代，三尺孩童都能摇船荡橹，在海上疾奔，村妇则为织网女工，运梭如飞。从岛上出发，远赴东海的捕鱼船队，约有六成出自我们家族。船舷上那些忙碌的侧影，有着极为相似的面部轮廓，那是血缘的印迹，一个海上家族的盛年时代所带来的欢欣无可比拟。

在这热闹的场面下，谁也没注意，渔村里新来了一个跛足的中年乞丐，他来自半岛之外，仿佛来自冰天雪地的遥远国度。此刻，乞丐正坐在人群外围，透过人们叉在腰间的手臂所弯成的弧形豁口里，他看到了远处海滩上的新船队，这才知道是新船的下水仪式。他被热闹的场景吸引，在地上坐了许久才一瘸一拐地离开。你知道，这是很久以前的事情了，那时还没有你我。

当天晚上，本族在渔村前的空地上举行庆功宴，庆祝船队落成，第二天就要远航了。酒宴摆了几十桌，从岛外来的中年乞丐也被邀到席间就座，这被看作是前所未有的慷慨施舍。作为回报，乞丐在酒酣耳热之际从席间起立，正像雨后的一颗黑斑菇摇晃着拱出地面，他敲着竹板唱了一支财源广进歌，赢得阵阵喝彩。一曲唱完，他又回到黑压压的人头之中了。这时，人们换上了大杯来喝酒。不多时，几十桌人都醉倒了，有的趴在桌子上，头枕着未吃完的半尾梭鱼睡着了，还有的滑到桌子底下，互相枕藉，鼾声如雷。桌面上的杯盘也随着鼾声微微抖颤，杯中之酒荡开了密集的环状波纹，碰到杯壁又荡了回来。

月到中天，乞丐最先醒来，摇晃着朝海边走去。他不知从哪里拿来凿子和锤子，借着酒力爬上新船的船头，把铜钱一一凿下来，一直凿遍了三十条船，六十个铜板在他的钱袋里沉甸甸的，腰间的麻绳也被坠得绷紧了。那晚上乞丐在最后一条船的船舷上唱歌，族人们却在沉睡，其中有几个年轻人在蒙眬中听到了古怪的歌声，“像造船工地上锯湿木的声音，吱吱呀呀真让人心慌”。

乞丐揣着钱袋，里面装着三十对船眼——六十个铜钱在贴身的布袋里默不作声。他忙完这些，连夜离开了半岛，以后的日子里，我们再也没有见过他，他为了六十个铜钱的小利而酿成一场滔天灾祸，他浅陋的头脑当然不会为此感到羞愧。

第二天，船队起锚出港，谁也没有注意到小小的船眼不见了，有上百人跟着船队出海，他们都是家族里的青壮劳力，还有十几岁的半大孩子。浩大的船队一去不复返，百余人全在外海的风暴里沉没。

父亲对我说：“多亏本族里还有一个遗腹子，那就是我的曾祖——也就是你的高曾祖，要是没有他，如今这世上就没有你我。”

那时，我的高曾祖只是三个月大的胎儿，尚在母腹中，他还不知道这一切，更不知道，他所在的家族堪堪覆灭。他未出生之时，家族的希望便已落到他身上，他在胎内，就已承接了无数目光的重压，这些目光来自族中的寡妇们，腹内的胎儿不由得发出一阵阵痉挛，那是他无法承受之重。

没等父亲说完，我额角已经冒出了冷汗，风中的两鬓微微一痛。我记起这位高曾祖来了，他的坟冢立在渔村中央的山岭上，有着两丈高的石碑，我们作为他的子孙，常怀着感激的心，给坟上堆土、栽树，才有了今日的规模。他在世时曾四处寻找那个乞丐，但一直没有找到。他无数次乘船离开半岛，又无数次沮丧地回来，他垂首走在铺满石板的码头上，两边的窗户里无数双眼睛在看着他，他承担着这些目光的压力，把脚底的石板踢得山响。夕阳把他的影子拉长，他的形象出现在每家的窗口，屋里满是他的黑影，他把黑夜提前带回了家。

这位高曾祖在仇恨中来到世上，又含恨离去。在他落地之初，守护他的，是族中的寡妇们，他离去之时，已是子孙遍地。家族死而复生，我们都是他的子孙。他甚至羡慕那些没有仇恨、无忧无虑的同龄人，或许他对彼此间不同的存在做过长久的深思，一次次揪心之痛，一次次无解而终，就像船眼和乞丐的下落难以寻见。

父亲又对我说，船眼哪是随便能动的？动一动，轻则丧命，重则灭族，动这船眼的乞丐，是我们宿世的仇人，你生来就是走南闯北的人，你一定会找到他。

可惜的是，我至今没有找到那个乞丐，但他却如影随形。

船眼一破，竟然又回到了混沌之初，船毁人亡，族人的生息繁衍不得不从头再来。值此人祸，族中幸存的老人和妇女终夜哭泣，户牖间的月光照亮泪珠，光华缭绕其上，于是每家每户的窗前都有珠光闪动，成为半岛一景。

我不禁想起乞丐唱歌的夜晚，不成腔的野调触及水面，在海上传出几十里，海水平滑如镜，月光照彻，整个海湾闪着水银似的肥腻之光。原本安静的海上之夜，传来乞丐的歌声，惊起黑礁背后那些沉睡的海鸟，它们在月夜中起飞，盘旋在闪耀的银镜之上。它们的毛羽也映满了银光，那么多白亮的细脖呼啸着一闪而过，头也不回，飞向未知的乌有之乡，正如家族中那些溘然长逝的族人，他们曾在半岛的夜空上疾走而过，不住地抖着衣冠，或许是空中过于寒冷的缘故。天空之下的我们困守在屋顶的穹窿以内，在静夜里侧着耳朵听。

你知道，这是我们家族最危难的时刻，虽然那时还没有你我，但我们在彼时彼刻都命悬一线，随时都可能崩断。

【贰】

造船的时间多数选在秋后，这时节木材干爽，木板在搬运时会发出金属般的回音，斧锯穿过也是不粘不滞，松木的斜纹被锋刃拦腰斩断，木截面与刀锋同样明亮，拿指关节敲上去当当作响，使人误以为锋刃两侧的钢铁附着在松木上，凝结成新的材质。裁断的松木板横在地上，盖着黑油布，掀开了黑油布的一角，立刻露出金黄的木纹。等到来年春天，这些木头就要浸到海水里去了，海里浓重的盐碱也奈何不了它们。

几个孩子骑在木板垛上，在玩坐火车的游戏，嘴里还发出

“呜呜”的汽笛声。秋天的凉爽气候也正适合匠人们干活，海滩前的空地就是造船的所在。没过几天，船的骨架就成型了，每天有几十号人围着大船的龙骨转。我每天从造船的工地经过，船底一条朝上弯曲的龙骨被刨得泛出亮光，在这条脊椎的基础上，又横生出许多稍细的四棱脉络，它们无一例外地朝上扬起，共同描画出一只船的大致轮廓。

我踩着满地的刨花走进工地，脚底绵软，不断发出木屑的轻微爆裂声，我不得不放慢了脚步。这里刚刚放过一挂鞭炮，庆祝大船的骨架落成，鞭炮的红纸屑没有完全落下，有很多还飘在空中，船头贴着“海波四时平”的桃木镇海符，肉色的桃木，是前些时候刚从整柱圆木里剖出来的，一头刻成尖状，是取宝剑之形，在危急时刻，它能够破空飞去，入水斩杀兴风作浪的蛟龙。仰头朝上看去，船的骨架拔地而起，船头的尖角直刺蓝天，白云出没在船头，转瞬也被收进了船中，我在骨架的空隙里看到了云锁在里面，动弹不得。我们看着这只龙骨，满心欢喜，过路的行人也聚拢过来，一起抬头看，龙骨平放在一人多高的石基上，船身高出石基数倍，还在不住增长。

那真是难忘的日子，松木的清香环绕在我们四周，喜悦之色闪烁在每个人的脸上，人群中传来窃窃私语，其中没有任何阴谋，尽是对美和力的感叹，这样令人欢欣的窃窃私语，以后再难以听到了。人们可能会不约而同地想到，这只船不久之后就要下水了，它将托起全船水手的身子。阳光充足的日子，他们在水面滑过，船尾撕开水面，翻滚着白泡沫，经过几个昼夜的航行，船将带回数不清的鱼虾蟹贝。而此刻，在半岛秋日的天空下，我们仰头看着它，硕大的淡黄骨骼使我们惊异不已。日光西移，阴影瞬间把人群笼罩，我们就像在围观一只恐龙骨化石，人群顿显渺小。

龙骨落成后，船东连续到工地跑了几趟，他什么也没说，只是手搭凉棚望了望船头，小心躲避着空中飞下来的木屑，他的方格毛衣上纤尘不染。船工们明白，船东这是来催进度了，众人纷纷欠起身，斧锯还在手里攥着，大家聚拢到龙骨近前去，在船东身后站了一排。船东转回身来，见这么多人围在面前，只好朝众人点了点头，然后急匆匆分开人群走了。什么也不说，却也是最紧急的一种催促方式，大家自然明白，只是想不清楚为什么会这么急，在这一点上，所有的船东似乎又都是一样的。

工地上的日子平淡无奇，几乎与世隔绝，只有送饭的家属按时来看看，匠人们满身木屑，刨花都在衣服上生根发芽。骨架落成时，值得松一口气，这意味着近半的工程完结了。剩下的工作是，把空白处填上木板，这看似简单，却是最耗时间的工作。地面已经被锯末和刨花盖住了，其间杂乱摆着暖壶、茶杯、铅笔等杂物，一不留神就会踩到脚底。造船时总是这样杂乱，大家的心思都在船上，少有人出来收拾琐碎的东西，好在有刨花和锯末垫底，这些物件都不会碰坏。卷尺经常淹没在刨花里，每当要用时，好几个人一起在地上翻找，后来工头干脆把卷尺拿过来，用绳套在手腕上绕了几圈。贵重的工具和木板都放在工地上，夜里有专人搭帐篷住在木材边看守。晚上进村时看见村口有亮着的灯，就是他们搭起来的临时住处。有时候帐篷前灯火通明，其实帐篷里面是空的，工地上地潮，蚊子也多，那位熬不住，跑回家睡觉去了，只点着灯泡，摆起了空城计。

大船就要合拢了，快到中午时，工头查点木料，忽然发现少了两块十几米的整木板，翻遍了工地也没找到，不由得冒了汗，要是让船东知道了，工钱说泡汤就泡汤了。工地上有专人负责看管，丢木料的事很多年没有发生了，竟然落到自己头上。他并没有声张，而是往后退了十几步，眼前的十几个人尽收在他眼里，没有人注意到他。他仔细观察在场的每个人，他们都在紧张忙碌着，并没有发现什么异样。

临近中午，吃饭的时候到了，工头跟在匠人们身后，弯腰去笼屉里拿馒头，俯下身的瞬间，忽然从两腿之间看到了身后不远处的一排房子，房子的地基处盖满了高粱秸，摆成了怪异的齐整队形。他跑过去掀开高粱秸，里面终于露出了木纹，他揪紧的心顿时舒展开来，丢失的两块木板躺在里面。他知道这一定是自己人干的——先把木板就近藏起来，然后趁人不备时再运走。

他当场叫了四个人把木板搬回来了，大家面面相觑，好像都知道发生了什么事，但谁也没有说破，彼此都能听到心跳的声音。工头瞬间明白了，几乎每个人都心知肚明，只瞒着他一个。工头感到前所未有的孤独，毕竟只有他一个人在认真干活，他周围的匠人几乎都参与了藏匿木板的活动，环顾四周，众人都在偷偷用眼角余光瞟着他。许多年来，被匠人们藏下的木板不知有多少，这次被藏的木板如果不是在关键部位，他或许永远都不会发现。等他知道真相时，已经到了迟暮之年，这样的事情，搁在谁身上都会难过，于是这只船就成了他参与建造的最后一只船，他从此洗手不干，回家抱孙子去了。

【叁】

我在海边的沟汊地带闲逛，消磨了许多时光。只要造船的匠人在海滩上，海滩便成了热闹的所在。一伙匠人住在岸边的土屋里，土屋门前的空地上安放着新船的龙骨，木质的巨兽骨架出现在海岸，空中盘旋的海鸥被惊得四散飞开，绕着龙骨盘旋多时，久久不敢落下，它们牵引着众人的目光，一路沿着海岸朝东飞去了。

它们要飞很远才能落下。造船的匠人放下在前额遮阳的手对我说。

每竖起一座龙骨，总要吓跑一些海鸟。它们过惯了平静的生活，难以抵挡龙骨带来的惊吓，只能不停地飞。直到海滩上处处都立起了龙骨，它们终于无家可归，终日聚集在龙骨的上空，来回转圈。

新船的龙骨在满地刨花中升起，横七竖八的木柱间还有刨花落下。它们落地时被更多的刨花接住，悄无声息。我仿佛进入了遥远的童话国度，蜷曲的刨花满地，龙骨直上云天，仿佛天上地下，都被这些木料占满了。

匠人在木箱里摸出了墨斗。墨斗也是船形，是一个两边翘起的木盒子，线轴藏在腹心，出线口塞满棉絮，灌注了墨汁，当抽线出来时，线上已经沾染了墨，将墨线的一端压在木板上，盒子这一端由另一个人拿着，他轻轻拉起墨线的中点，松手一弹，墨线的印记就留在木板上。黑线两侧尽是些迸溅的墨点，于是，裁切木板的长锯就有了一条模糊的路线，冰凉的锯条在这条路上艰难推进，边走边把木板撕裂，不多时已变得滚烫，漫长而又重复的劳作，没有尽头。木板围绕着匠人的小屋，新木的青涩气息四处缭绕，他们夜间睡在木香之中，梦见新落成的大船沿着滚木滑进海湾，海滩留下了一条辙印铺就的大道，人们尾随新船缓缓前行，像追随自己的君王。许久之后，他们照例燃放鞭炮，为自己的新船庆贺，他们被自己梦中的鞭炮惊醒。

造船的匠人中有一个停下手里的活，跟我说起了第一条船，也就是龙骨船的故事——那是有史以来第一条真正的船。他说：第一条像样的船造出来，是我们的老祖宗用了一条真龙的龙骨做了船的骨架——那时候的龙真多，跟现在的麻雀一样多。在这片海滩上，不断有龙起飞、降落，海滩上总有旋风笼罩，那便是龙飞行的踪迹，海水里也经常闪起金光，金光是龙鳞上发出来的。那天，人们早上来到海边，看到海里飘来一架白花花的龙骨，一开始人们还不敢靠近，后来龙骨被大潮推上岸，人们才敢过去看。从这头到那头，足足有二三十丈，人们就截了龙骨胸部的一段，有三丈多长，骨架微微弯曲，白得耀眼，在太阳底下都不敢正眼去看。但见脊骨上横骨丛生，都朝内弯曲着，最细处也有大腿粗。人们把它翻过来，脊骨贴地，敷上木板做了条大船，这就是最早的龙骨船。如今造船时先架起槐木支架，再敷上红松板，这槐木的支架，就是仿了当年龙骨船的样式，也叫龙骨。就这样，半岛上有了龙骨船，一直用到今天。

当年那条龙骨大船还在吗？我问道。

匠人说，龙骨大船早就不在了，当年人们坐着那条船出海，龙骨虽然是死去的龙，但它仍然识得水性，在水里自动游走，不用橹桨，船也跑得飞快。去近海几个岛礁，不到半天就能打个来回。因为船跑得太快，让老龙王在海底下给看见了，他仰头朝海面上一看，就认出那条龙骨是他违反天条的儿孙，被天神处死在海里，皮肉都给剥去，只剩下一架龙骨，却给渔夫做成了船。船在海面上来回跑了三天，龙王在水下抬头看了三天，终于看不下去，就施法把龙骨收走了。龙王在水底下举手一指，狂风顿起，嵌在船里的龙骨就在瞬间消失不见。船在风里走了一阵子，人们才发现龙骨不见了，奇怪的是，船板都还在原处，按照原样拼成船形，骨架的空缺处，开始有海水灌进来，船上的人们赶紧来堵，才发现裂缝密布，已经无法堵住。船就在惊慌的呼救声中散了架，船板径直落水，把人们留在半空。人们低头才发现自己悬空在海面上，一惊之下，都落进水里。海浪立刻把那些落点抹平，船上的人一个也没回来。

后来，龙骨极难得到，即便得到，也没人敢拿来造船用了，谁也不想船毁人亡。人们就改用槐木做龙骨了，就这样，龙王还常派人来拆船，新龙骨垒起来时，如果忽然倒塌，或者天降大雨，那就是龙王派来的兵将在捣乱。说到这里，我忽然想起龙骨落成之日的爆竹了，要及时燃一挂红爆竹，把龙王派来捣乱的海怪惊走。鞭炮响过，倒塌的龙骨自行竖立起来，雨也及时收住，乌云刹那间灰飞烟灭，阳光重新照在龙骨上，把木纹间的水珠拭干，白色的水汽升腾，行走在龙骨之间宛如仙境。

槐木最结实，泡了海水也坏不掉，做龙骨最好；红松木浮力大，还能防虫，拿来做船板是一流。在我们这儿，槐树和赤松也是最常见的树，满山都是，就连青砖瓦舍都被槐树的绿荫遮盖。渔村后的山岗上，是赤松的海洋，松针把山石淹没，多年以后，这些树都会倒毙，树干砸在地上，鸟雀惊走于林间，树干纷纷落水，和族人一起乘风破浪，终日浮在万丈深渊之上，时时有沉没之虞。即便沉没，也是人树俱亡，槐树和松树的命运，和族人紧紧捆绑在一起。

许多年以前，族人中出了一个狂妄之徒，他在海上行船时，忍不住踹踹脚底的船板说：“要不是跟着我，你区区一棵树怎么能走这么远的水路，见识这么多光景？”见脚底的树沉默不语，他怒而鞭打这棵树，木屑在海面上飞溅，于是，这棵树顿时跑得像一阵风了。

海怪三种

【海和尚】

船靠岸系缆之时，会有一种叫作“海和尚”的海怪从海水里冒出头来，与此同时，它那双带蹼的手掌早已搭在了船舷上。从船身一侧露出的光头，霎时间就把船上的边边角角都照亮，就连船的每一个卯榫也在海和尚的光头照耀之下无处躲藏。每当此时，海和尚嘴里还会不停地发出呼噜声——像一头小猪崽进食的声音，急促而又含混不清。它的身子是龟形，浑身赤红，背甲上是难以索解的图谶。它的头却是人头，一张娃娃脸，如八九岁的孩童，脸上光洁无褶皱，双颊接近于浑圆的满月，只是头上无发，令人想起寺庙里刚剃度的小沙弥。

海和尚只在船靠岸系缆的时候出来，它喜欢缆绳上的桐油味，翻动缆绳，尤其是新缆绳，便会惊动海和尚，它循着桐油的气味急急赶来，从不迟疑。好在海和尚从来不伤人，只是喜欢把渔船掀翻而已。较之于伤人，把船掀翻已是微不足道的害处了。你若听到海和尚的呼噜声就回身去看，它不待你把它看清，就把船掀个底朝天，然后潜水逃走。若不回头，海和尚的自尊便会受到伤害，认为你对他不屑一顾，结果是一样的——把你的船掀翻，再逃之夭夭。怎样对付海和尚，成了一大难题。

海和尚在水下力气极大，甚至能拖着船直接潜到深海，这样一来，船就永远找不回来了。船可是渔家的性命，船丢了谁也吃不消，在这方面，海和尚的破坏力是惊人的，寻常人家谁都怕招惹到海和尚，而那时的海和尚却又那么多，多到了令人见怪不怪的程度。那真是海和尚的黄金年代——每一家渔户的船舷上都要趴着一两个海和尚，海和尚的光头也宛如灯盏，照透了船舷之上那片暮霭沉沉的天空，小船也罩上了一层薄而冷的光，海和尚已成为渔船的一部分，这是渔村早年记忆中罕有的亮色，并在今日不断引发着怀旧之恸。

许多年后，海和尚在梦中成群结队出现。那天晚上，一队海和尚游过，宛如暗夜里漂流的灯盏，它们把海上的梦境戳出了几个明晃晃的白斑。我看到它们从水底钻出来，甩甩头抛开了那些水珠，不多时，它的前额上有盐粒的结晶出现，这使它的头顶折射着满天星斗之光。海和尚的频频出现，竟然令睡眠不得安稳，一夜辗转，不觉窗外天光大亮。

海和尚入梦，令我长相忆。

十几年前，我在扇子崖遇到一位老船夫，我看见他时，他正拿着锤子修补一条小船，我上去和他交谈起来，无意中提到了海和尚，老船夫给我讲了一种办法，能轻松地赶走海和尚。他说，海和尚最怕羞，因为它长得难看，脑袋上的鼻子只有两个黑洞，眼睛是两条细缝，几乎看不到眼珠，而眼皮是透明的，这样的结构更适合水下生活，它在水下闭着眼游动，照样可以透过眼皮看到水下的世界，轻松躲避水底的暗礁，也可寻找鱼虾的踪迹。

海和尚的眼波在眼睑内流转，这是世上最为含蓄的眼睛，它看一切清清楚楚，而我们却看不到它的目光。因此，它的心事无从窥测。好在它还是有自知之明，平时很少出来见人，也最怕人看到它的真面目。它肉墩墩的光头在月光下能照出很远，两只鳍状的手搭在船舷上，满船都被它的光头照得雪亮。老船夫嘱咐说，只要你在系缆时听到背后有一连串的呼噜声，或者有大片亮光照出了你自己的影子，千万不能回头，那是海和尚来了。呼噜声是它喉咙深处的剧烈抖颤，大片的亮光是它的光头在自动发光，只要你一回头，海和尚就会把船掀翻，船上的橹桨锚缆等物什，连同舱里的锅碗瓢盆都掉进水里，要想把船再翻回来，要找很多人帮忙才能办到。要是海和尚耍起性子来，会把掀翻后的船拖进深海，我们再也找不到，那时就麻烦大了。渔家丢失一条船，就丢掉了生计，这是海和尚带来的灾难。

我赶忙请教破解的办法。

老船夫笑着说，海和尚最怕羞了，只要你不住地大喊“光头、光头”，通常情况下，喊到三四遍时，它以为你看到了它的脸，就会因为羞愧而离开，要是听见“扑通”的一声，那就是它跳水走了，我们的船会没事的。它的记性也很好，因为你笑话过它的光头，它再也不会来捣乱了，看到你的船也会躲着走的，因为你羞辱过它，它心里还会记着你的，从此就不用再怕海和尚了。

真有这么简单？我有点不相信了。

老船夫重重地点点头说：就是这么简单。

海和尚是知道害羞的，这还是我头一次听说，细细想来倒也有道理。海和尚日夜与海为伴，白天在礁石下看着海鸟箭一样穿进水里，身后拖着大串气泡，海鸟们在追赶着银鱼。夜里，海和尚浮出水面，看满天星斗旋转。它澄澈的内心或许还没有沾染尘世的污浊，对整个世界还抱有美好的希望，仿佛世界也似它们一般。我甚至想，当我系缆的时候，身后即便会响起雷鸣般的呼噜声和探照灯似的雪亮，我也实在不好意思扯着嗓子高喊“光头、光头”，这样恶毒的言语怎忍心对它说出口，我宁愿船被它掀翻，也不愿伤害到它单纯的心。而在此之前，老船夫讲的方法已经在海上秘密流传了百余年，海和尚或许早已受到了来自不同人群的伤害，其艰难处境可想而知，忧愁的种子或许已经埋在它的心中。

可惜我一直没有遇到过海和尚，或许它只存在于老船夫的青年时代——那是各种美德并存的年代，而到了我生活的年代，害羞这种美德已经不复存在，不但在人世间没有了，在海和尚中恐怕也消失殆尽了。对此，我们无话可说。眼见着海浪拍上礁石，远处的海水层层叠叠，海面无数的褶皱里也不见海和尚的踪迹，只得悻悻而归，许多年来，我们把对海和尚的神往留在心里。

无论如何，我终于了解到了这种怕羞的海和尚的习性，在以后的岁月里，我遇到它时可以不必惊慌，顶多把船交给它，任它掀翻，不到万不得已，不会去喊“光头、光头”，就算我最后找不到船，一家人失去赖以活命的生计，我也不愿喊出那两个字。因为海和尚们简单而又直接，每每令人生出怜悯之心，并慨然引以为同辈知己，全然忘了它们的海怪身份。海和尚是海怪中鲜见的弱势群体，虽然相貌骇人，内里却孱弱不堪，古老的秘密一旦勘破，就会带来无尽的灾难。我仿佛看到有人张嘴吐出那两个字的魔咒，一遍又一遍，像车轮一样循环往复。海和尚惊慌落水，硕大的龟壳在水面上只剩一片赤红的暗影，旋即沉没。

这就是我对海和尚的最初印象。除此之外，海和尚在传说中还有一番血腥的往事，海和尚的大批量灭绝也与此有关。

那是在一百多年前的东海，那时候，海和尚只是俗名，其雅称为“在子”，用藿叶引火炙烤它的眉心，便能听到它发出汽笛似的尖锐长鸣，在海面上逆风也可传出几十里。曾有海盗船捕得海和尚一只，忽然想到用海和尚的长鸣来壮声势。当燃烧的藿叶触到海和尚眉心的那一刻，青烟在藿枝一端汩汩流淌，火光隐藏在青烟之内，不多时，海和尚的眉心烙出一枚黑斑，外圈焦黄。海和尚挺不住，立刻长鸣不止，以该船为中心的几十里之内，所有人都觉脊间一凛，颅腔似要震裂开来，海盗船因此声威大壮，往来船只无不惊骇，纷纷转舵躲避。

海盗们在船头喜形于色，在海和尚的鸣叫中，群盗胆气陡增，他们的满身横肉在海和尚的叫声中不住抖颤，趁此声威，海盗船冲进了商船队，接连手刃绑缚来的海上客商数十人，手起刀落，一时间血光迸溅，就连海盗们的狞笑也沾染了红色。

黄昏到来时，漫天火烧云把海水都染红了。在这大红的海天背景下，海和尚的哀鸣渐趋嘶哑，当它力尽之时，天边的红云退去，海上的长夜来临，海盗船借着夜色遁走。在遥远的海平面之外，似乎还隐隐传来海和尚喑哑的喉音，搅得海平面也一阵抖颤，海和尚的痛苦在彼时被我们触及，似乎感同身受，我们不禁为它的安危而揪心，海盗船却早已驶出了海平面之外，随着船影的消失，波动不止的海平面也终于恢复如初，变成了一条毫无瑕疵的直线——那里是万事万物开始的地方。

几天之后，滞留在海盗船上的海和尚便因眉心创痛难忍而死去。有渔夫看到海盗把海和尚扔到浅滩里，落水时发出的闷响使那个藏在礁石后的渔夫瑟瑟发抖。其他海盗纷纷效仿，开始大规模捕捉海和尚。

在海盗船上，海和尚的消耗量极大，几乎每隔两三天就要死掉一只，渔村的夜晚再也没有了海和尚的身影。侥幸漏网的海和尚们则逃至深海不敢露面，海盗们四处寻不得，只好作罢，以海和尚的长鸣充作号角的做法也就取消了，但幸存的海和尚们是再也不敢回来了。

许多年以后的今天，海和尚的鸣啸已成遥远的绝响，当年的海盗多已不在人世，他们当中有一位仅存者，已是百岁开外的老翁，不需借助拐杖，依然可以健步如飞，他常出现在海滨地带的滩涂和沟汊上，那是他晚年的活动场所。他在一次谈话中透露，在海盗船上时，他还是个孩子，是群盗的跟班，每当海和尚死后，他们会把海和尚抛到岸上，他也跟着搭手，触到海和尚的皮肤时，他的手被牢牢吸住了，费了好大力气才挣脱。不多时，被弃置的海和尚寸草不生的光头上会生发出密密匝匝的新发，转瞬即可垂肩，一夜之后，长发雪白。

这忽然生出的长发是海和尚的生命由荣至枯的真实写照，仅仅一夜，就再现了普通人一生的时光。原本头上无发的海和尚，终日在海边厮混，看到了人们头上的发丝，便有了生发的渴望，在它死后，这一愿望居然成真，人们见了无不悲伤唏嘘，不忍直视其头顶，纷纷把身子扭到一边。

就在他们转开身的刹那，时间的怪兽拔地而起，从众人的肩膀中间腾跃而去，影绰绰的，俨然是海和尚的光头形象。它飞过了人群，不少人的两鬓因此而平添了不少白发，你知道，这是许多年以前的事情了。

【飞头蛮】

夜归的渔夫在海边弃舟登岸，胳膊粗的缆绳系在了船桩上，在风浪鼓荡之中稳稳拽住了船身。当他转过身来，月光照亮了海滩上的积水，满地耀眼的银光流溢，这为渔夫照亮了回家的路，也指明了路上需要躲避的水洼。

渔夫的夜归之路光华夺目，但却密布陷阱，海上的岁月，已令他能够应付自如，甚至连海滩上的每块石子都熟记在心，每当有人碰坏了石子的方位，渔夫心里都暗暗不快，他会找到石子，放回原位去，海滩的布局多年不变，都是这个渔夫的功劳，或许，与之性格相似的渔夫还有很多。

渔夫深一脚浅一脚地走在海滩，耳边忽听得咀嚼吞咽之声，环顾四周却不见人影。其时明月在天，海滩上但凡湿处皆是白亮一片。就在这片湿而亮的广阔海滩上，有个球状物体连飞带跳，几乎是贴着地面骨碌过来。渔夫定睛细看，却是一颗人头在满地翻滚，把海滩搅得泥水四溅。这颗人头伸舌在泥水中翻搅，翻不动之处，就用脖颈的断碴来推开泥土，从中翻出了小虾小蟹，便吞在口中大嚼，不断有蟹螯和虾须从那颗头颅的嘴角漏出来。

渔夫赶紧在原地半蹲着身子不动，借着月光朝前看去，只见这颗人头自脖根处齐刷刷截断，断面白净平整，脸上则被淤泥覆盖，看不清相貌，只见他双眼微闭，露出两条细缝，散发出微弱的目光，仿佛大睡初醒，头发则披散着，更显狰狞，唯有一张嘴咀嚼不止，唇后的牙齿白亮，附着了虾蟹的残骸，掺着泥浆的虾蟹汁液从他嘴角流下，滴在海滩上的水洼里，打碎了那些光洁的镜面。于是，海滩上散发出环状的奇异波动，漫长的海岸线也随之摇晃起来，这片海与陆地的过渡地带吹弹可破，仿佛随时都会塌陷到海中。

这颗来历不明的头颅凌空飞来，跳跃在滩涂之上，脖子在泥里凿出一个个圆坑，这是头颅在海滩上留下的足迹，所以这颗头颅上总是泥水淋漓，嘴里嚼碎的虾蟹，散发着热烘烘的腥气，冲着渔夫直吹过来。这样一颗头颅在海滩上跳跃而来，像一只落地的皮球，充满着欢快的触地节奏，原本就脆弱的海岸，此刻正在不住抖颤，渔夫仿佛置身于深渊之侧。

渔夫吃惊之时，还没有忘记转身飞跑，他想尽快逃离海滩，发疯似的疾奔。虽然闹出这么大的动静，那颗人头充耳不闻，并没有追赶渔夫，仍在泥涂中翻找虾蟹，继续在那些明亮的水洼之上飞行，夜晚的海滩上又响起了咀嚼之声，把渔夫的双耳覆盖。

渔夫连滚带爬，跑回了自己的家。正像所有遇到鬼怪的人一样，这个渔夫回到家后大病一场，连日高烧不醒，并伴随着胡话，他受到了太大的惊吓。病了许久，渔夫才醒来，半年后才能下地活动，并把他的奇遇讲给别人听，于是世上有了这样的传说。

渔夫遇见的怪物，就是常在海边出现的飞头蛮。所幸飞头蛮并不伤人，只顾低头寻找虾蟹，眼睛只盯着遍地水洼的海滩，眼里只有虾蟹，对人却视而不见，因此，那个晚归的渔夫才能全身而退。

飞头蛮多生在海滨的普通人家，平时如常人一样劳作，他也不知自己是飞头蛮。他和常人一样日出而作，日落而息，往往生活在社会的最底层，做着最卑贱的工作，因而不为人注意，谁也不知他身上潜藏着妖魔式的裂变——他在夜里睡下之后，脖子上就会自动溢出一道红线，暗夜里传来血气翻涌的咝咝声，起初是一个红点在他的脖子上出现，红点迅速蔓延开来，变成绕脖颈一周的红线，这条红线在不断翻滚的血气中累积到了黑紫色，不断冒着气泡。每到这时，他的头颅会沿着这道红线齐刷刷断开，完全与身体分离，没有任何声响。然后，这颗头颅在黑暗的房间里冉冉升起，一直飞出了窗户，飞到海滩上去觅食。

天快亮时，飞头蛮便急急飞回，找到沉睡中的身子，自动对齐脖颈，头颅又长回腔子上，只留下一条暗红的线。在天亮之前，红线就会自行隐退，脖颈光洁如初。在整个断头的过程中，丝毫不落血迹，脖子断处也毫无伤痕，而是光滑平整的截面——血肉在断颈的瞬间被封存，以防沿途有血水喷溅，难为他在睡梦中还想得如此周全，难怪他的妻子一直没有发现。他的妻子与他可称得上般配，因为他的妻子总是一觉到天亮，睡得死死的，打雷也不会把她惊醒，也只有这样，她才不会看到身边躺着的无头的躯壳，也只有这样，飞头蛮才会放心飞出去，毫无挂碍。或许，每一个飞头蛮都有这样一个妻子，冥冥之中自有安排。

第二天早上，他醒来时觉得腹胀如鼓，以至早饭和午饭都吃不下，他自己也不知是夜里吃饱了虾蟹，洗漱时见镜中之人满头满脸的淤泥板结，更是大惊，一摸自己头上，泥沙纷纷落下，也不知在何处弄了这一头泥来，轻轻叩齿，则有满嘴沙砾脆响，脖项间也有淤泥覆盖，板结为痂。

这是他第一次在梦中飞颅而去，醒来后连自己也感到吃惊。他忙取来水漱口，取毛巾来擦脖子，漱口水和毛巾都成了黑的，他心中暗自惊异，却不知缘故。四处求医问药多年，也不见好转，每天早起还是这样，后来想到此病虽然怪异，好在并无疼痛，久而久之，便习以为常，也不去理会，只是勤加洗漱罢了。他从此养成了早起的习惯，他每天在脖子上揩下的泥沙，尽数倒在了自家院门外。多年以后，这些泥沙在他家门前堆成了尖顶的沙丘，这沙丘见证了他的头颅在海滩上跳跃前行的无数个夜晚。随着沙丘的生长，飞头蛮也在老去，盘旋递增的沙丘，仿佛把时光给抽走了，可惜他自己还没明白这沙丘中的力量。他的妻子曾把沙丘铲走，当天夜里就起了一阵大风，被铲掉的沙丘又回到了原地。他的妻子连铲几次，只得放弃，因为沙丘最终还是被大风重新带回来了。可见，沙丘和飞头蛮难舍难分，它不断生长，眼看就要高过墙头了。

你可知道，每一个飞头蛮的门外，大抵都有这样一堆来自海滩上的细沙，沙丘的锥尖在院门下的旋风中崩坏，朝四下里滚落下去，旋即又会有新的锥尖生成——早上，主人又倒出了泥沙，如此往复不断。久而久之，飞行在外的头颅可借助沙丘找到回家的路，那沙堆里面仍然隐藏着海滩的气息，以及无数个海上夜晚的记忆，有人甚至在沙丘里听到了隐隐的潮声。

许多年后，有一个游方道士来到海滨，在渔村里四处化缘。道士走到这户人家的门外，赫然看见了那个沙丘。彼时正有微风拂过，沙丘上有一股细小的颗粒滚落下来，这一切都瞒不过道士的眼睛，世界在他眼中被无限放大，在他看来，沙丘上滚落的沙粒，无异于高山上隆隆滚下的巨石，他侧耳细听，只觉沙丘内风雷激荡，继而有水声遮蔽了天地，险些把道士吞噬。道士怔了半晌，不住摇头叹息，他并未上前叩打门环，而是摇着拂尘走远了，他边走边唱着歌，沙丘在他的歌声中重新凝聚，滑落的沙粒又纷纷回到巅峰，新聚成的锥尖似麦芒一般虚弱，在风中摇摇欲坠，把道士的心也给搅乱了。他急忙收敛心神，片刻间就恢复了平静，再看那沙堆，也定立不动了。

飞头蛮的命运，被那个不起眼的云游道士看破，而那个道士却没有去打扰飞头蛮在世间的平静生活，这似乎才是一位真正的高人的所作所为，他保持沉默，继续云游，在暮色四合的渔村里，只留下道士的一支难解的歌，被夜色冲得支离破碎，那支歌似乎在默默祝福飞头蛮，希望他能在尘世获得幸福。

除了那个道士之外，还没有人知道飞头蛮的秘密。他白天为人佣工，被呼来喝去，心中暗自气恼，而他的同伴们则唯唯诺诺，毫无不平之气，甚至越受苛责，越存敬畏，这令他大为不解。这都是些什么人——他心里想。他哪里知道，他和他们并非同类。直至夜间，他才重获自由，摆脱了肉身的羁绊，完全忘记了在尘世间的身份，开始了海上的遨游。

并非人人都有他这样的异秉——世人多数碌碌无为，被生活奴役，并且心安理得，一心拱卫着得之不易的奴隶身份。没有神通，便也没有痛苦，大可在浑浑噩噩中度过一生。飞头蛮肯定会羡慕这些人，怎奈神通天成，无力扭转。

夜晚赋予他莫大的神通。他在夜里飞过了村庄，飞过了白日里尘土飞扬的街道，一直飞向了海上僻静之处。他白天厕身于庸常无奇的人群之中，又有谁能知道他的过人之处。那时，他正在人群中，随着人群向前滑行，和人群一道流淌着，他额头和鬓边的汗水如同雨天屋漏的泥痕，盘曲着流淌，在下巴上滴落。那时节，他在尘埃中行走，世间的尘埃把他覆盖，最大的轻贱莫过于此，他与众人一起领受。

那些不为人知的夜晚过去很久了，飞头蛮仿佛一直飞在夜空里，他不声不响，咬牙忍受着脖颈断碴处凉风侵扰，耳间的风声，犹如惊雷滚动，于是，他的飞行长期伴随着风雷之声。这颗头颅，早就成为海上之夜的一部分，如果海上的夜晚缺少一颗悬浮的头颅，那海上的夜将不再完整。

于世上众人而言，夜晚只是昏睡，除了昏睡，还能有什么呢？而在世上众人的睡梦深处，他的头颅却飞出窗户，在撞开窗扇的时候，他感到一阵头晕，头颅微微旋转，紧接着，从窗台上失足坠落。所幸，他以双耳为翅，不及落地就再次腾空飞起，飞翔在海天之间，沿途留下细微的蜂鸣声，那是耳郭震动留下的回声。如果有人在夜里走在街上，会以为头上经过了一只振翅飞行的粉蛾，完全不会理睬。他的行踪如此隐秘，以至于无人知晓。

当他有了这样的本领，世间的一切尽可原谅。对自身被侮辱与被损害的命运，也大可付之一笑，丝毫不去计较，因为这是完全不同的两个世界。然而命运仿佛在和他开玩笑——他在尘世间行走的时候，丝毫不知自己有解体飞天之能——他在白天便忘记了夜晚，同样，他在夜晚便忘记了白天。白天和夜晚的世界互不干扰，他的人生因此而比别人多了一重，而且，他还免去了角色转换所带来的困惑与不适，也不知这究竟是喜还是悲。

这一夜，远处的潮声响起，飞头蛮又想飞到海滩上去，他的脖子上生出了一圈红线。当时天已渐凉，门窗关得严实，飞头蛮左冲右突找不到出口，最后撞破窗纸飞了出去。他的妻子听到窗纸的破裂声，在梦中翻了个身，无意中把被子盖上了丈夫的脖颈，然后又沉沉睡去了，一夜睡得香甜，她丈夫的脖颈却掩埋在层叠如山岳的棉被里，她毫不知晓，这无疑是一场意外之灾。

黎明时分，丈夫的头颅飞回来，急切中找不到脖颈，在空中绕着房梁飞转，天亮时倒地毙命。待他的妻子醒来时，发现他身首异处，才知他是传说中的飞头蛮。惊惧之下，飞头蛮的妻子连日精神恍惚不定，每见人便大惊，在她眼里看来，所有的人都没有头颅，人流滚滚的街道成了最为恐怖的所在，从此她闭门不敢见人，也不敢照镜子。不久，她也病逝了，飞头蛮的妻子迟早会迎来这一天的，她和他将互相撞破秘密，然后因对方而死。

然而，这个故事并没有结束。

原来飞头蛮不但能飞出头颅，还可飞出双手——可见他的头脑和双手不受世俗牵绊，都是自由的，这使他在他自己的年代里迅速退居为边缘人，在他的年代里，只有固定的木头脑壳才能获得幸福。

事情的经过是这样的——那天夜里，这个人刚刚躺下，就进入了沉睡状态——鼾声便把他白日的疲惫集束式排放出来，鼾声响了不多久，他的身体就发生了断裂式的变化——他的双手和头都齐刷刷离开了身子，头还在脖子上恋恋不舍，处在似断未断之间，这时，他的双手早已飞离手腕，把头颅稳稳托了下来，就像捧起祭坛上的樽俎，鼾声戛然而止，尘世间劳作带来的疲惫荡然无存。双手合力把头颅抛出了窗外，紧接着，双手也紧跟着飞了出去。

就这样，他的头飞向南海，左手飞向西海，右手飞向东海，它们在窗口分手，顷刻间已到万里之外。当天夜里，适逢东海和西海都起了飓风，他的双手被吹到了海外，迟迟未归，只有在南海的头颅离家最近，也未遇到大风，却在回来时找不到脖项，一连串偶然的变故，终究铸成了悲剧。每一个飞头蛮迟早都会遇到这样的问题，或许早一天，或许晚一天。在他最后的几次起飞中，似乎心中有所预感，这几次解体飞走，头颅和双手都要绕着屋子盘旋三匝，因为这有可能是最后的离别。

在飞头蛮的身上，你看到了与海有关的漂泊与哀愁，种种未料的危险结局，亦是远行之人必须付出的代价。

当那些飞来飞去的手和头颅忽然出现在夜晚的海边，又不知会有多少无辜的人因此受惊落水，受惊者直接昏厥在泥涂之中，全身被泥水浸透，径直躺到天光大亮，才被海上初升的烈日叫醒。当受惊者倒地之后，飞头蛮在空中的头颅旋转着放声大笑，彼时他正飞在潮间带，他的笑声分为两股：一股传向大海，一股传向陆地，四下里便都是笑声了，落水者的惊惶被忽略不计。

在入殓时，你混在看热闹的人群中，看到那人的头颅已经缝合到脖子上，被小指粗的麻线缝接在一起，这使他的头颅看上去像是歪在了一边，双眉紧皱，显然是极为不适。入殓师手艺太差，缝合时对歪了位置，情急之下也没人理会，只好将错就错，草草缝合了脖颈。他颈上密集的硕大针孔，被麻线塞得满满的，你看到不顾一切的莽力，正把脖颈强行拼接起来，缝合处留下一道红线——这道红色的闪电耀人眼目，在以后的许多年里，它常把你从噩梦中掀起。

经过一番粗暴的缝合之后，不知他在以后的漫长岁月里，还能否把头颅飞出棺外？

许多年前，你就在葬礼的现场，目睹了一个飞头蛮入殓的全部过程，你为他死后的生活而暗自担忧，居然替他伤心起来，你仿佛看到了与自己相似的命运，生就的神通成为致命之恸，麻绳似乎也缝在你的颈上，让你无从逃脱。你甚至产生了错觉——你就是飞头蛮，你悼挽的正是自己，一念及此，不禁悲痛欲绝。你在恸哭之后抬起头，看到那死者的两只手在腕处齐刷刷断掉了，椭圆形的断腕处光洁如镜面，把灵堂内的黑暗给灼破了两个窟窿——他的两只手失落在海外没有回来，两只断腕从袖中探出，没有等到两只手回来，他仿佛并不甘心。

筹划葬礼的阴阳先生分开看热闹的人群，急急跑上前来，把死者的丝绸衣袖使劲往下拽了拽，两片明镜似的椭圆形断碴立刻隐入了黑暗。下葬时，死者的手腕上被安装了槐木雕刻的手——两片长方形的薄木板，刻出了浅浅的四道凹槽代表指缝，五指看上去长短粗细完全一致。如此简陋的手，强加到了他的身上。

直到有一天，人们从他的墓室里听到了木板拍打的声音，由轻到重，到最后变成了毫不间断的爆响，棺木似乎随时都会爆裂开来。那是他的两只木手在挣扎，指尖还频频击打在棺顶及两壁，他失落在海外的两只手回来了，要回到原身。

他的两只肉手居然掘开坟头，并掰开了棺材盖，一尺多长的铁钉也纷纷蹦出，蜷缩成一团团废铁。他的两只手飞进了棺中无边的黑暗，甫一进入，顿觉彻骨的冰凉，十个指甲险些被冷风掀掉，那是来自冥河的阴寒之气。两只手并没有因此而停止飞行，它们在海外流浪已经太久了，不知它们赶了多久的路，它们一门心思赶回来寻找原身，此刻，它俩正和两只木手做着殊死搏斗。

【夜叉】

渔夫夜间从海上回来，正待关门，门口却递进来一只黑手拦住了门闩，门缝正好夹住了毛茸茸的手臂，就像夹住了一段枯木，两扇门立刻朝两边荡开，一阵大风涌进，吹得屋里难以立足。渔夫受到惊吓，向后跳开去，那黑手的后面出现一个高大的身影，正是那只黑手的主人。只见来人穿着黑袍，手里拎着车轮大的两只蟹，直奔灶台而去，一边走还一边回身对渔夫道：

“借火来一用。”

那人回头时满脸漆黑，看不清五官，唯一醒目的，是四颗白亮的獠牙破唇而出，仿佛是夜空里同时出现的四枚新月，有着清冷的银光。渔夫未敢接言，算是默许。

这个不速之客倒提着两只巨蟹，径直奔向灶前，两只蟹在他手里挣扎，四只挥舞的巨钳总也打不到黑衣人身上——黑衣人躲在了蟹的身后。蟹螯虽然刚猛，却不会拐弯朝后攻击，耳中只闻四只钳开合的金属撞击的回音，火星不断在这间暗室里绽开，屋里的桌凳、瓶罐、干鱼、梁柱的巨大投影在火星的照耀下忽明忽灭。渔夫蹲在门旁的角落里，被蟹螯上闪耀的火星刺痛了双眼——他此时已经忘记了眨眼，眼皮的保护作用也失效了，只能任凭那些火星来炙烤，片刻间就双泪长流。

柴草都是现成的，黑衣人在灶前的空地上生起火来，经黑衣人手指的牵引，湿柴的黑烟在上升到半空时陡然发生了弯折，都被吸进了灶膛，偶有溢出灶口的黑烟，也在黑衣人的弹指声中卷入了灶膛。

两只蟹烤熟，蟹壳上呈现出一大片不规则的焦黑，满屋蟹黄的香味，直往渔夫鼻孔里钻，来回摇头也躲避不开，惹得渔夫想打喷嚏，又怕惊动那黑衣人，不得不强忍住，几近于窒息，脸上憋出了紫色，好在黑衣人自顾烧蟹，紧盯着蟹盖上涌出的水汽，始终没有朝蜷缩着的渔夫看一眼。

当黑衣人掀开螃蟹盖，就像掀开一只尘封多年的老樟木箱，渔夫耳中传来了锈蚀的轴承被迫转动的吱呀声。蟹盖甫开，白烟腾空而起——黑暗中耀眼的白幕，屋内陡然一阵湿热蒸腾。黑衣人抖擞精神，大跨步冲进这烟幕中去，俯身咯吱咯吱咀嚼起来，獠牙刺穿甲壳的钝响，臼齿细嚼时的爆裂，直嚼得渔夫浑身骨节酥麻，后来引起了脊上一阵剧烈的痉挛。渔夫堵上了耳朵，不去听那恐怖的声音，身上这才好受一些。

黑衣人嚼完一只蟹，又朝着另一只下口了，在白烟中，灶边只剩下两只蟹盖，蟹腿也没剩下一个，原来都被他嚼碎吞下肚去了，同时被吞下肚的，自然也包括两只蟹螯。渔夫看到，黑衣人吃蟹螯时，是把螯尖朝下，仰面朝天，把整只螯插到嘴里去，像街头卖艺的江湖人在吞宝剑。黑衣人摇晃脑袋，硬把两只垂直坠入口中的蟹螯吞下，渔夫听到蟹螯进入胸腔时的巨大聒噪，黑衣人的胸内好像都是铸铁的。当黑衣人直起身时，两只蟹螯便凭空消失了。蹲在墙角的渔夫看得触目惊心，仿佛有蟹螯卡在自己的喉头，想到这里，渔夫不禁一阵猛咳，这咳声终于惊动了黑衣人，他停止了咀嚼。

黑衣人这时似乎已吃饱，他看了渔夫一眼，似乎冲渔夫微微点了点头，只不过脖子过于僵硬，点头的动作极难发现，好在渔夫已经会意。黑衣人推开门扬长而去，只留下呆呆发愣的渔夫。渔夫回转身，透过不断开合的门户，望见那个黑衣人走到了不远处的码头，纵身跳了下去，落水时却没有发出一丝声响。

渔夫望着黑衣人远去的背影，越想越怕，一夜未能安睡。闭上眼，眼底的黑暗世界里就满是那黑衣人的黑脸，还有平生从未见过的巨蟹，不知不觉中又到天亮。

这天一早，渔夫出海捕鱼，竟然满载而归，这在他的捕鱼生涯中是最大的一次收获，有许多鱼已经逃出渔网，却像受到惊吓似的，又纷纷折回头来钻进网中。渔夫心中觉得奇怪，收网后，他从船头俯身往水里看，冷不防水里正有一人抬头往船上看，那人正是昨夜来借火的黑衣人，他正站在水底，仰起脸来看着渔夫，脸离着水面不远，水面上蜷曲的波浪更使他的脸显得扭曲狰狞，双眼如拳，尽是血红之色，四颗獠牙依然闪亮，若论面皮之黑，则是黑不见底、毫不透光，似乎只有颏下的一丛钢髯托着这一颗头颅似的，他的身子都被这硕大的头颅所遮挡。

渔夫眼前一黑，就要向水中栽倒下去，却被那黑衣人从水中伸出湿漉漉的双手给扶住了双肩。渔夫在船上站稳，黑衣人也就消失不见了，双肩上还有刚才黑衣人那一扶留下的水渍，肩胛在风中陡然一凉，此时方知并非梦幻。

归航的途中，渔夫不得不放掉一部分鱼，然后从船尾跳下去，边往前游边推着船前进，才勉强使小船保持平稳，他一路把船推回岸上，早已筋疲力尽，而看着满船的鱼，这劳累似乎又算不得什么，立刻被喜悦所冲淡，使不完的力气又回到了他的身上。像这样的收获，以前从未有过，不知以后还会不会有，渔夫不禁担心起来。

当天晚上，黑衣人又来到了渔夫家里。这次，他拿着两个锅盖大的螃蟹，走到灶前生火，这一回，渔夫看着他把柴草填进了灶中，在锅里添了水，似乎想煮蟹。而那蟹又太大，锅里放不开，黑衣人每次煮半边，煮熟之后再煮另外半边，两只蟹分四次煮熟，像上次一样，连嚼带吞，两只蟹瞬间没了踪影。

黑衣人出门时还朝渔夫点了点头，照旧从码头上跳了下去，渔夫这时才看清，这黑衣人跳水的姿势古怪至极——他头朝上，双脚朝下，已经在码头上凌空跳起，落水时却极慢，好像悬在了空中缓缓下移，最后才像一片鹅毛般飘落水中，照样没听到水声。

渔夫壮着胆子走到码头，往水面上一看，那黑衣人在水面下已经走出很远了——他悬浮在水底，手脚未动，整个身子却径直朝前滑去，就像受到了海中巨大力量的牵引，他的身上似乎有透明的气流包裹，这使他的身形看上去模糊不清，也使他身上滴水不沾，因此他穿行在海底也不会把自己搞得像落汤鸡一样狼狈。在他经过之处，不断有细碎的气泡从他周身的气流中逃逸出来，悬停在水中，不上升也不沉没，也丝毫没有爆裂的迹象。渔夫在岸上看了多时，心中暗暗称奇。不知过了多久，渔夫才觉察到夜已经深了，群星落尽，不断有露水从空中坠落，打在他的身上，海上的夜露最伤人，渔夫不禁打了几个冷战。

第二天渔夫出海，照样是满载而归，原来那黑衣人为谢渔夫的火，在水下截住了一个过路的鱼群，把鱼群驱赶到了渔夫的船底，渔夫正巧在这时下网，大鱼都进了网，直到小船载不动，船底仍然有无数鱼头跃动，撞得船底阵阵酥麻。渔夫只能望鱼兴叹，他的小船载不动这庞大的鱼群，他所捕获的，充其量只是鱼群一角，只能眼睁睁看着大队的鱼游走。

黑衣人站在水下，目送着渔夫的船摇晃着离去。

从此以后，渔夫每夜都给黑衣人留着门，柴草也是每夜都备了新的，留给黑衣人烤蟹，那黑衣人就是入户夜叉，经常到渔夫家里做客，而这时，渔夫已经不再害怕。这种夜叉不但无害，反而大有益处，渔夫靠夜叉的帮助才能每网不空，并就此发家，成了海滨一带的富户，再也不为吃穿发愁。

到了晚上，夜叉照旧会提着两只大蟹走到灶间。这一次，渔夫在灶下生起火，和夜叉一起坐在灶前剥蟹，渔夫拿起了锤和凿，蟹的铠甲纷纷断裂，肉汁在罅隙间奔流，把镔铁的凿子沾湿。夜叉背着手，站在渔夫身后观看，当四颗獠牙在暗夜里闪烁，夜叉这才意识到不妥，怕渔夫受到惊吓，夜叉举起袖子遮住嘴巴。

他们在蟹壳上罗列杯盘。有人看到他们在月夜里对饮，几杯下肚，黑衣人拿着蟹螯，攥住双钳用力一掰，蟹螯就变成了两爿，他自留一爿，另一爿递给渔夫。他们啃着蟹螯，就像啃着热气腾腾的羊腿，与羊腿完全相反的是，蟹螯的骨头在外，肉在里，螯壁包裹着蟹肉。蟹壳是最好的碗，蟹爪是最好的筷，世间再名贵的碗筷也难取代，长时间的撕扯令这一人一怪的脸上热汗直流，四邻听到他们的大喊大叫，家家紧闭门户不敢出来，夜叉的相貌唬住了岛上的所有人，除了他眼前的这个渔夫之外。

那时节，真是渔家的黄金年代——如今这年代已经一去不复返了。

这沉重的蟹螯，合双臂之力才能勉强举起，渔夫连半爿都没吃完就饱了。夜叉意犹未尽，还不断往嘴里扔着一团团白色的蟹肉，随后抓起酒坛，把余下的酒全都倒进肚里——酒在他体内有一阵瀑布坠落般的轰鸣，蟹肉坠落如雨，渔夫侧耳听着，仿佛亲眼见到了一片白色的泥泞，他不禁为自己这种想法感到吃惊，于是，他使劲晃晃头，把这些杂念给丢开了。

这时，夜叉才是真醉了，渔夫又喝过几杯，早就趴在蟹壳上打起了鼾，鼾声震得蟹壳鼓荡，夜叉的手抵在蟹壳上，不禁触到一阵微麻，那是渔夫的鼾声在作怪，蟹壳成了剧烈抖颤的鼓面。夜叉在醉中强打精神，忽想到自己该回去了，为了不惊醒渔夫，他的手离开了蟹壳的桌面，在地上挪出老远，才打个滚站起来，这些动作几乎耗尽了他全身的力气，站在原地扶着树喘了半天才恢复如常，那些酒在此时不失时机地攻上了他的头顶，仿佛有无数小蟹爬进了颅腔，万千利爪在抓挠着。

那一夜，夜叉走在水面上踉踉跄跄，海水打湿了鞋面，海里的鱼群吞食了他的呕吐物，也醉倒无数，全部肚皮朝上浮在海面，不知何时才能转醒，这些鱼浮在水面上，成为夜叉行走水面的绊脚石。你知道，这是很多年以前的事情了。

时至今日，东海上的渔民夜里睡觉还不插门，他们这是在为入户夜叉留门，然而入户夜叉却再也没有出现，夜叉手里车轮锅盖似的螃蟹也没出现过，只留下这样一个古老的风俗，东海的渔人沿袭不绝。在东海之滨，渔村的新房初建时，甚至连门闩这一道程序都免去了，只留两个门扇。那时节，每家的门户大开，从门外望去，黑洞洞的门楼深不见底，门洞深处，似乎还有几双朝外窥探的眼睛。

每当起风的夜里，都有门扇在风中撞击，巨响摇撼庭院，将人们从睡梦中拎起来，渔村的夜晚立时人影纷乱，方盒似的院落里蠕动着昏睡未醒的身躯，风把院门吹合，他们举着梦游式的双臂，把院门撑开，搬来大石固定住门扇，使院门在大风之夜仍然大开。

然而，入户夜叉却再也没有出现，只有他的故事还在四处流传。

漫长而又无奈的等待。人们却有着足够的耐心，只盼着有那么一天，入户夜叉提着两只车轮大的蟹走进自家院落来借火，更盼着入户夜叉给他们带来无尽的鱼虾。入户夜叉终究没有再来，他偶尔在人们的梦中出现，又匆匆离去，人们在梦中呼喊，入户夜叉也不回头，只留下一个漆黑的背影，在海面上踏着波浪渐行渐远，随后悄无声息地沉没，就像一个投水自杀的人。

那一夜，半岛上的渔民们纷纷在梦中惊醒，抬眼望屋外，两扇院门在风中开合，不断切割着满月之夜的白光，使院子里电光闪闪，就连卧室里也受到电光的影响，人们总是不得安睡，即便入梦，也是满眼光影晃动，他们在梦中亦受惊吓，一夜要醒来上千回，所以半岛居民多是有着又高又肿的黑眼圈，这成为识别半岛人的重要特征。

入户夜叉似乎只属于过去的年代，那时节，人心还未完全崩坏，就连夜叉这样的凶神恶煞也知恩图报，再后来，就没有这样的事了。

这样的故事，也许只在过去的年代里才会发生，我们丝毫不必怀疑其存在，因为这年代不属于我们。我们只能暂时停下脚步，回头遥望。

许多年过去了，不闭门户的闹剧依然在渔村不断上演，年轻一代已经不知其意，只是按部就班地照做，甚至增添了不少庄重的仪式感，比如在门后挂香炉，敬供香火，也有不少人家在晚上临睡前要洒扫门庭，以示恭敬，有细心者还要在门前撒一层细沙，凡此种种，更使这古老的风俗变得俗不可耐，想必夜叉见了也会心烦。

终于有一天，一个帮闲文人路过此地，见此处景致不错，便留下来游玩几天。当他饱览海上风光，又吃饱了虾蟹，饱嗝里都有热烘烘的甜腥，一张嘴就像夏季海滩的腐泥。尤其是在夜里，他见识了渔村夜晚不闭门户的习俗，不禁大加叹赏，他迈着四方步，从海岸走向渔村，一路摇着洒金的折扇感叹道：这真真是路不拾遗夜不闭户的盛世，只有盛世才会有这样的场面啊！

——以他的迂阔，又怎会知晓入户夜叉的故事。这些渔户无非都是梦想着发家罢了，哪有什么夜不闭户的美德可言。

绳结手记

【壹】

凌晨出发的客船迎头碰碎了几个大浪，船舱内一阵抖颤，在我身旁睡着的老翁惊醒，使劲揉着眼睛。最早登岛的这趟客船上，早餐草草了事，有人撕开火腿肠的包装，香味立刻与汗臭、脚臭混杂在一处，正欲躲避，冷不防又有方便面的味道异军突起，几股恶香与恶臭在船舱中搅拌着。刚从舱外走进来的少妇捂着鼻子寻找座位，她抱怨座位不洁，找遍了船舱，也没有找到令她满意的座位，于是又回到甲板上，好在这段水路并不算长。黄龙岛出现在船头，在大雾中，可以看到岛上覆盖着绿树，在雾中绿得发黑。

轮船开足马力，向着碧沉沉的岛屿奔去。

【贰】

裸露的黄色山岩随处可见，有两条最为高大的山岭，如黄龙盘踞。雨季已来临，积雨云在山巅沉凝不动，最终在薄暮时分降下大雨，冲刷着岛屿密集的屋顶。积雨云不远万里，从海上赶来，把岛屿冲刷干净。此处虽是弹丸之地，在历史上曾经分属两省，自清代光绪年间起，岛屿南部属于浙江，北部属于江苏，一直到二十世纪五十年代才合并，在岛上由南港到北港，还要翻越山岭，两省分界旧址在黄沙岙港墩，几百磴石阶成为纵穿岛屿南北的必经之地。当年国民党在岛上抓壮丁，抓到浙江时，老百姓就逃到岛北面的江苏，抓到江苏时，就逃到岛南面的浙江，岛屿的男丁都得以保全。那时节，岛屿南北两地都是凭山临海，只不过方位正好相反。岛屿提供给岛上少年的，是一种对于世界的模型想象——在山后，或者山前，有另外一群岛民，其中甚至有一个和自身完全对应的人。一个南岛少年在夜里梦到了北岛有一个和自己一模一样的人，相貌及装扮难分彼此，甚至说话也是同步，他一开口，就是两个自己的合声。他们在梦中坐到一起吃饭，他忽然发现，和自己相反的是，北岛的少年用左手拿筷子。他俩对面而坐，像是对着镜子中的自己。他被惊醒，坐在床头，望着后窗出现的那片黑压压的山峦出神——在山的背后，是否有一个少年也同时在睡梦中惊醒？

【叁】

在这座自行分裂的岛屿上，还保留着最为古老的渔绳结。绳结捆扎与松绑的截然对立，自是另一种分裂，似与岛屿一分为二的历史隐隐呼应。渔绳结是渔民在船上使用的各类绳扣，绳结系法最多时有数百种，靠口传心授，在岛上的渔夫之间秘密传递。

身在渔船，绳索随处可见，这些毛扎扎的植物纤维，蜷曲成各种形状，有的还做着高难度动作，将肌体的柔韧潜能发挥到极致，且不说帆布上运转有序的绳索系统，以及网衣上的各处衔接，就连喝水的杯子，也要备一根细绳穿了杯柄，固定在桅杆底部。这样一来，水杯在风浪中就不会晃倒，杯中也只能倒半杯水，否则会在风浪中溢出。喝水时解开绳结，因此系的是活扣，一抖就开，喝完了再系上。我看到一个水手偷懒，他拿起杯子时也不解绳扣，杯子的把手仍系在桅杆的底端，他张开的五指从天而降，抓住杯口提起，绳结也沿着桅杆滑行而上，他喝水时，脸快贴到桅杆上了，把水喝干，索性松开手，杯子在绳结的扶持下，摇摇晃晃地滑落至地。

绳结草创之初，并无章法可循，全凭直觉随手布置，手与心是何等一致，心中所想，便是手中所得。船老大的腰间悬着几条麻绳随时备用，也不知这些绳子用了多久，绳头的麻絮绽开几朵毛茸茸的花，在海风中上下跳跃，船老大的腰中，飞舞着乱蓬蓬的绳头，这是岛屿船老大的标志性装扮，许多年前，刘有九就是他们中的一员。

在向导的带领下，我们去寻刘有九。走进黄龙岛的街巷，正是清晨之际，迎面正撞见新出炉的烧饼滚了一身芝麻，馄饨在锅里翻滚，油条从油里捞出，还滴着油珠，豆浆的白色瀑布在空中悬停。正是清晨，街面上的吃食罗列，香气互相侵让，引逗着辘辘饥肠。向导是本地人，他用吴音与小吃摊上打着招呼，不多时便买来了冒着白气的包子，边走边吃。赶早市的人群在我们身边流淌，谁也没有注意到，岛上来了陌生人。若在一个农业的乡村，闯入者会成为关注的焦点，闯入者是单调生活中的刺激性事件，而岛屿的生态显然不同。岛民才不会在意这些，他们早年间就是海上逡巡的流浪者，也习惯了旅行者的到来。岛上人口稠密，用地不足，房屋之间的缝隙太窄，最窄的甚至不足一米。廊檐连续不断，隐隐能望见头顶的一线之天。雨声喧哗，在屋顶上空激起白雾，檐角和阳台切断了雨线，走在弄堂里，即便没有打伞，也不会淋到。

年过八旬的刘有九，十五岁就开始下海捕鱼，二十出头就做了船老大。从登船的一刻起，他就和绳结打起了交道。无论是网眼的补织、断绳的对接，还是船靠码头时的带缆，都要用到渔绳结。作为渔船的新伙计，他的学习之旅开始了。很快，在船老大和老渔民的帮助下，他学会了简单的绳结，还能补网、系帆了。在与岛屿妇女们的织网竞赛中，他每每拔得头筹，妇女们转而向他请教。岛屿的生存之技，欣欣然互相传递。

他从小就痴迷绳结游戏，沉溺在绳索中，无法自拔。在绳结的缠绕中，层层覆压的位置关系，引人倾心相记，而一个绳结在掌心出现之际，图案所呈现出的连续、对称以及芜杂的美感，足可令人忘记时间的存在。

绳结给一个岛屿少年带来的是世界丰富性的隐喻，在岛屿的弹丸之地，事物变得简单，一一呈现在山丘似的石质岛屿之上，无从隐匿，而绳结是通向世界的秘钥，绳结无数的可能性，也正是纷繁的外部世界的注脚。那时节，他为了试验绳结，还自告奋勇去帮父亲拴狗，结果，他打的绳结拴在狗脖子上，是个活扣，越拽越紧，一夜之间就把狗勒死了，那本是系泊结，用来打缆拴船，任凭风浪摇摆，所拴住的小船只会越拽越紧。他的绳结试验仍在继续，父亲的责怪也当作了耳旁风。

那时的海上，还是绳索的世界。他所会的渔绳结可达几百种，祖辈传下来一些，向其他渔民学来一些，自己又发明了一些，每一个绳结都能派上用场。到了晚年，他终于从船上回到岛屿，这时他想到的是对渔绳结的整理。在他的渔绳结陈列室，绳结贴上墙壁，而且被编号，标注着名称和用途。环顾四壁，渔绳结满墙蠕动，还有他新做出的乌贼结，用红绿两色的线混织成乌贼的椭圆身子，下垂的乱蓬蓬的绳头，是乌贼的簇生的腿。乌贼结脱离了实用，纯为观赏，是老人晚年的遣兴之作。

与乌贼结相似的，还有螃蟹结，渔民的审美情趣，终归与海中动物意气相亲。

【肆】

年轻一代忙不迭地逃离海岛，留下来的年轻人也无心于此，岛屿的渔绳结手艺，是青年一代急需抛弃的，仿佛只有这样才能隔断与岛屿的脐带，他们义无反顾地走向岛屿的对立面，与岛屿的过去反目成仇。

海岛孤悬海外，它暗自旋转，产生巨大的离心力，被甩到岛屿边缘的，不止渔绳结，还有岛屿旧时的秩序。

新材料早就降临岛上。例如岛上渔船用的五星碰头结，状如五角星的绳结，用鸡蛋粗的缆绳打成，可挂在船头和船舷，防止船靠码头时碰伤船身，还能避免船与船之间的碰撞剐擦，几乎以工艺品的完美形式出现在船舷之侧。当年几乎人人都会的绳结，如今年轻人不屑于去学了，因为五星碰头结的减震功能，已被橡胶轮胎代替了，五星碰头结的处境不禁显得尴尬，繁复的编制工艺，在工业时代成为可笑的愚行，且论质地，绳结自然也不及轮胎橡胶的弹性。随着渔业生产方式的革新，以前捕鱼用的帆船都改成了机船，像帆船结、倒挂卜结、老菱卜结等这些与帆船作业相关的绳结技艺亦随之不复存在了。自渔船改为机器动力之后，摇橹时的橹辫结也无人识得了，系船用的系泊结，也改成了更为坚固的铁链和挂钩。

在现代化侵袭下的渔绳结，又何止这些——它们节节败退，成为展厅里的陈列品，供来往的游人凭吊。他为此造了一条绿眉毛船，这是东海岛屿早年间流行的渔船样式，船头尖锐如鸟嘴，船眼上方有绿色的长眉，因此被称为绿眉毛船，他把渔绳结安置在船上，还原了当年的渔船生活场景——三条主帆上，绳索密布，掌控着帆的升降及角度调整，橹上挂着橹带辫，船舷两侧各挂着一对五星碰头结，还有各式渔篓、水桶、瓷坛等容器都用软木雕刻成鸡蛋大小的模型，同样，做这些模型，也为了让相关的渔绳结有安放之处，瓷坛的坛口绕着一圈塑料绳，引出一段绳索作为提线，坛子有了把手，就可以穿了扁担挑走。我忽然想到，他在以这种方式恢复岛屿旧日的秩序，我们在模型中亲睹缩小了千万倍的岛屿旧物，这些器物对我们而言是太小了些，仿佛来自童话般的世界，我们成为可笑的巨人，晃着蠢笨的肉身，在细小的渔村旧物面前不知所措，我们与它们之间，隔着浩大的时空。借助模型，我们只看到了旧日的倒影和回声，与实在之物毕竟隔了不知几层。

在感慨现代生活对岛屿生活冲击之际，刘有九本人也陷入悖论——他手中的绳结，已经由昔年的麻绳改换为聚乙烯的合成材料，在阳光映照之下，绳结正闪耀着绿光。新材料是工业时代的产物，其优势在于抗腐蚀抗盐碱，承力优势明显，散发着桐油味道的麻绳退到了岛屿的角落里，难寻踪迹。

渔绳结的展厅，都由新材料编制，工业化与传统并峙，新与旧的奇异结合体，在闪光灯下更显妖娆。就像这海岛，古老的石屋仍在，内瓤却早已有了现代的因子，宽屏彩电，空调，太阳能热水器，智能手机，这些电器从岛外运来，此时已频频出现在石屋之间，令人产生了穿越般的错觉。

我拿起一个绳结，是双撩板结，手心里端详。这也是微缩的绳结，双股的白尼龙线，导出一对兔耳似的绳扣，两个绳扣的交会处，是三个并列的绳疙瘩，它们包括两个绳扣各自的疙瘩，以及合并这两个绳扣的疙瘩，三个疙瘩如倒立的品字形，它们并非各自独立，而是相互借用绳股，互相衔住。将它看作是一件艺术品也不为过，这是修理风帆时，爬桅杆必备的绳结，攀缘者把双脚探进绳结，绳结中部的疙瘩与桅杆接触，靠摩擦力的作用，踏着绳结的双脚借力爬上桅杆顶端，这个绳结曾经负载着一条壮汉的全部体重。此刻，它横在我手掌之中，却如鸿毛之轻。

不禁想起岛屿当初在空间上的分隔，如今的岛屿却迎来了时间上的对立——在新旧时代之交的海岛，绳结将置于何地？

【伍】

在东海岛屿，船舷上挂着轮胎的渔船随处可见，所使用的，也多是废旧的轮胎，较长的渔船两侧，黑轮胎挂了三五个，它们使渔船看上去更像一辆行驶在水上的汽车，海陆倒错式的悖谬感，时刻伴随着渔船的左右，工业时代的触须已经潜入了这古老的行当，更是侵袭到了偏居海外的岛屿，在带来便利的同时，却也使岛屿早年的手艺荡然无存。外部世界的诱惑撼动了岛屿的根基，年轻的一辈也早就厌弃了岛屿旧日的生活。

我看过墙上挂的一张旧时的照片，身为船老大的他，因为会打五花八门的渔绳结，在岛屿已经广为人知，照片中的他居中而坐，手里拿着绳子，给环列两厢的年轻渔民们讲解绳结，讲者与听者，都获得了巨大的喜悦，他们手中都有绳子在缠绕，将指关节覆盖。新的绳结即将生成，绳子表面的螺旋状纹样，是绳子在搓制之时所耗费的莽力，通过扭曲的肌理，将当初的力量敛迹于内。在他们脚下，网线遍地流淌，转折之处尽皆圆润，却无矫饰之嫌，这是绳索的本来面貌。绳子的波浪层层荡开去，溢出了镜头之外——那真是岛屿的黄金年代。

我开始想象刘有九的青年时代。他的石屋之外，樟树的冲天枝丫堪堪不支，多年分裂的新枝，使枝丫下垂，罩在了石屋的上空，这使屋内看上去更显黑暗。那时的海岛安静，一根绳子就可以研究半天，靠打绳结消磨时间，岛屿上有大把时间。

那时他还搓过麻绳，从山上采来藤条，剥皮蒸熟，最后取出熟透的植物纤维，放在大腿上搓，腿上留下一片红色印迹，麻绳上也带有了体温。为了麻绳坚固，还要在桐油里浸泡几遍，然后在阳光下自然晾干。这种绳索是直接来自岛屿植物，又用之于岛屿渔业，岛屿仿佛知道渔民要用绳索，于是把藤萝布满山岗。每年春季来临，他在山脚手搭凉棚朝上眺望，见满山藤萝又发出新枝，这诡异的植物，自来不走直路，又有攀附的习性，因而时常遭到道德家的围攻。而在岛屿，植物最终回归植物，不必担负世俗的成见，亦不必作为道德隐喻的靶心。藤萝将岛屿覆盖，望着满山盘旋的枝蔓，他心中一阵舒畅，海风把他的帽子吹走，他也没有觉察，他心里想的是绳索，满山的藤萝，在他眼中都是绳索。渔民对工具的敬惜，足以达到痴迷的程度，生活也因此而有所寄托。

那时节，粗绳用来打缆，拴住归港的渔船，即便在飓风之夜，小船也不会挣断绳索，这一代老渔民去世后，渔绳结的技艺恐怕就要湮没无闻了。

岛屿的夜晚，渔船归港，港口的喧闹已然落定，窗外桶装的蛤蜊喷吐小股水柱，发出吡吡的声响，这是渔村夜晚常见的安静。黑铁剪刀在抽屉的暗影里，几乎难以辨认，只有两个刃口有韭叶宽的亮光，指引着剪刀的所在。剪刀在他手中，开合几下，桌上多了一簇麻绳，这些夜晚，为他的绳结试验带来奇迹。什么样的绳结不打滑，什么样的绳结容易解开，什么样的绳结能续接缆绳，问题一一来到桌前，在他的记忆里，这些绳结祖辈时就有了，却又总是有不尽人意之处，他在指尖绕着几圈麻绳，苦苦思索线圈之间的叠放次序。

终于，他在原有的绳结上，通过改变顺序，或者添加新的绳头，实现了绳结的改良，这一过程，却用了半生的时光。用于缓解船舶碰撞的五星碰头结早年间就在海岛流传了，由于该结要承受船舷的挤压，容易松散断裂。刘有九在五星碰头结的基础上，多穿了一道线圈，把五星变成了六星，使碰头结的厚度增加，减震作用更强，还增加了观赏性，像这样的改造，在他手头不知有多少。

或许，他有一种异乎寻常的空间思维能力，使他能在一堆纠缠不清的绳索中迅速理出头绪。他盯着一根线头，便可瞬间看清它在绳索堆里的行走路线，用目光疾走一遍，并把它从迷途中搭救出来，团为柔顺的一盘，挂在南墙的铁钩上，他把野性难驯的绳索收拾妥帖，并为自己所用。与此同时，他也为迷途的绳头指点迷津，驱遣它们回归柔顺的初心。

后来，他对绳结的掌握日渐精深，突破了手头动作的熟练，在他的脑中，甚至能还原每个绳结的缠绕顺序，也能模拟新绳结的线头走势，及至晚年，他手中不需要有绳子，就可在沉思中发明新绳结，这些绳结，似乎是他精神的一部分。从手中绳到心中绳，正是岛屿渔业由盛而衰的过程，亦是现代生活入侵岛屿的过程。

【陆】

我在笔记本上记下这些绳结的名字——

兜绳结，船缆结，货运结，牛桩结，穿股结，橹辫结，琵琶兜，逃跳板结，横担结，撩板结，舢板结，牛梗结，垫头结，水桶甩，棚绳结，绞头结，穿扁结，扫袋串结，五星碰头结，老菱卜结，油绳结，关门结，锁链结，倒挂卜结，仙人脱袜结，毛筒结，四爪头，五爪头，车船结，挽弹结，拖撑结，卖老婆结，辫子结，金钱结，锁结，金旗结，撩后结，缩帆结，系泊结，乌贼结，扳罾结，双滑结，单滑结，蟹螯结，弓背结，抽筋结，抬秤结，葫芦结，老头结，靴口结，乐字结，提鱼结，毂辘结，卤水结，盐场结，蚱蜢结，插花结，并蒂结，拴马结，拷马结，龟背结，老头结，猫儿结，金鸡结，兜底结，长腿结，大旗结，浮子结，串花结，扁担结，网坠结，渔篓结，流星结，肩胛结，押尾结，下挫结，草鞋结，长柄结，双翅结，百米结，门边结，箩筐结，窟窿结，盲人结，铁钩结，飞踢结，连锁结，软猬结，环形结，破冰结，王八结，外径结，螺纹结，拉车结，金创结，沉泥结，箍桶结，缉盗结，翻车结，棒槌结，跳板结，五更结，黏糊结，牙关结，猪囊结，潜水结，搅拌结，藏头结，蒙冲结，猢狲捧结，背老婆结，拧轱辘结，溜子结，旱腿结，菱卜结，大鼻结，拉手网结，扳杠结，骨朵结，秃噜结，鸡毛结，扫地结，蒙眼结，净水结，三块结，放炮结，续航结，续命结，添薪结，抽棒结，登桅结，腊肉结，盘子结，夜壶结，箍帽结，老幺结，卜风结，卜雨结，卧铺结，吊床结，灰丝结，芒种结，金枪结，叠加结，脚踝结，布袋结，刺猬儿结，软膛结，昂首结，网梭结，上樯结，上户结，软梯结，懒汉结，太平结，油头结，丫鬟结，骷髅结，路桥结，斜汉子结，分水结，分隔结，扁担结，侧门结，草蜢结，弓弦结，铁牛结，阀盖结，缝合结，飞蝗结，抗力结，漏网结，榔头结，开窍结，立身结，扳网结，褡裢结，蠓子结，豆腐结，枯水结，猝倒结，盔头结，小人结，谷口结，坡起结，衬砌结，连镖结，目连结，鹁鸪结，帽儿结，泥鬼结，滚珠结，拖船结……

【柒】

渔绳结的名目如此繁复。每一个名字的背后，都有一个精巧的结体。作为纯粹的渔业岛，岛民人人出海，别无选择。在渔具的操作上，就有一连串的绳结系统，从古时流传至今日，比如系网、系船、挂橹、升帆，都离不开绳结。在对待猎物时，又有绳结捆绑，我在岛屿的海货市场见到过五花大绑的活蟹，它的双螯都被捆在了胸前，不能伤人，只能怒目而视，此谓之捆蟹结。在渔业生产中有各种突发事件，也需要绳结出面，比如吊水桶，架竹竿，拴钓钩，捆网兜，甚至被毒鱼所伤时，也要用绳索扎住伤口所在的臂膀，防止毒性扩散，兼及止血。

渔港在渔船归岸时热闹起来。海货交易现场，小贩扣住梭鱼的腮，把绳子递了进去，又从鱼嘴里拽出绳头，他一手托鱼，指影纷飞，仅用单手就打出了活结，秤钩挂住绳扣，开始称重。

肉眼难以捕捉他的手法，而他却丝毫不以为意，这对他来说是最平常的事情，打绳结是岛屿人家日常生活的一部分。

在岛屿的最高峰，海平面似乎也被压低了不少，远远望见两条拖网船齐头并进，各自拽住网兜的一角，在海里来回游弋，十几米的大网，不知要兜住多少水族。这时我忽然想到，渔网就是由绳结构成的巨大实体，网片上连缀着齐整的死结，每四个结点围成一个网扣，无所依凭的虚空之所在，却成了最有膂力的陷阱。

拖网在海中移动，网衣浸在海水中，一个绳结的生成，需要骤然发出的拉力，将网结收紧为无法撼动的死结，那里面封印了一团力气，几亿个绳结的总和，其数量令人吃惊，它是岛屿渔绳结的超级组合，即便岛屿的渔绳结凋零殆尽，渔网的绳结还会保存下来，作为岛屿古老风俗的见证。

【捌】

岛屿白日的市声鼎沸本不足奇，但到了晚上，车辆和人流的大潮退去后，蜂鸣式的轻微震颤和聒噪，把岛屿笼罩，不知这些热闹来自何方，可以想见，它们来自季节交替的缝隙之中，夏日已经远道赶赴岛上，若没有海水的弹压，岛上或许早就炽烈难当。晚风中带着湿热的水汽，从樟树间穿过，叶片如纸壳般僵硬，不久都挂上了水光，它们应对外力时尤显笨拙，自是不及船头彩旗的长袖善舞，却也足以惊动屋里打绳结的那个人，他推开满桌绳结，侧头望着窗外。

当我在归途中的速写本上，描绘着黄龙的地图，以及所见的绳结——它们的穿插错让的关系令人晕眩，旧日世界的秩序，原本简单，却也有这般繁复的角落。纸上的绳结，只能传递岛屿的具体形貌，却无法摹写绳索自身携带的桐油的恶气，以及入手时的粗糙质地。驳杂的光影，苦涩的海风，乃至岛上随时变换位置的行人，终使纸上的岛屿显得单薄。毕竟，岛屿是难以量化的活物——房舍、绳结、渔船以及法事，实非刻意表演，而是岛屿封闭环境中的长久沉淀，亦是寂寞中的精神操练。

不久之后，黄龙在我的船尾缩小为一座圆丘，直到完全消失在海上大雾中——它从雾中出现，又在雾中消失。岛屿的短暂生活，已在回忆中松动、剥落，唯剩绳结，尚在头脑中葆有清晰的脉络。

告别演出

我还记得杂戏船的情景，每年夏秋之际，就会有杂戏船来到，沿着半岛曲折的海岸一路北上，在沿岸的渔村随时停靠。半岛沿岸丛生的巨礁加剧了杂戏船的衰老，它似乎随时都会在水面上塌陷。

杂戏船每年都会准时来到，他们早就摸清了附近村子的风土人情，每到一个村子，必是当地渔村的闲暇之时。杂戏船通常在黄昏来到，准备在夜晚的海岸上演出，所到之处，人们奔走相告，纷纷走出家门，来到海边，在海滩上观看杂戏船上的把戏，后来者被挡住了视线，就攀到附近的废船上，礁石上也坐满了人，所有的人都盯着岸边的杂戏船，密集的人头纷纷朝向水面。

杂戏船由一架三桅的旧渔船改造而成，方型船头先在海浪中间冲出，远远望去，像水中漂来的古旧木柜，柜顶站满了蚂蚁大小的人。进港之后，杂戏船贴着海岸横了过来，帆也落了下来，透过桅杆，就可看见坑坑洼洼的船板了，正有十几个伙计在上面忙碌，打成捆的红毡由两个伙计从舱里抬了出来，摔到了船板上，伙计们纷纷避让。红毡横在船头，绳箍撤掉，两个伙计徐徐展开了那条红色通道，几乎完全覆盖了船板。船上红光一片，这是杂戏开场的前兆，红灯笼冉冉升起，高悬在桅杆上，在场的每个人脸上都是红彤彤的。

一阵鼓点过后，穿红衣的伶人出场了，鼓声停下，他踩踏船板的脚步声凸显出来，船体传来巨大的回声，船内似乎空无一物，人群顿时安静下来。伶人向观众鞠躬致意，这时又走上一个绿衣童子，双手端出了白玉盘，盘中整齐摆放着五只白螺，清一色的白，观众乍看去，只见到一团白影，玉盘和白螺混为一体。当红衣伶人从白玉盘中捧出白螺，这五只白螺才于瞬间获得了形体：这是五只高龄的白螺，其阔口能放进拳头，里面蜷缩的旋转状活物早已湮灭，取而代之的，是一团浸了药水的棉花。他举明火把药棉点燃，白螺里喷出了直立的火柱，随后，他把燃烧的白螺抛到了空中，不等天上的螺落下，新的火螺相继飞起，五道火光把夜空分割成了十几个黑块，只见他双手不停地接住与抛起，速度最快时，火光笼罩住他的上半身，漫天的手臂及白螺都在火光中消失不见，那时节，杂戏船上明亮如白昼，照亮了人群中无数张脸。

螺壳烧热之时，此番表演就告停。绿衣的童子端来白玉盘，五只白螺回归原位，火柱还在燃烧，不过势头弱了几分，它们很快就要燃尽。那天晚上，白螺已经局部烧熔，当天夜里还没散场，五只螺连成了一体，侍者找来铁钳，想把它们一一分开，结果白螺全被夹碎，紧接着传来班主的高声呵斥，人群中又是一阵哄笑，班主躲在后舱，不敢露面。

还有一个常见的节目，叫作空手取鱼。表演者来到舷边，俯身往水中观看，忽然挥手朝水中一指，随即回手急掣，便有一尾翻腾着的大鱼飞入他的手里，头和尾还在剧烈摇摆着。那次表演，破水而出的是一条近三尺长的梭鱼，正跟表演者撞了个满怀。他连忙双手抱住大鱼，单薄的身子也随着大鱼的扭动而不住摇摆起来，观众中发出一片惊呼，有几个身手敏捷的伙计已经齐聚船头，和表演者一起把大鱼给牢牢摁住了。

后来我们才知道，表演者袖子里暗藏梭镖，是机弦发射的，甩袖之时，带绳子的梭镖已经打进水中，早有同伙潜在水底，手中拿着活鱼等候梭镖到来。梭镖破水而入，水中之人便擒镖在手，把手里的活鱼插在梭镖上，把绳子连拽三下，船上的表演者知道一切就绪，就可以回手把线拉回，自然有活鱼飞上船板。离船最近的那几个观众，看过几场表演后，终于发现了这个秘密，消息在人群中立刻扩散开来，表演者的神秘魔法就不攻自破了，再表演之时，黑压压的观众中间掷出了贻贝和青螺壳，表演者招架不住，只得躲进后舱。不久之后，杂戏船上空手取鱼的把戏干脆取消了，当初空手取鱼所引发的阵阵惊呼已不可复闻，这样一来，人们反倒怀念起这虚假的魔术了。

快到半夜了，压轴的节目是隐身的戏法，表演者是个穿黑衣的年轻人，从演出一开始，他就坐在船舷上一言不发，仿佛一切热闹都与他无关。此刻轮到他上场了，他跳下船舷，向众人拱手致礼。他朝身后挥一挥手，跟班立刻递上来一块黑布，黑布之大，足以盖住全身，他毫不犹豫地钻进了黑布里，还没等观众反应过来，他就成功地把自己变没了，黑布委顿在地。跟班掀开布幕，四处找他不到，众人以为他是在开玩笑，呼唤几遍，却不见回应，船上立刻陷入骚乱，戏班的班主走上前来，看了看地上委顿的黑布，跺脚大骂。但这一切无济于事，因为他已经远遁——他成功地把自己变没了。围观的人群中嘘声一片，班主朝着海面大发雷霆，人群中又爆发出阵阵哄笑，这更增添了班主的恼怒，他恨不能把船放火烧掉，所幸及时被徒弟们拦住了，他半晌未动，忽然甩开徒弟们的手，一瘸一拐走进了后舱，这时人们才看清，原来班主是个瘸子，全身的重量都落在左脚上，右脚只是轻轻点一下船板，留下了一轻一重的脚步声。

那天的杂戏演出破绽百出，最终以一个伶人的逃走为转折点，走向了难以挽回的失败。同样的把戏，再也提不起人们的兴趣，一船消耗甚巨，班主变卖船只，最终不知去向，消失在广袤的半岛腹地。

许多年后，岛上渔户出远洋，远渡到南海，在一个不知名的小岛上看到了当年表演隐身法的那个人，他坐在树下，头埋得很深。乡人正要上前跟他搭话，他一转身，双手分开人群，钻进人群的同时，顺手戴上了棕榈叶的斗笠，几乎同时，涌动的人群中所有人都戴上了斗笠，斗笠密集，无从寻找，以后就再也没有人见过他。

当年的杂戏船倒扣在海底，落潮时能看到海草密集的船底，像一片忽然出现的陆地，几只长嘴隹鸟落在上面，坚硬的喙几下就刺穿了淤泥和海草，它们在这豁口上不断敲击，木板的浊音传来，让人想起当年杂戏船的盛况。

隹鸟们呆立在船底久久不去。

黄昏，东南风送来了涨高的白潮，并伴着沉重的喧哗，向海湾里压来。潮水淹没了隹鸟的细腿，其中为首的一只挪动脚步，一瘸一拐走了几步，猛然用单足把整个身子弹射起来，细爪掀起了船底的淤泥，泥点被甩到了半空。另外几只隹鸟也相继腾空，跟在它的身后，在急涨的大潮中飞走了，杂戏船的船底再次消失不见，到落潮时，人们再也没有见到杂戏船冒出水面。

那只跛足隹鸟飞离船底时的奋力一蹬，似乎有千钧之力，把杂戏船踩进了海底深处——由海水和淤泥构成的万劫不复的深渊。

和鱼交谈

早年间的半岛有不少擅长和鱼交谈的人，他们懂得鱼语，也因此知道了很多常人难以知道的事情，但他们藏在海边密集的屋顶里，和普通渔民一样出海捕鱼，谁也看不出有什么异样。通常是在月夜，或是正午某一难以确定的时刻，懂得鱼语的人坐在船上，双手扶住船舷，水中就有鱼探出头来，小圆嘴一张一合，伴着清脆的声响，在平静的水面传出很远，那是鱼嘴的狭长的韧带在开合时起的作用。三角形的鱼头竖在水面上，鱼身浸在深蓝的水面之下，一起一伏，保持着直立状态，波纹在它的四周漾开去，瘦小的身子搅乱了海湾的宁静。小船也是静止不动，船上的人探身朝水里看着，他的嘴居然也是一开一合，没有发出任何声响，那是他在和鱼交谈，水里的鱼似乎听懂了，时不时跃出水面，他们的交谈打破了人和鱼的界限，如果有旁观者，定会惊讶得说不出话来的。这样的交谈多数又是神秘的，通常会有月食或者大风、大雾等奇异的天象出现。

能和鱼交谈的人是受人尊敬的，这种本领是天生的，不是后天能学到的。每当遇到俯身与水中的鱼交谈的人，我们总是心怀敬畏地绕开，那一刻，海与天都是静止的，天上没有风，海水也没有波浪，生怕打扰了他们的对话。和鱼交谈是少数人的技能，我一直不明白鱼张口说的是什么，只看见鱼嘴在动，却听不到声音。而船上那个懂得鱼语的人，却是满脸笑容，微微点头，好像是对鱼所说的话表示赞同。水面上的鱼也扭动身子打出几个水花，能看得出，他们在这片海滩的岬角里相谈甚欢，懂鱼语的人张口而不出声，他的话只有鱼听得懂，局外人只能是一头雾水，不知所以然。所以懂得鱼语的人又常常被别人看作是疯子。

鱼语还是一种秘不示人的技艺，有几个会鱼语的人也总是躲躲闪闪，游离于公众的视线之外。我们知道，鱼语不是能学来的，那些懂得鱼语的人，他们的母亲在生他们之时，夜里会梦见各式各样的鱼跃出水面，甚至跳到船上来，拳头大的水珠四溅，作为渔家的女儿，做了这样的梦多半是会笑出声的，老人们听说媳妇有这样的梦，禁不住紧锁双眉，因为他们知道，即将降生的孩子注定是孤独的。也正是因为有了这样的梦，刚降生的孩子便和鱼有了奇异的缘分，有人说这些孩子的前世就是鱼，他们来自海里，所以一生下来就懂得鱼语，当他们长大后见到鱼，在和鱼对视的刹那，忽然呆住了，鱼身上的曲线与鳞片的纹络似曾相识，恍惚中真的像见到了自己的前身，鱼嘴轻启，吐出一串气泡，他轻而易举听懂了鱼的话语。许多年以后，月光下他走出家门，来到不远处的海边，他俯身靠近水面，轻轻把鱼叫出来，他们在交谈，天地间只剩下人和鱼的无声的对话，鱼把在深海里遭遇大鱼欺侮的事情说给他听，他年轻的脸上第一次有了愁容，因为他第一次知道了世上还有种种不公，在他成年以后，遇到了同样的不公，这两种不公居然有着惊人的相似，因此，在他遭遇了种种不公之后，时常在深夜里想起鱼说的话，想起海底深处的另一种不公。那一夜，月光照在他们身上，勾出了各自冷硬的轮廓，这样的夜晚，人和鱼都感到了细小的寒意在周围缠绕，于是他们告别，各自回家去了。

我认得一个懂得鱼语的老人，据说他十几岁时，在除夕之夜见到一组“吉庆有余”的年画，画上画的是胖娃娃抱着肥硕的鱼，周围堆满了金银财宝，这样的画共有十幅，鱼的姿势也就分成了各不相同的十种。他的父亲在集市上买来贴在正堂里，年的喜气顿时浓了。他一看到年画就被吸引住了——每只鱼的口型各不相同，抱着鱼的娃娃口型也大有蹊跷，十幅画连在一起看，他似乎明白了什么，但又好像什么也不明白，他在这些画面前陷入了沉思。制作年画的老人，也是个懂鱼语的人，用这种方式，在周边的渔村里寻找自己的知音，果然找到了。他去集市寻找，卖画的老人已经不在了。几十年过去了，当年夜观年画的少年已经进入老境，他住在近海的村子里，驾着他的小船到近海去捕鱼。靠岸以后，他不急着上岸，总是扒着船头往下看，他的鱼朋友一路跟随他回到岸边，见他的船停下，鱼适时从水里探出头来。每当发现周围有人偷听，鱼就会翻着水花扎进水里，露出雪白的肚皮，那是一只健壮的金枪鱼，它来自深海，一定是追随着老人的船来到近海。老人抬起头，警觉地望着四周，几只长嘴鸥扑棱棱飞起，月光下白翅膀闪着寒光，金枪鱼一定是望见了长嘴鸥设下的埋伏，早早地溜走了。老人听了金枪鱼的话，经常满载而归，还有一次，人们看到他的船舱里装满了白亮的乌贼，小船吃水很深，轻轻一碰就会进水，他小心翼翼地划着船回到岸上，这些乌贼一靠岸就卖出了好价钱，足够他用几年。乌贼行踪不定，每次成群出动时都是不同的路线，恐怕又是金枪鱼告诉老人的，其他渔民只能干瞪眼看着，他们连一个乌贼的影子也找不到。

许多年前的夜晚，老人忽然从船上跳下来，一边走一边蹬着鞋，在石板路上嗒嗒作响，回声经久不息，惊动了满村的人，人们刚躺下又披上衣裳坐起来了。老人敲开各家各户的门，借着星斗月光，把鱼对他说的话告诉村里人听，周围的住户听到声响，也纷纷来到了街上。老人对大家说，明天有大风浪，不要到远海去撒网了。大家都半信半疑，没有人作声，最后老人补充说，消息很可靠，这是一只来自深海的大金枪鱼刚刚告诉他的，大家都忍不住笑出声来。第二天正有鱼汛，是一年中难得的捕鱼好时机，这次捕鱼换回来的钱足够半年的日常使用。大家都以为是老人见到那么多鱼会眼红，才出来编造瞎话，人们没有理睬老人，老人沿着来时的路回到船上去了。

当天夜里，三条大船的船老大同时做了一个梦，梦到大金枪鱼在水里探出头来，口中吐出大股水柱，足有水桶那么粗，直射到船里去，船舱里注满了水，船老大忙带着人往外淘水，奇怪的是，水装了一桶又一桶，水位却并不见下降，大金枪鱼还是待在水中露出半截身子，尾巴在水面上不住拍打着，口中有一股水桶粗的水柱源源不断地喷出来，眼看水就要漫过船舷，船摇晃着下沉。船老大知道了金枪鱼的厉害，忙将渔叉掷过去，双股渔叉的锋芒碰在金枪鱼的头上，冒出了耀眼的火星，金枪鱼一动也没动，还在喷着水柱，有人朝水柱投去钢叉，也被碰回来。水柱仿佛有千斤重，每落下一股，船就剧烈摇晃一次，全船人都站立不稳摔倒在船板上，船员们都惊呆了，齐刷刷地转过头望着船老大，对船老大来说，船员们那种目光的压力也是惊人的，不亚于大金枪鱼吐出的水柱，船老大被惊醒了，后背上早已是热汗涔涔，忙叫醒自己的女人，让她准备了一块热气腾腾的毛巾擦汗，并把梦里的事情讲给她听。热毛巾生出的大片白雾在小屋的烛光里升腾，白雾后面，女人惊恐地睁大了眼睛。

第二天天不亮，几个船老大凑到一起，才知道他们做了同样的梦，他们也同时说到了口吐水柱的大金枪鱼，还有热毛巾、女人惊恐的眼睛，居然是惊人的一致。惊愕之余，想到老人说的话，一致决定取消当天的航程。晚上果然起了大风，沿岸的房子都丢掉了屋顶的瓦片，那些瓦片像一把红色纸片，在空中翻滚着飞走了，还有的院墙被吹倒，所幸没有房子倒掉。大家长出了一口气，多亏没出海，要不然全村的男人都有可能葬身海底。于是人们用乌贼骨雕出了金枪鱼的形状戴在脖子上。金枪鱼的嘴张着，像是在说话。它说的是什么？人们并不知道，只是把它带在船上而已。随着老人的去世，懂得鱼语的人已经绝迹了，今天，我们摆弄着这些乌贼骨，鱼形的骨雕张着大嘴，黑洞洞的深渊悄无声息，不知它要对我们说些什么。

几十年后的今天，我们的船走在海上，经常看到大金枪鱼从水底探出头来，紧跟着我们的船前进，金枪鱼一张一合的小嘴似乎在说着什么，我们在它面前茫然不知所措，只能干着急，因为这个年代已经没有人懂得鱼语了，懂得鱼语的人已经变换姓名，远走他乡，一直到了遥远的内陆，在那里选择了自己想要的生活，鱼语作为一门技艺，就此失传了。大金枪鱼在水里摇头摆尾，水花溅在我们脸上，我们顾不上去擦，只是心里不安，不知又有什么灾难要发生在我们身上，金枪鱼张了张嘴，见我们都没什么反应，它转身回到深海里去了。

夜泊周岛

周岛在地图上是找不到的，即便坐船到了那片海域也不一定能找到，它太小了，起风时冲天而起的浪头也会把它挡住，一年中总有几个月的时间，周岛会沉入水底变成暗礁。周岛只是一块比礁石稍大的长条海礁，东西宽二十几步，南北方向也只有四五步，它深藏在一片广阔的海域里，是蓝色地带里一块惹眼的黑斑，夜航时甚至看不到它，只有在晴好的天气里才会看到它在海浪中出没。我曾经为它感到难过，就像许多人可有可无的一生。每到潮水凶猛时，它就沉入水底变成暗礁。青色石面上生着白皮的牡蛎，来往的渔民都叫它周岛，就这样叫了很多年。

四月里，东南季风送来了潮湿的暖意，我们的船停在周岛边上，踩着岩石的断碴登上去，一直到达了顶部的开阔地带，顺势翻身坐下，一路的摇摆在这里骤然停止了，脚下的海水呈现出前所未有的冰冷的深蓝，正北方是我们居住的半岛——已经变成了海平面上狭长的一道黑线。在礁石上坐下，四周全是海水，不住地灌进岩石的裂缝里，白沫从石缝里鼓出来。海鸥聚拢在我们头顶，巨翼的锋刃投下影子，在青石上闪烁，给我们带来隐隐的不安，海鸥们长途跋涉，寻找落脚的地方，看到我们几个坐在石头上，盘旋着不敢落下。我身边的三个人，都是父亲的本家兄弟，我们一起守着这片孤单的海域，在海风中抬头仰望头上的海鸥们，它们黑白分明的羽毛衬在水和天的蓝色世界，仿佛世上只剩下这黑、白、蓝三色，我们抬起头，三种颜色在剧烈碰撞。

周岛上时间过得很快，似乎比在陆地上要快得多，黄昏瞬间来临。我们坐在石头上吃着干粮，有人掏出刀子，撬开岩石上的牡蛎壳，把雪白的牡蛎分给大家。牡蛎的汁水浸透了干粮，使吞咽变得更加顺利，干粮稳稳落进肚里，我们攒足力气准备返航。这时，月亮从海底升起来，还带着水汽，我们头一次离月亮这么近，在古镜似的冷光里，甚至看清了它表面起伏的群山在微微旋转，在月亮的周围，星群骤然亮起，它们排成蛇形，昏沉沉地闪烁着，海水里也有了星群的幻影，而且也有一个晃动着的月亮，我们当中的一个伸出手，朝远处指点着。星月之光在我们力所能及的视野里连成了一片，哪里是天，哪里是海？白天看到的那条模糊的海平线消失在黑暗里，我们迷惑地晃晃头，杂乱的星光伤害了我们的眼睛。此刻，垫在身子底下的周岛，仿佛悬在宇宙中的一块棱角分明的巨石，坚硬而又细腻的断面散发着微弱的蓝光，它笨重的身子旋转着，正如宽广河道中的一根木棍，冲破了水草的阻挡，漂向遥远的未知之乡。我们几个人坐着不敢动，不约而同地抓紧了凸起的石块，警觉地看着四周，从群星的旋转里，我们知道岛也在转，只是看不到而已。我们所能做的，只有抓紧，手心里已经热汗涔涔。如今，我还时常想起那些旋转的海鸥和星群，它们诡异的内在秩序，就像半岛以外的世界一样令人费解——这是我十年前在周岛经历的神奇的一夜。

周岛是以一个姓周的船老大来命名的。船老大的事迹淹没在浩大的时空里，他的名字已经没人记得了，只知道他姓周，世世代代住在周家庄。他在这一带横行霸道是一百多年以前的事了。老船夫们只言片语的讲述，甚至自相矛盾，只会让他的面目更加模糊不清。我用了多年的时间，终于拼贴出了他的大致轮廓，现在我终于知道，他当初是这一带最能干的渔民，他从摸贝螺这等小事干起，一直干到了船老大，有一条容纳十几人的渔船，他家里堆满了鱿鱼干和贻贝，屋檐下挂满了风干的鱼片，墙角几十个坛子里是满满的虾酱。他家的院子里铺满了厚厚的一层鱼鳞，晚饭过后，全家人赤着脚走在上面，就像地毯一样松软，抬起脚时，凹处自动恢复平整。晚饭前，他的两个儿子经常出现在门口的台阶上，随手在家里抓了一把名贵的鹦鹉螺当棋子下，来往的路人无不瞠目。还有人说，他家所有的容器都是满满的，从来不会空，如果有一个盛放鱼虾的瓦罐空了，马上会自动盈满鱼虾，而且看上去比先前还要多一些。有一天，腌咸鱼的黑瓷坛碎成一地瓦片，卤水流了一地，顺着院门淌到了胡同里，而坛里的鱼慑于船老大的威力，一动也不敢动，它们咬着各自的尾巴，还保持着坛子当初圆润的外壁，一直坚持了许多年不敢松口，最外面的一层鱼风化为新的坛壁，直到它们被一个个端上饭桌，撬开牙齿也需要费去很大力气。所以又有人说，他们家的坛子的材质都是鱼。这些奇怪的事都发生在他家里，还不等路人看清，他的女人适时出现在院门前，合上了两扇黑漆铁门，院子立刻消失了。不让看，是船老大驾驭一条船的办法，他的女人也会用，多年以后的今天，这种办法到处都在用。

另一条船上的船老大听说了这些事，很不以为然，并且到处说周在船上私自藏了兄弟们的鱼，所以家里才会如此富足，他的兄弟们出力最多，一下船就瘫倒在地上，这样卖力还是吃不饱。还说周在船底挂了网兜，偷来的鱼都放在网兜里，网兜一路跟着船跑回来，最多时达上百个网兜，有个船员发现了这事，就被他扇了耳光，并且撵下船去。这话传出去，闹得人心惶惶，周的水手们想起船行速度最近大大减慢，返航时不断有船超过去，于是不到一个月，船上就跑了不少人，还有许多水手在家里躺着装病，拒绝出海，船上剩下几个打杂的半大孩子。

周知道后怒不可遏，在一次出海回来时路过周岛，两家的船在这里相遇，他撑着桨跳到对方的船上，一把揪出那个说坏话的人，扔到岛上，然后他也跟着跳出去，一桨拍在那人的后脑上，头骨应声裂开，海浪的喧哗之声骤然大作，及时盖住了那沉闷的一击。

下篇

海上七夜

【第一夜】

那一夜我们在海湾里遇到了大风浪。在此之前，我们一次次提起网袖，又失望地放下，里面只有零星的几条薄得像刀片的小鱼。显然，这样的情况是不常遇到的，我和父亲都疑惑地抬起头，在我们头顶上，群星像浮在海浪上，跳跃不止。它们纠结缠绕，直让人看得目眩，那应该是我见过的最为喧闹的星空了。

我们看到脖子酸疼，瘫坐在船板上，恰巧我们的身子同时晃了一下。起初我们以为是船板松动了，赶忙按住船舷，谁知船舷也在晃动，定睛细看时，整条船都在晃动，原来是起了飓风。

风贴着水面来了，就像一把笤帚，势必要扫除水面上一切异物。一个巨浪扑过来，一半撞在船身，我险些摔倒，另一半浪头全灌到船里。几个浪头过去后，我们脚下船板上的水已经过了脚踝，水面上漂着点点鱼鳞和海藻。船舷刚刚被浪头撞过，几股水柱肆无忌惮地倾泻下来，它们有飓风在后面撑腰，居然变得神气活现，也学着大浪的样子，横冲直撞。混乱中听到父亲在喊我的名字，他不知什么时候到了船尾，手里拄着插网用的竹竿，勉强稳住身子，摇晃着朝我走过来。忽然一阵狂风夹着浪朝我们的小船卷过来，父亲和我都被掀翻了，冰凉的海水浸透了半边身子，前所未有的恐惧把我包围了，在那一刻，时光仿佛停滞了，眼前闪现出一些纷杂的场景，它们近在眼前、纤毫毕现，仿佛触手可及，却又稍纵即逝，全然不见痕迹。

据老渔人们讲，在风暴中即将沉没的人，都会在一瞬间回忆起许多往事。我首先看到的是十岁那年的夏天，几个渔民往船上搬运桶装的淡水，其中一个看上去只有十七八岁，他从歪斜的水桶下回过头看了看我。他跳到船上，水桶早有人接了过去。他看我还蹲在岸边，在船上顺手捡了一只海星扔给我。他们的船从老鸹湾出去，从那以后一船人音信渺茫，谁也不知道他们去了哪里。我又看到中学同学艳红，为了供弟弟上学，她没上完初中就辍学回家，跟着本家的叔叔一起出海。现在，她已经被晒得黢黑，姣好的面容被无情的黑幕遮蔽了。她穿着肥大的皮裤，全身是泥点子，手里还拎着一只洋铁桶，深一脚浅一脚走在滩涂上，身后扯出了一溜儿脚印，不知为什么，我的心霍地疼了。我还看到母亲坐在炕上，用剪刀把干鱼的尾巴剪掉……

父亲伸过竹竿来敲着我的手背，霎时间，十七八岁的水手、拎着洋铁桶的艳红、修剪干鱼的母亲，这些毫无秩序的影像纷纷遁走了。父亲示意我抓住竹竿，我照做了。

不对劲儿，有飓风时都是有雨有黑云，这天上怎么还有满天星？父亲冲我高喊着，他的声音随即被风浪淹没。我抬头看，漫天星斗发出耀眼的光芒，比刚才还要亮。

我们一定是在梦中，不然不会这样。父亲说。

鱼头沙。

我和父亲同时喊出了这三个字。有一种青鱼的头侧有两块指头肚大小的脆骨，宛如白沙，晶莹透亮，半岛人常把它塞到枕头里，据说能破噩梦。

每条船上都会有几块鱼头沙的。我们在没踝的水里摸索，还要顶住风浪，稳住身子。借着星光，我看见船坞子上有一点银白，正是鱼头沙。又一个浪拍过来，溅起的水柱冲得鱼头沙直往下滑，甚至沿着坞子滚落下来。我纵身跳出，劈手攥住鱼头沙，与此同时，我掉进海里，而鱼头沙细腻的肌理通过手掌传遍了全身，在手心断裂，我猛然惊醒，翻身坐起来，果然是个梦。

多年以后，每当我一个人在寂寞的旅途中，总会想起那个梦，想起那个晚上耀眼的星空——那是一个多么热烈的年代。

【第二夜】

这一夜，渔夫甲梦见了自己的前生。虽然在梦里，他居然知道这就是自己的前生，令他感到沮丧的是，他的前生还是渔夫，和今生今世一模一样，毫无出奇之处。他叹口气，摇着橹出海去，就像今生一样，海平面上的红光即将决堤而出，他的船头很快被初升的晨光染成了粉色，他只得闭上眼睛，一头扎了进去，在巨大的光明中摸索前进。

船到了一轮红日的正下方，红光洒满船舱，而船在此时忽然停止前进，紧接着自行旋转起来，越转越快，他双手扳橹，橹早已被甩了出去，他只得牢牢抓住船舷不放，任凭小船飞旋着下沉，然后是一片混沌，他连船带人沉到了海底。

沉到深处，是一片平静的所在，成群的金枪鱼在他四周环绕，搅起的涡流带着他平稳落地。当他翻身坐起，才发现自己躺在水底，泥沙向四周荡开去，在他身边隆起了环状的山丘，足见方才坠落时的巨大冲力了。受惊的鱼群在他头顶盘旋，这时他才感到脖项间隐隐作痛，正是刚才落地时碰伤的，而令他吃惊的是，他在水底能够呼吸，水在口鼻中吸进呼出，正如在地面时的吸气与呼气。正在他练习新的呼吸之时，水草晃动，进来一位丽人，她看到渔夫，高兴地说：我是东海龙女，可把郎君给盼来了。渔夫大惊，继而鼓乐四起，左右过来虾兵蟹将为渔夫穿戴红袍和冠冕，为他们拜堂成亲。拨开海藻，眼前现出一座几近透明的琉璃之城。夜里，龙女告诉他，这是前世之因。又是前世，他回望前世，想搜寻一些记忆，却发现时空已是无法逾越的屏障了。

新婚三日，渔夫开始想念父母，于是提出要回家看看。思归的念头刚动，龙女就知道了，她捧出一只红色的转螺，放在渔夫手心，龙女再三叮嘱：螺壳至关重要，在路上一定好好保管，万万不可以打翻，否则前缘尽失，夫妻绝难相见。渔夫忙把螺壳揣进怀里。紧接着，他便失去了知觉，醒来时，他浮在海面上，天色已近黄昏，他的船稳稳托着他，浩荡的南风推着他朝岸边驶去，就像什么都没有发生过，他站在船头，恨不得肋生双翅飞到岸上。

他系上缆绳，径直回家去，找自己的石屋，找了半天也没有找到，路遇一位老人，渔夫问起自己父母的名字，老人茫然不知，他和渔夫同姓，便把渔夫带回家，翻阅几本族谱，才在泛黄的纸页上找到了渔夫和他父母的名字。按辈分推算，从那时到现在，已经过去三百多年了。老人合上族谱说。

渔夫跌跌撞撞来到海边，看着陌生的村庄暗自神伤，他想起龙女交给的螺壳，于是拿出来观看，谁料竟然脱手落地，再救已经来不及了，螺壳爆裂，一阵旋风从螺壳里钻出，把螺壳的碎屑卷起来，贴着地面盘旋而不落下，这时渔夫的身体发生了巨变，皮肤顿时萎缩，头发转为花白，白胡子也在下巴上钻出来。

“谁料想，螺壳里凝滞了三百年的时光。”

渔夫老死在海岸上。

这时他从梦中惊醒，原来他打碎的是今生的一只茶壶，水洒了一地。到底是前世梦到了今生，还是今生梦到了前世？渔夫潸然泪下，他忽然感到今生才是一场梦幻，而此时窗纸已经微微泛红。

【第三夜】

北斗星紧跟在身后，七颗星都有鸡蛋大小的光亮，照彻了脚下的路。我急匆匆走着，头顶的星空不停地旋转，而季节正在它们的旋转中暗自更替，又是初秋了，正是银鱼肥硕的好时节。此时的银鱼肥硕、滑嫩，甚至成群跃出水面，在空中划出白亮的弧线。两天前，父亲和他的几个叔伯兄弟在这里起锚，在突突的马达声中离开半岛，开始了为期两天的海上作业。今晚正是返航时，我早早来到码头，盼望着父亲的船快些回来。四下里响起了“沙沙”声，这是九月里的“虾暴”。有一种巨螯虾，擎着两只螯一开一合，似乎永远不知疲倦，而成千上万只虾在弧形的海岸上同时开合长螯，便成了合奏，铺天盖地的声响，让人忽然觉察到，脚下的这片海滩是活着的。一只长嘴鸥盘旋几圈，落在浅滩上，低头啄起一只巨螯虾，虾螯露在褐色的鸟嘴外面，还在不停地开合。长嘴鸥将嘴指向天空，微微松开口，虾滑进了喉咙，发出咕咕的吞咽声。一只虾的消失，丝毫没有阻挡群虾的巨大合奏，长嘴鸥转身飞去了，它飞向海湾深处，就在它消失的地方，我远远望见父亲的船从岬角上拐进湾里来。那是一个漂亮的转身，海面没有掀起浪头。正是顺风顺水，他们关掉马达，顺流漂来。船划破水面，悄无声息，船上人影晃动，他们在水面滑行，夜色里听到了他们说话的声音。

小船吃水很深，进港就横了过来，那是一次前所未有的收获，船上传来一阵阵笑声和吵闹。还没靠岸，两条人影飞身跳上岸来，在平坦地带摊开了黑油布，两个人分别扯住油布的一端，朝相反的方向跑去，脚步轻快，经过浅水洼时，溅起的水珠油亮，很快又熄灭在地上。油布被抻平，罩住了大片地面。油布落地，船也稳稳靠在了岸边。圆网兜呈饼状摊在地上，散发着金属光泽的银鱼被倾倒在黑色油布上，四处流溢，我们赶忙兜住油布四角。它们离开水已经有很长时间了，大多睁着眼朝天看，没有力气再蹦跳了，每块鳞片上都映着天上的半个月亮。紧接着又有几桶银鱼倒出来，油布上的光亮在伸展，照亮了我们的脸，在亮光中我认出了父亲，还有父亲的兄弟们，这些脸有着惊人相似的清瘦轮廓，我们来自同一根脉，每个人都在别人的脸上隐约看到了自己。我们用手势交谈，生怕打破夜的寂静。油纸的四个角上都有铁环，四个角合拢，二人抬的大杆秤出场了，铁钩挂住了铁环，大包的活鱼离开地面。我拨着油腻的算盘给众人分鱼，每拨一下，算珠上都有鱼鳞掉下来，而算珠的油腻和指尖的粘连变得越来越有节奏了。我暗记着算珠的位置，在黑暗里拨打算盘，五指用力恰到好处，算珠多时用大力气，算珠少时微微用力，算珠相碰不发出任何声响。四周有许多无声的期许，打那时起，我觉得自己是个大人了。所获的鱼均匀分成了六份，分给六家，用各色油纸兜住，塞进竹筐里。那块最大的礁石后面，藏着六辆自行车，用拇指粗的铁链锁在一起。父亲拿钥匙打开链条，大家找出自己的车，把渔筐勒在后座上，骑上车摇摇晃晃地走了。

我和父亲走得最晚，我们望着五辆自行车走远，骑车人的背影被渔筐挡住了，从我这里望去，车轮变成一条竖直的黑线，隐入了黑夜，到最后只剩下圆滚滚的渔筐在土路上左右晃悠着，像几只悬空而行的企鹅。我帮父亲扶着车子，父亲打第一道线的时候连拽了三下，绳子深陷在渔筐里。有一回我往车座上捆渔筐，走到半路绳子就滑脱了，渔筐滚进沟里，鱼游走了大半，打那以后，父亲再也不让我捆筐子了。看月亮的位置已快到半夜了，经过一片盐池时，那只狗迎面跑来，在离我们几步远的地方停下。盐池间的小路只能容一个人走过，父亲推着自行车，后座带着鱼，我在后面推着，正好把路堵死了，再也没有缝隙经过了，况且还是这样健壮的一只大黑狗。

狗忽地直立起来，两只后腿着地，两条前腿在空中踢腾，月光的闪电刹那间勾勒出它的轮廓，它的身躯有着与黑夜同样的颜色和质地，短而硬的鬃毛上，那些白亮的光才把它和黑夜区分开来，脖子下面还有一把铿亮的褶皱，舌头上也闪着光，我和父亲都失声惊叫起来，在我们的印象里，似乎只有那些修炼成精的动物才会两腿直立，窄条的土路顿时旋转起来，下面传来水声，盐池里还有深不见底的海水。已是半夜了，海边的凉风起来了，沿着裤管盘旋上升，腿上的汗毛根根直立起来。那畜生嘴里喷出的热气已经在空中凝成了滚圆的白柱。这时，父亲忽然飞起一脚，不偏不斜，脚尖正点在狗的心窝，狗身上的光亮刹那间熄灭了。如果在白天，肯定会看到它胸前油亮的黑毛上印着一个清晰的泥脚印。事后父亲跟我说，他当时想都没想，就胡乱踢出了那一脚。看着狗斜着飞出了土路，他难以确信，刚才竟然踢中了，不由得又下意识地踢了两下腿。紧接着，我们听见了狗落水的“扑通”声，还有连成一串的尖叫。我们顿时轻松下来，黑狗吐出的热气还停在空中，父亲挥挥手把它们驱散了，像擦掉黑板上的粉笔杠杠，来回擦了多次才擦干净。我两鬓已经热汗涔涔，冷风一吹有些发麻。黑狗在盐池里扑腾着，我们往下看了一眼，没有看见它，只听到它口中发出喑哑的“呜呜”声，这让我们紧缩了半天的心颇感抚慰，回家的路在脚下豁然展开，而在刚才，这段路被狗吞掉了。

十八年过去了，在城市的夜晚，日光灯照得房间里如同白昼，我们照例昏昏欲睡，电视机里一张张脸在眼前变得模糊不清，嘈杂的歌声也已经细若游丝，父亲就在我身边，此刻，他已经靠在沙发上睡着了，鼾声如雷。在这样的夜晚，是否还会有人记起那个遥远的获鱼之夜？

【第四夜】

红油漆的八仙桌出现在炕沿，两只前腿已经搭在炕上，这是它今天第三次露面，眼看它就要掉下来了，我在后面轻轻一托，八仙桌浑身鼓足了劲，腾空一跃，四条腿都落在了炕上，桌面高高耸立，我们坐正了身子。红漆桌面油亮，瞬间倒映出了桌上的杯盘，还有我们用手托着的下巴。从我记事起，全家人就用这张桌子吃饭，红油漆上积攒了菜汤的油污，已经接近黑色，长年累月的油渍泡得红漆松动了，靠近桌中央的地方绽起密密麻麻的裂纹，随便找出一个裂缝，就能揭开一条子漆皮，里面露出的是崭新的黄木纹，每当我这么做时，母亲手里的绿竹筷都会及时敲在我手背上，我急忙缩回手，掀开的漆也落下，光鲜的木纹再次隐入黑暗。父亲揭开火炉的底盒，把烘烤的梭鱼拿出来翻看，他攥着鱼尾，如同打开了一把古雅的折扇，扇骨匀称，投下丝丝缕缕的光线，我从中抽出一支，青鳞上冒着黄油，方才还是滚滚欲滴，片刻间凝固了，摸上去是一片光滑的疙瘩，或许它从海面跃出时也是如此，在清晨第一缕阳光的照耀下，它箭镞般的身影掠过，带着满身坚硬的汗珠。这一天，它们还没等落进海去，就被截住了，它们的命运瞬间改变，毫无悬念地走向了屋檐下的铁钩，不到半个月，就变成硬邦邦的干鱼，我站在檐下仰头看着它们，盼着快些干，终于盼来了这样的一顿晚饭。父亲从我手里拿回鱼，补上刚才的缺口，又凑成了完整的折扇，放回到炉盒里，我盯着炉盒的铁栅栏门，橘黄的条形火光投在地上，活像一排并置的梭鱼。炉底有些燃着的小煤块落下来，落到炉盒里的鱼身上，每落下一块就引起一次小小的油爆，裹挟着鱼油的浓烟钻出来，浓烈的焦煳与辛辣，更给屋里增添了几分暖意，这样的气味带来的是没有来由的微小喜悦，坐在热炕上静听油爆的热闹，不知不觉中全身松弛下来，晚饭就要开始了。

桌子最中央是一盆冒着热气的菠菜白虾汤，里面掺着面疙瘩，绿白相间。虾的影子不见，它们沉入盆底，只有长须冒出来，拱出了水面，俨然一片苇草，揪住了虾须就能拽出一只肥硕的白虾，在灯下通体闪亮，滴着淡绿的菠菜汁，它背上有一条黑线，是虾的食道，在灯光下照得清清楚楚，不知何时才能像看透一只虾一样看透一个人。我在盆里连揪了十几下，手上多了小半碗白虾。父亲坐在最外边，这时他趴在炕上，上半身朝下探出，抽开炉盒，梭鱼已经烤好了，我怕他掉下炕去，在后面抓住了他的脚踝。他把鱼分成两小把，在手里互相抽打，烟尘中大的落地，小的飞升，只留下热气腾腾的干鱼还在父亲手中。梭鱼只有一面刺，晾晒时已经剖出去了，在我们桌上的只是对半劈开的鱼片，两片合在一起才是一条完整的鱼，它有着粗重的斜纹，只能斜端在手里撕着吃，若不顺着斜纹，用刀也难劈开。嚼干鱼是费牙的事，稍不留神就有鱼肉的粗丝塞进牙里，拽也拽不出。我早在桌底暗藏了一排蟹腿，全是尖硬的后腿，前几天吃蟹时，我把后腿藏起来，趁大人不注意，用左手摸索着，钉在桌底的横梁内侧，我悄悄摸出一根递给父亲，父亲放进嘴里慢慢搜寻着，终于抠出了一段麻绳似的鱼丝，老人们说，塞了牙的鱼丝是鱼身上最危险的肉，也是整条鱼身上最有劲的地方，吃了要闹肚子，既然它塞了牙，就是我们的牙在提醒我们——不能再把这条危险的肉吃下去，要不然，会比塞牙难受多了。父亲转身把鱼丝扔进敞开的火炉里，燃起一阵黑烟，呛得我们咳嗽起来，母亲顾不得寒冷，赶紧打开窗户，黑烟中夹带着丝状的黑灰，是碳化了的鱼肉。黑灰落在了被褥和窗帘上，留下无数个难以洗掉的黑斑。看来这还真是最危险的一条肉，化为灰烬的一刻也没有放过我们。

喝完最后一碗汤，晚饭基本结束了，在这惬意的时刻，桌面暂时不急着收拾，我们有片刻的停顿，父亲在火炉里抽出烧红的铁筷子，点燃了香烟，烟圈朝我飘过来，我闪身躲开了，这时我想起桌底的蟹腿，于是把它们拿出来，一根根钉在桌面上，排成直线，所有的关节都朝一个方向弯曲，这时父亲也参与进来，他从我手里接过蟹腿，在对面另起一行，把蟹腿的尖角深深楔进桌面，母亲的呵斥才让我们停下来，桌子已经够旧了，她不忍心再看我们糟践桌面。我吓得不敢吭声，母亲把蟹腿都拔走了，甚至带起了漆皮，桌面留下了一个个小坑。母亲把蟹腿扔进火炉，变成了无声的火焰，在火炉里，蟹腿的灰烬长时间不灭，依然保持着明亮的尖锐形象，我忽然看见父亲也红着脸、低着头不敢说话，右手摆弄着左手的手指，在那一刻，他和我的年龄是一样的。

我们害怕究竟是因为什么？到现在我也没有想到答案。

【第五夜】

通常情况下，黑鱼精后半夜才出来。它化作一个结实的汉子，有着黝黑的皮肤，缎子似的闪亮的胳膊。趁着夜色，它从扇子崖附近的海域探出头来。波浪一下一下拍打着礁石，撞出些黏稠的白色泡沫，它们是空气和海水的奇异混合体，“哗哗”的声响是从那里发出来的。黑鱼精上半身探出水面，在水中静止不动，停了一会儿，眼见一些细碎的水珠从礁石上掉下来，匆匆逃掉了。它飞身跃上礁石，拧干了衣服，脚下立刻聚拢了一摊水，它又径直从礁石上跳下来，稳稳落在沙滩上，前面的村子传来点点灯火，在树丛间忽明忽灭，这引起了它的注意，它抹了一把脸上的水珠，直奔村子而去。

没有人见过黑鱼精的行走方式。有人说，它走路完全像人一样，经常迈着大步走，也有人说它下半身是鱼，鱼尾向后蜷曲着，弯折之处铺在地上，靠鱼尾的弹力往前跳动，所以它的脚步应该是单音节的“啪啪”声，在静夜里常会听到这样的声响，类似于浸湿的毛巾掉在石板上。为了争论这件事，我爷爷和四爷还打过一架，这两个人是这两种学说各自的代表。一个有月亮的晚上，在村前的大路边，白沙土地明晃晃的，他俩仰面朝天躺在地上，就在刚才，他们打了个平手，谁也没把谁放躺下，后来，两种说法同时流传下来，有的站在我爷爷一边，也有的赞同我四爷，两边人数相当，很让人头疼。

再说黑鱼精，它溜达着进了村口，先让村口的磨盘给绊了个趔趄。不知哪一家当天刚磨完虾酱，磨盘卸下来刷洗干净，平铺在地上晾着，为了控水，有一边还垫了块砖头。磨盘早已晾干，却忘了收起来。渔村的夜晚来得太快了些，夜色到来时，人们匆匆忙忙返回了自己的房子，街上一个人都没有，黑夜足以令人忘记很多事情。黑鱼精探出二指伸进磨眼，回手一带，磨盘在空中翻滚着，稳稳地落到磨台上，严丝合缝，没有发出半点声响。它拍了拍手上的浮土，抬起头时看到零星的灯光散落在村庄上空。许多人家都已经睡下了，没睡的有十几户，他们家里开了加工牡蛎的手工作坊，有的专门剥壳，有的专门熬油，亮着的窗户投出四棱的光柱，里面人影晃动，其中就有我家。

母亲把八仙桌挪到炕上，一盆冒尖的牡蛎摆在桌子中央，她盘腿坐在桌子前，腿上摞着蓝花的搪瓷盆。剥出牡蛎肉码在碗里，硬壳掉在搪瓷盆里，叮当作响。许多夜晚，叮当的响声和钟摆的节奏重合，过了半天，钟摆慢下来，而后又迎头赶上来。在它们彻夜的追逐中，我眼皮发黏，打起了瞌睡。似睡非睡时，我忽然看见了窗户上的黑鱼精，它的颜色比黑夜还要黑。它的尾和胸鳍不住地摆动，它的摆动是那样快，以至看不出它在动。

八月里，黑鱼精光临窗户的次数比月亮还要多。任它怎样变化多端，在月光下，它的影子依然是鱼形，头至尾占了两扇窗户宽，浑身鳞片闪着月白的光，我蹬蹬母亲，她抬头看看，又低下头，好像什么都没有发生，我又打起了瞌睡。

在月圆之夜，黑鱼精浮出水面，漆黑的身体把闪着金光的水面劈开，黏稠的海水悄无声息，黑鱼精游过的痕迹经久不息，时光在这里凝滞了，几千年瞬息即逝。黑鱼精的眼睛里闪着月光，不错神地盯着我，此时，我坐在扇子崖上，朝下望去，黑鱼精黑色的脊背从水里探出来，所有的光亮都被它深不见底的黑色吸去了，那黑色有特殊的力量，我不禁站起来，一个鱼跃跳进海里，不偏不斜，正好跨在黑鱼精背上。黑鱼精腾空而去，载着我飞到了一座村庄，那里有条白亮的河，从黑压压的树丛中流出来，斜刺里穿过了古旧的村庄，暗夜里的水汽越来越大，一团团白烟由海面上升起，不住地盘旋飞升，黑鱼精摇头摆尾，嘎嘎地笑，像小孩子的笑声一样清亮。我一把没攥住，头朝下直栽下去，耳郭里鼓满了劲风……

蓦地坐起，全身已被汗水湿透，我还在炕上。黑鱼精还在，像窗花贴在玻璃上，一动也不动，或许是睡着了。母亲抄起一片牡蛎壳，直掷过去，玻璃一声脆响，黑鱼精受到惊吓，掉在地上，院子里发出了沉闷的声响，扑起的尘土逐渐盖住了窗户上的星空。在烟尘背后，黑鱼精一瘸一拐地走了。

第二天，父亲遵照村里神汉的意见，在屋檐上挂起一小片倒三角形的渔网，有了这个，黑鱼精就不敢上门了。后来，它真的没有再来过，半岛的家家户户，都挂起了渔网的残片，蛛丝一样的渔网吊在屋檐下，空空荡荡。再也没有人提起黑鱼精，只有我时时想念它硕大的鳞片，还有它在暗夜里剧烈抖动的尾鳍。许多年了，我依然记得它离开时的狼狈。谁也不知道，那天晚上它离开时，我跟在它身后，它走到村口时，路边的梧桐沙沙响，宽大的叶片像硬纸壳剪出的一样，风吹过，呆头呆脑的树叶比木偶戏还要滑稽。它停下，侧着头朝树上观望了一会儿，然后消失在布满车辙的大道上。从此我们再也没有见面。

多年以后，我从城市归来，在一个月圆之夜登上扇子崖，月光下的半岛白茫茫一片，举目望去，深不见底的夜空中布满了黑鱼精硕大的身影。

【第六夜】

鱼骨庙是岛上唯一的一座庙，庙中供奉的是东海龙王的三太子，历经元、明、清三朝，香火不断，是渔家祈求平安的地方。同行的朋友听着我的介绍，不住地点头。说话间我们转过围墙，来到了南面的山门，几架飞檐横在半空，透过朱红的廊柱，远远望见山门内有三间大殿浮在高坡，在风中摇曳，荒草中生出三条土路，长蛇般急匆匆掠过，凌厉的曲线让人心惊，它们是绿色背景上的三股白线，从山门撒出，分别系在三座大殿的门槛上，整座庙宇才稳稳地固定住，没有破空飞走。我们从最中间的小路走上去，这时他从偏殿探出身来，只打开半边门，青布褂衬在朱红的铁门上，格外显眼，我们赶紧停下了。他是守庙人，前山的地，后山的果园，都是庙产，需要有专人看护。我对朋友们说，朋友们点了点头。

守庙人已经降到台阶上，他从高处弯着腰往下看，我们抬头正好和他来个照面，他看见我忽然愣住了，肿胀的眼皮撩开，指着我说：你是不是认得我？我看到他帽檐下露出了额头上的黑痣，也愣住了。我说，认得，如果我没记错，你应该是我父亲最好的朋友。他冲下台阶，紧紧抓住我的手，全身的重量从台阶高处斜压下来，我倒退了两阶，才略有缓解，他原本高大的身躯弯曲着，现在和我基本持平，我们在此相遇，让我不由得想起了十八年前的场景。

十八年前寒冷的冬夜，父亲出海，母亲去邻居家串门了，剩下我一个人在家，他踩着雪来到院里，大声喊着父亲的名字，那时的夜晚安静，他的声音被雪地反射，传出去很远，我听出是他的声音，急忙答应着，他已经推门进了屋，落满雪的毡帽先探进门来。我正在小炕桌上写作业，胸口抵住桌子边，一笔一画写着生字，写了十几页，炉火在不知不觉中暗下去，我把炕桌顶在胸前，被子围在身上，他进门一看就笑了。他问我冷不冷，我点点头。他在火炉里加了煤，火炉马上呼呼响起来。

你在家里都觉得冷，那你爸在海上冷不冷呢？他一边说着一边扶了扶帽檐，帽子上顶着一层雪，却并不摘下来拍打。父亲曾说他是个秃子，三伏天也不摘帽子，睡觉也戴着帽子，我仔细看过，他毡帽下没有露出鬓角来，他笑着等我回答，我又点了点头。这时火炉旺起来，炉子盖都烧红了，顶棚上照出了环形的光亮。父亲迟迟不回来，他起身要走，出门前对我说，也没什么事，过来看看，他们回来时，不用说我来过。我在玻璃上，看见他踩着雪，走出了院门，他踩着雪的咯吱咯吱的声响渐渐远了，像是去了遥远的国度。转过年来，我到外地上学，很少见到他，只记得他在那天晚上给我送来了火炉里的烈焰，由远及近，马蹄般嗒嗒作响，响彻寒冷的冬夜。

他在海上四十年，闭着眼就能甩出网，网口落水时是光滑整洁的圆形，收回来就是鱼虾满船乱跳。据说他因此跟龙王结了仇，他走进鱼骨庙的正殿总会被门槛绊倒，他把脚抬高，门槛也跟着长高，躲也躲不掉，有人看见他绊倒在地，帽子也跟着落地，露出了他油亮的秃头，这才是让他最恼火的事，后来他干脆不进正殿，只在偏殿后面的厢房住着，庙里的两个和尚也怕他冲撞了龙王三太子，不让他到正殿来。有一天晚上，他怎么吃都吃不饱，连吃了二十个馒头，肚子里还是咕噜噜直叫，能吃的东西却一点也不剩了，他活了这么大年纪，头一次遇上这样的怪事。他走出偏殿，路过正殿时，忽然看见龙王三太子驾前的龟精，肚子高高鼓起来，龟精斜眼睛瞅着他，嘴角掠过一丝冷笑，由于是强忍着的笑，听不到笑声，只看见胡子一翘一翘。他心里已经猜出个八九不离十，一定是龟精把二十个馒头挪进肚里去了，只能暗气暗憋，回去忍着饿睡下了，睡到半夜，却被胀醒了，撩开被子，眼见着肚子气球一样鼓胀起来，一直胀到了嗓子眼，他扶着床吐了一阵，先前吃进去的二十个馒头都吐出来了。他知道，这是龟精想赶他走，几十年来，他捕捉水族无数，龟精这么做还应算是客气的了。

铺盖卷成圆筒，拦腰捆了几道，他坐在床板上点着了烟。一支烟抽完，他想到了生病的老伴，还等着钱看病呢。要在以前，他下海甩上几网，随时都能换回钱来，而如今举笤帚都觉得费力气了，漫长的岁月不光带走了记忆，也把他的力量带走了。他解开了捆扎铺盖的绳扣，一点点铺平，忍怒躺下，怎么也睡不着，唉声叹气到半夜。有时候，龙王三太子半夜里听到他的叹气，从神台上一个空翻跳下来，落地时脚尖先点地，悄无声息，三太子在神坛上坐了一整天，下来的目的就是为了活动活动，顺便把贡品全都吃光。于是，他在夜里听到咯吱咯吱的声响，那是三太子开启巨口，囫囵吞掉了供桌上的猪头，正在嚼着脆骨，他叹口气接着睡。因为守庙人知道，第二天和尚们看见猪头没了，准会赖到他的头上。第二天早上，他当着和尚的面分辩说，猪头是被三太子吞了，几个和尚大笑，以为他疯掉了，过了几天，又有猪头消失，他逢人就说，猪头是和尚偷吃的，他看到和尚嘴上油光光的，和尚们听了又是哈哈大笑——和尚是不吃肉的，怎么会吃猪头呢？再说了，以出家人的戒律，怎会偷吃呢？所以，猪头不见了，这事只能是他干的。他说不过这些和尚的。

在山门前，几杆牙旗呼啦啦直响，青石牌楼外，成片的屋顶鱼鳞状排列着，渔村是一条滚动着的大鱼，每每勾起他对陈年往事的回忆。再远处就是弧形的海湾，几点白帆散乱。他指着远处，回过身来拉住我的手，流着泪说：没想到，一辈子大风大浪，没死在海上，回头来倒要死在这里了。我的眼泪也下来了，这座危险的庙宇，怎么会有他的容身之地呢？

我仿佛看到了虚掩的大殿之门，龙王三太子嚼着脆骨，吐了白花花的一地残骸，龟精的肚子胀到了神坛之外，黑铁的甲胄一片片立起来，嘴角还挂着诡秘的笑。守庙人藏在门外，把这一切都看到了，却又无可奈何，他总会看到，也许三太子和龟精们故意表演给他看，这出戏只有他一个观众，但演员们还是演得津津有味。他只能叹口气，然后回去睡觉。

——正如我这么多年来，也常常叹一口气，然后回去睡觉。

【第七夜】

冬季里休渔，父亲在家闲了起来。他把所有的渔网修补一新，剩下的时间里，他整天唉声叹气，吃也不香，睡也不安稳，经常在屋子里走来走去。这天他忽想起邻村有一位朋友，于是晚上草草吃了饭，就带着我去看他的朋友。

那时的冬季好像要比现在冷得多，海湾里多处结了冰，渔船归岸，渔网入库，渔民们要蹲在火炉边耐着性子，消磨将近三个月的漫长时光。连日来，父亲的朋友也定是窝在家里守着火炉。我们沿着海边的沙土路上走着，地上已经是漆黑一片，海水在我们脚边不远处涌动，奇寒之下的海水是一种接近于冰的半固体流质。街上没有行人，我们听着自己的鞋底敲在路面上。路过几间房子，房子后窗大都亮着，前院传来敲门声，先是一下一下地拍打，后来连成急促的一片，还伴随着高声呼喊，我们心头一惊，后来才知道，有一位老人晚上突发急病故去了，他的邻居在找老人的儿女们报信。紧接着狗就叫起来，一只狗叫，十几只狗跟着叫，乱作一团，有一只狗顺着院里的台阶窜到了房顶，低头朝我们狂叫不止，回头望，亮着的灯熄灭了，四周恢复了沉寂，空旷的渔村周围常有这样的事情发生。

父亲的朋友住在靠近田野的几间瓦房里，他的名字我记不起来了，父亲好像喊他“建堂”。我们进去时，他和妻子正在织网，屋里黑着，他们把头贴到网扣上去，或许是为了节省而不愿开灯，窗外的一点星光无济于事。父亲咳嗽一声，他的朋友拽开了电灯，我看到炕桌上碗筷还没有撤下，红木的桌不知传了几代，靠外的两条桌腿之间又加了一条黄木的横梁，钉帽闪着亮光，看样子是新钉上去的。桌上摆着一篮子玉米饼，半盘乱糟糟的杂鱼。粥碗上还挂着玉米糊，发黄的竹筷横担在碗上，两个孩子躺在墙角，叽叽喳喳唱着儿歌。女主人横端着桌子下炕去，桌上的碗筷纹丝不动，稳稳放进里间屋去。

父亲的朋友起身迎了下来，他掀开火炉盖，扔进几块煤，不多时，炉火明亮起来，他们围着火炉喝酒，就着海米和乌贼干。父亲的朋友见我在一边站着，顺手递给我一把乌贼干，这是一种晒干的小型乌贼，只有指头长，比指头稍粗一些，几个绽起的三角鳍在我指缝里冒出来，微微合拢手掌，乌贼干在手里碰撞，树枝似的咯吱的声响，它们瘦小的身体盈满了我的手掌，似乎随时都会脱手飞去。乌贼干硬如木柴，和乌贼柔软的身体已经相去甚远了，扯开外壁，就会有絮状的粗丝出现在断口处，乌贼鼓出的眼珠混在一丛密集的腿中，眼神若有若无，毕竟它的眼睛只有一对，而腿却是那样多。我一时间没舍得吃，在手里攥了一会儿，掌心就沁出了汗，于是我把它们放进裤子口袋里，裤袋立刻鼓起来，大腿上受到一阵重压，我捂着鼓起的口袋，心里暗自欢喜。

父亲让我上炕坐着，炕里边靠窗的地方躺着两个孩子，稍微大一点的是女孩，小一点的是男孩，他们还都没有睡，眨着眼睛看我，看得我浑身不自在，他们的母亲回到炕上，递给我一个枕头做靠背，我坐了一会儿，炕上的热气透过棉裤涌上来，给我带来一阵睡意，背后的枕头松软，我倚着墙睡着了，蒙眬中听到父亲在和朋友说话，一开始说些船上的事，他们开春后又要出海了，后来只有高一声低一声的节奏回荡在耳鼓，更加深了睡意，他们说的什么我逐渐听不清了，他们的声音就像来自另一个国度。

父亲走时叫醒了我，已经接近半夜，黑暗中我看到这家的小儿子躲在母亲身后，在他母亲的胳膊底下探出头来，月光正照满了炕，他眨着眼睛望着我，眼珠闪亮，嘴角往上翘着，带着隐隐的笑意，我由于困倦，一句招呼也没打，走在回家的路上又挨了父亲一阵埋怨，才想到实在是不应该。

回到家，母亲早已经睡下了，院门虚掩着，我和父亲回身悄悄合上了院门，高抬腿轻落步，生怕惊动母亲，满地月影照在院子里，照出了一高一矮的两个黑影。我把手伸进口袋，口袋是空的，乌贼干已经不见了，干脆把两个口袋全翻出来，袋底并没有漏洞，翻来找去，终于在口袋的角落里抖出一根发丝般的乌贼腿，旋转着掉在地上摔成两截，在月光的照射下急剧萎缩，蜷成了一团。

直到现在，我还时常想起那年随父亲访友的情形，也时常想起他家的小男孩闪烁在黑夜里的狡黠的眼睛。

彗星和海啸

【彗星】

她指着海平面上那颗彗星给我看，彼时天刚黑，水汽上升，占满了海滩上空，彗星就是在这时出现的。她横在南天的手指正好把彗星拦腰切成了两段，在冷火中炙烤的纤细手指深陷进彗星里去，仿佛瞬间便要烧融。我赶紧扳开她的手，彗星的光华才在我脸上明亮起来。

那个晚上没有月亮，彗星成为黑夜里最耀眼的所在，此刻它在海面上斜飞，大头朝下，好像随时都会掉进海里，一抹光亮也在水汽中显得游移不定，和夜空同样黑的海面在彗星的照射下无处藏身，闪亮的波纹提醒莽撞的夜归者脚下小心。

到了半夜，彗星的位置缓缓升高，幽蓝的彗核在瞬间烧融，喷出的蓝烟拖在身后，凝固成冰柱似的彗尾。彗星飞临的夜晚伴随着奇异的寂静，半岛上所有人夜不能寐，都在抬头仰望星空，他们当中有人走出家门，来到海滩上站定，齐刷刷仰起头来，那么多白亮的面孔同时反射着彗星之光。在渔村里，每个院落也都站着几个看彗星的人，老人们在孙子的搀扶下走出房门来到庭院，抬起银丝缭绕的头，他们直接惊呼出了彗星的诨名——扫帚星。许多年来，人们认为这是不祥的预兆，所以彗星出现的夜晚总伴着难言的恐惧，渔船不敢出港，人们夜里不敢入睡。几百年前，就有一颗星坠落在渔村东南的海滩上，激起的潮水淹没了村庄，那颗坠落的彗星留在海岸上，被称作星星石，是一块不到一人高的黑色圆石，周围的滩涂也被炙烤成了黑色。几百年过去了，当初那个巨星坠海的故事还在代代相传，那真是不同寻常的一夜，至少，它在几个家族的记忆中绵延了几百年的时光。彗星重现之夜，渔村里照旧密布着四角的火柴盒式院落，每个院子里都有一个人走来走去，焦躁如困兽。彗星照出了他们忽高忽低的狭长身影，这些黑影不断扫过墙壁及石板路面，直到那些身影失去颜色——黑夜仿佛转瞬即逝。这些夜晚，仰望彗星的人更像一群守卫者，在长夜将尽的时刻，默默守卫着彗星、庭院，以及所有溘然消逝的生命。

半岛古谚说：鲸鱼死，彗星出。海边的人们相信彗星是鲸鱼的精魂所化，每当海面上有彗星出现，海底深处必定有一头巨鲸死去，彗星和鲸鱼外形相似，都有着笨重的圆头和长尾，而且从海面上飞出，周身带着薄薄的水汽，在漫长的时空中游弋，很容易令人想到海中游弋的巨鲸，硕大而又孤单，让我想起了那个鲸鱼与彗星的故事——

五十多年前，我的几位祖辈一起出海，夜里停泊在外海的岛礁。当他们弃舟登岸休整之时，几个人跑到岛礁另一端察看地形，却意外发现海面上出现了十几头鲸鱼，它们露出山丘似的圆顶，海面上骤然多出十几座黑压压的岛屿，这时，从东南方的海面上出现了一颗彗星，瞬间照亮了巨鲸们的头颅，它们悬浮在水中不动，眼里流出了大股水柱，这些水柱沿着小山似的头颅往下流淌，悄无声息地注入海中。祖辈们回来时，这一奇遇就传开了，人们对彗星和鲸鱼的变化更是深信不疑。许多年后，本族的一位曾祖父还在对我说：那天晚上，我看见它们都在哭，因为鲸群中有一位成员死了，它变成彗星，飞到了天上。

第二天夜里，彗星没有出现，我们的夜晚从此变得平淡无奇，据说这是三千年才出现一次的彗星，我再也见不到它了，它此刻正在无尽的黑暗中匆匆赶路，看到它的又将会是谁？

【海啸】

海啸袭来时正是深夜，院子里起了风，石榴树沙沙响，我们丝毫没有觉察，均匀的呼吸声从窗户传来，墨绿的窗纱随着风势一起一伏。村子栖在半岛的岬角上，大水轻轻一抬腿就进了村，黑暗中闪着亮的釉质海水从墙角、树根冒出来，村口的低洼地带瞬间被抹平。有它们开路，后面的大队人马就更加顺畅了，它们争相钻进巷子，涨满了整个村庄。有几个浪头攀上院门又掉了下去，黑漆铁门的下摆立刻透出一片油光，过年时贴的春联只剩下些残片，经水冲刷后纷纷脱落，有的是红纸片，有的是黑纸片，它们侧着身穿过了宽大的门缝，在满院的激流里翻滚几下就不见了。

那是我从未有过的经历。海水溢过了桐木的炕沿，在秫秸炕席的缝隙里迂回前进，我们后背上渐渐有了斜纹状的丝丝凉意。后来水势暴涨，炕上的水由偷偷摸摸变得明目张胆，骤然间送来了刺骨的寒意。我梦见我在一个黑夜里赶路，天上没有月亮，四外空旷无人，狗尾草的硕大穗头扑啦啦作响，它们摇摆的方向各不相同，不知风是从哪个方向吹来的，这时下起雨来，雨点敲在头上隐隐生疼，并带来轻微的晕眩。我倒退几步，脚后挨了一绊，仰面栽倒在一片水洼中，倒地的瞬间，忽然看见漫天白亮的雨珠，它们在夜幕中悬浮了片刻，接着齐刷刷地砸下，我双手来回拍打，直打得水花四溅，蓦地惊醒，发现竟然真是在水中，双手还保留着拍打的姿势，许久也没弄明白哪是梦境，哪是真实。来不及细想，水已经漫过半身，一只塑料的苍蝇拍朝我漂过来，急剧的痉挛赶走了残留的梦境。翻身下炕，已经高过炕的大水减缓了我的落地速度，双脚着地时悄无声息，虽然已经是七月，但海水却像来自遥远的冰雪国度，往前蹚了几步，头发都要一根根立起来了，下半身瞬间失去知觉，每挪一步都要靠手拨动大腿。焦急中，墙角的水泥台阶横在眼前，水泥的阶面灰蒙蒙的，黑暗中锯齿的阶梯攀缘直上，摇晃着指向阁楼。

父亲和母亲从西屋蹚水出来，尖声叫着我的名字，看见我出来，这才放下心。父亲把母亲推上楼梯，回身一把拽住我，紧往前赶几步，几乎是拖着走，把我拖到了台阶下，一家人互相搀扶着上了屋顶。我打开阁楼盖板，迎面扑来密集的雨点，它们在疾风里横着飞，侧头望天，乌云的浓烟缝隙里闪出了月亮的身影，马上又被遮住了。我不敢打开盖板，父亲在后面推了一把，我才顶开了盖板，冒雨到了房顶，父亲母亲在后边也上来了。屋顶有一片平地，这是留着晒鱼虾用的，平地西侧有两间阁楼，父亲拔开插销，把母亲和我塞了进去。

阁楼是堆放渔网的仓库，我们坐在网上，浑身滴着水，头上是尖角的秫秸顶棚，雨点砸在瓦上，我们清楚地听到了巨大的回声。父亲在外面带上门，叫我们在里面别动，我知道，他是不放心停在海边的船。侧耳细听，他咚咚下楼去了。我推开一点门缝，见父亲推出一块小舢板，他坐在上面，顺手抄了根竹竿划着走了。巷子里注满了黑里透亮的海水，其中布满了细小的漩涡，到处漂着塑料拖鞋、树叶，父亲拿竹竿拨打水面的杂物，不时撑住巷子两边的砖墙，舢板靠反作用力前进，像走路一样灵巧，他端坐在舢板上，翻滚的头发在风中剧烈燃烧，到了巷口，他回过头朝阁楼望了一眼，瞬间拐出巷子不见了。一道闪电在东方的深色天幕上炸裂开，渐次照亮了村子里的条条街巷，闪电的紫红色身躯在翻滚的水花里出没，我们每天走过的道路变得金光灿灿，水中漂浮着的低矮房屋顿时暗淡下去。

父亲走后不久，水势逐渐往下跌，东方微微泛白时，水只剩下到脚踝的薄薄一层了。母亲带着我下楼，地里积了一层泥，炕上、桌子上、被褥上全是一层黄泥，里面掺杂着石榴树叶、旧拖鞋、笤帚头，还有几尾掉队的白条鱼，在炕上不住地弹跳着，滴水的窗台上落着一只浑身湿透的麻雀，小黑眼珠瞪了我，又微微合上，它也在大水中耗尽了力气。

第二天上午，父亲扛着舢板从海边回来，顺便带回一条死讯，前街王家的小女儿被水冲走了。

海啸来的那个晚上，她出门看热闹，她家房子在高坡上，没有进水，却失足掉进自家门前的排水沟。这沟是人工修建的，红砖砌成，水泥抹的底子，直通大海。孩子瘦小的身躯掉在里面，宽度正好，沟里是山上流下的雨水，把她给带走了，穿着红背心的孩子像一只弩箭的红缨，笔直地射进了海湾，消失在茫茫苍苍的海湾里。她的母亲从屋里跑出来时，只能眼睁睁地看着，想救已经来不及了，片刻之后，传来了声嘶力竭的呼喊，邻居们听见后，提着桶往外舀水的手停下了，掘土堵住房门的手停下了，拧衣服的手也停下了，大家纷纷摇头叹气。大水总会带走很多东西，留给我们的只有悲伤和绝望。

久别重逢的太阳驱散了最后的云层，把我们滴水的头发烘干。

就在发大水之前的那个周末，我在镇上的照相馆门前还看到了这母女俩，女孩缠着母亲要照相，她指着墙上挂着的一张放大的老人半身像说，我就要照这样的。母亲沉着脸说，那种照片是人老了才照的，你小孩子家不要跟着胡闹。孩子满地打滚，又哭又闹，抱着母亲的双腿不撒手，最后被母亲抱走了，她一双带泪的大眼在母亲肩头闪烁着，恰巧路边一家小饭馆的主人泼出一盆脏水，有一股流到马路上，横穿到路中间，深黑的水流摇摆着触须，一路蛇行，把马路劈成了两半。她赶紧把头扭到一边，几滴泪掉在母亲的肩上。多年前一个小镇的午后，这个年轻的生命，轻而易举地看见了死亡。

鱼虾在我房上

【屋顶的海】

走在巷子里，忽然间黑影闪动，有什么东西从房坡跳下来，钻进后脖领，一路潜行直下。急切中回手截住，像一截粗糙的木棍顶在后背。摸出来一看，竟然是一条半干的梭鱼，小圆眼珠瞪着人，这在半岛是再正常不过的。有时可能是干得发硬的梭鱼，或许是蹦虾。过路人遇到这种事情倒也不会惊慌，他会掏出来，然后甩手把它们扔回房坡。目送鱼虾飞旋着升空、衬着高远的蓝天腾跃上房，他的心情应该是愉快的。在他的头上，是浩无边际的屋顶的海洋，房脊像起伏的波浪，奔腾着卷过了半岛的每一寸土地。一队队鱼虾列开阵势，随着波浪来回翻滚，刚才那只落到房上又弹起来，几个起落，眨眼间就不见了，它又回到了浩无边际的海洋。

半岛地区的房屋与别处不同，屋顶多取平势，有的屋顶干脆一分为二,一半是尖顶，另一半留作平顶，远远望去像被谁掀掉了半块屋顶。房子的尖顶只能放些大块头的梭鱼和剖开的鱿鱼，小鱼小虾是立不住的，经常被风刮走，或者滑下来。也有的人家在院子里贴着东墙和南墙起了几间平顶的厢房，其实不缺那几间房，就是为了晾晒鱼虾。成千上万块房顶在阳光下争相把鱼虾高高托起，我们在院里朝上望去，腾腾的蒸汽晃悠着升起，透过弯曲的水蒸气，对面的房子、墙外的树，还有天上的云，都像水中倒影一样晃悠着，丰收的季节就这样如期而至，每个人都是满心欢喜。

煮鱼虾要用巨型的生铁锅，家家都有一两口这样的锅，如果从灶上拆下锅来，一个人抱不过来。母亲煮沸了半锅水，整盆的小鱼小虾混杂在一起，一股脑倒进锅里，几个起落之后，小虾鲜红，小鱼雪白，粗盐粒扔进去，就算盐渍过了，红白相间的一团盛满笸箩，我的任务是抱着笸箩上房，把它交给厢房顶上负责晾晒的父亲。刚爬了几阶台阶，热气熏脸，我把头扭到一边，热气又透过笸箩缝隙钻出来，熏得手发麻，仿佛成千上万个烧红的针头在扎，我赶紧放下，趁机剥了一只虾，父亲在房上叫我，刚剥的虾受惊掉进笸箩，像一滴水掉进水盆，再也难以找到了。

翻晒的工具是父亲发明的。起初用钉耙，可钉耙的齿过于锋利，在翻晒时经常切断鱼虾，后来改用木推板，刚煮熟的鱼虾软绵绵的，也常被挤坏。父亲在一块长条的木板上裁出了宽大的锯齿边，安上圆木把手，做成了木耙。我坐在一边，看父亲推开了小山似的鱼虾，来回几下，它们在房顶铺了均匀的一层，木耙的锯齿留下了层层波浪纹，像新耕过的土地，翻开的新碴热气缭绕，数不清的小虾在凹槽里探出头来，大红的触须交错，在风中乱舞，就像地里刚被撂倒的杂草。我翻出几只稍大的蹦虾，趁热扔进嘴里，忽然看见我被鱼虾包围了，父亲没有轰我走，他有意给我留出了空。我赶紧让开，起身下去再装笸箩。下台阶到一半，回头望见天边有一条弯曲的云，被阳光映得发红，活像一只虾，连关节都看得清楚，它来自东方的海平线，硕大而又孤单，随着风势弹跳不止，它离我们那么近，父亲的木耙有节奏地一收一放，木耙把柄后端正好一下下戳在那团云上，它最终被驱散了。

厢房顶上已经晒满，余下的就要倒在正房顶上了。正房没有台阶，和厢房只有一墙相连，父亲总是从墙头走过去，墙头仅能并排放开两只脚，他从不允许我上去。我在厢房头上递给他笸箩，他端着几个跨步到了正房，抬腿就上去了。正房比厢房高出一大截，父亲常讲到在正房上看到了夕阳下的南山，看到了后院腌咸鱼的老郑一家人在忙活着，那里有我平时看不见的风景。父亲把笸箩扔给我，他自顾拖着木耙来回走动，他走过的地方，鱼虾盖住了水泥屋顶。正房上大半还是尖顶，有这样一小块平顶，鱼虾没有摊开，剩下一小堆，父亲招呼我把笸箩再扔给他，我不知从哪里来的勇气，一只胳膊夹着笸箩上了墙头。刚走几步，脚底下开始摇晃，往下一看，院里的水泥地深不可测，平整的地面忽然变成漏斗形状，投射出巨大的吸力，院子外面是一丛月季花，顶端的几枝花刚刚开败，露出密丛丛的棘刺直指天空，一时间天旋地转，月季花和水泥地拉锯一样交错出现，想回去已经不能转身了。

站在那儿别动。父亲低声说着，从正房窜下来，几乎在墙头飞跑起来，一把揽住我的腰，把我夹在胳膊下，我看见水缸、房门、花丛刹那间倾斜了，向一侧横着飞了出去。我的笸箩脱手了，掉进院里的水泥地上，哗啦啦满地打转转。

来到厢房顶上，父亲把我放下，长出了一口气，我们俩趴在房顶往下看，笸箩转了几圈，撞在墙上，朝外滚了一段距离，倒扣在地上不动了，父亲很长时间没说话。如今，我把这段往事拿出来重新审视，越发感到父亲当时所受惊吓要远远比我多。在那危急的瞬间，他心里或许早将一把没拉住我的悔恨，连同我摔下墙去的情景预演了无数遍。

【蛤蜊馅饼】

早年间的半岛静得出奇，尤其是到了没有月亮的晚上，四下一片黑，眼睛放在夜色里面极为畅快，那是黑暗的抚摸。我躺在炕上，大睁着眼睛，它疲惫了一天，该放松一下了。几颗明亮的星从东墙跳出来，是它们把石榴树的影子打在窗户上，其中有一条横枝出奇地长，眼看要伸出墙头，忽然在中间断了一下，窗户上有块不平整的玻璃，是玻璃的凸起的竖纹拦了枝条一下，看上去好像插在水中。一阵乒乓声也在这时候响起来，我在炕上翻来覆去睡不着——蛤蜊太吵人，明天把它们做成馅饼吃。

父亲是早上把半口袋蛤蜊带回来的，他把鲜活的蛤蜊盛满铁盆，倒进海水漫过蛤蜊，拿一顶旧锅盖扣住，好让它们把泥沙吐干净。蛤蜊慢慢张开壳呼吸，先是长长的嘴伸出来，然后它们张开壳，不一会儿就有几只挤成一簇，像暗夜里盛开的花。一开一合的壳，敲得锅盖噼啪响，蛤蜊喷出的小股水柱也撞在锅盖上，狭窄的空间乱成一团。我宁愿相信，那是它们在交谈。我梦见自己是一颗藤萝，顺着炕里根的墙壁往上爬，窗外墙根下，蛤蜊的吵闹声像一阵风，我在攀爬中冷不丁被掀翻到炕上。情急之下，我恨不能劈手从嘈杂的吵闹中抓出一把蛤蜊，捧到眼前仔细分辨：这是毛蛤蜊，这是花蛤蜊，这是紫蛤蜊，老鼠螺也混进来了，撅着尾巴在椭圆的蛤蜊中乱钻，一眨眼的工夫就看不见了，这可真是蛤蜊丰收的好年景。

半岛是一个充满了预兆的地方，赶上蛤蜊丰收的年景，积雨云的中央便冒出了一个硕大的蛤蜊壳，漂在海上的渔人手搭凉棚，端详了半天，靠祖祖辈辈秘密传递下来的经验，他们马上欢呼起来，回到村子奔走相告，幸福的气息瞬间把我们笼罩。我们停下手头的事情，不约而同地望着云层中令人目眩的蛤蜊壳，它借着风势往北飞，幻化成各种形状，云层噼啪直响。之后是连续几天的暴雨，蛤蜊布满了整个海滩，好像云层中的蛤蜊化作成千上万个小蛤蜊，伴着雨水，均匀地洒在海滩上。雨后的海滩上钻满了小洞，那是蛤蜊穴居之地，在看不见的泥沙下面，它们扇动两片壳，像要破土飞去。站在滩上，我似乎听到成千上万的蛤蜊发出的巨大的声浪，吵得人头痛欲裂。那天父亲从海边冒雨回来，觉得有个冰凉的东西掉进了脖子里，冰凉梆硬，起初以为是颗雹子，没去理会，到家抖衣服居然抖出一只蛤蜊，黢青的壳一开一合，环形的锯齿纹随之跳跃，腥气在屋里弥散开来，就像猛兽发作前的气息。父亲双手用力摁住了蛤蜊壳，吃惊地说，这种事情，他这辈子都没见过。

蛤蜊的吃法，最常见的就是水煮，煮上一大锅，全家围着吃，每人脚底下放一只钢精盆接蛤蜊壳，大伙儿拉开架式，一吃就是一天，吃到腰酸背痛，这是“武吃”，而蛤蜊饼却是相当精细的吃法了，算是“文吃”。吐干净泥沙的蛤蜊下锅煮熟，趁热乎扔到凉水盆里，蛤蜊嫩白的肉就从壳上脱落了。这时需要一把铁网笊篱，在盆里不住搅动，蛤蜊壳下沉，蛤蜊肉被搅起来。笊篱的功夫全在腕子上，左捞右捞，把翻滚的蛤蜊肉收入网中。执笊篱者往往沉醉在手腕抖动的节奏里，不觉间蛤蜊已经挤满了笊篱。再调半盆面糊，将蛤蜊肉倒进去，用筷子顺着一个方向猛搅，直搅得天昏地暗、膀背发麻方罢手。平底锅里的油已经开了花，小勺舀出面糊，倒进锅里，拿铲子摊平，闷一会儿再摊另一面，蛤蜊、虾皮、葱花、面粉……半岛地区的这么多动植物都码在饼上了。翻了几次，逐渐变得金黄的薄饼照得我脸上暖洋洋的，忍不住抬胳膊挡住脸。放下胳膊时，蛤蜊馅饼已经出锅了。比手掌稍大的圆形，边缘略带豁口，有的干脆成了三角形，蛤蜊肉也变得焦黄，时不时在饼上冒出来。因为摊饼时随意涂抹，每张蛤蜊馅饼的差别都很大，超出了你我有限的想象。

就这样，我一直吃了十八年。许多年以后，我忽然想到，这分明是一个不安的隐喻。如果当初母亲做饼时，一律用粗瓷碗口把饼扣成规整的圆形，那么，我离开半岛后的生活，或许会是另一番模样。至于蛤蜊馅饼的味道，我总把它和一种虾酱馅饼混淆，一个人童年时的记忆总是不稳定的，而今只有那个和蛤蜊馅饼有关的隐喻留了下来，每当想起来总是耿耿于怀。

【贝粉煤球】

苞米棒在火炉边码成了齐整的垛子，后面是几柱摞起来的煤球，一白一黑煞是好看，这也正是依照了生火的程序来排列的——先点燃苞米棒引火，接着放煤球。黄泥火炉的圆盖子盖上了，金黄的环形火迹从盖子的边缘透出来，偶尔跳动几下，最终在我一动不动的目光的边缘模糊。而火焰燃烧的声音一直没有停止，此刻，它不动声色，几乎难以分辨，只有凝神静想，才会感知火苗在炉膛里呼呼地起伏，像熟睡之人均匀的呼吸。细小的声音总是让人变得迟钝，甚至昏昏欲睡，在那一刹，我忽然感到，火炉的呼吸和我的呼吸逐渐融为一体，恍惚中进入梦乡，只有那时的睡梦是安静的。

火炉的热量源源不断地传递出来，形成几股热流，搅得屋子里烟尘滚滚，杂乱的屋子更显得局促了。每到这个季节，炕沿以下的混乱是难以避免的，废弃的纸箱捆了一捆，接缝处的铁铆钉锈坏了，在纸箱上锈出了一块块圆形的污渍。父亲从海边捡来的破船板也横在地上，从外面这一端开始，用斧头劈来引火，已经砍去了将近一半，煤球更是飞升到了炕沿，大有喧宾夺主之势，我们上下炕需要高抬腿，免得撞翻煤球。冬季过去，煤球被撤掉时，一家人反倒觉着别扭了，我们仍然隔着炕沿老远起跳，抬腿就能蹿上炕，这是一个冬天锻炼的结果。

家里用的煤球是由岛上的作坊加工生产的，因为价格便宜而大受青睐。和普通的煤球不同的是，这些煤球里有白色的小颗粒，加工时拌进了海水，在煤面里搅和了蛤蜊壳磨成的粉，我们称之为贝粉煤球。早年间的半岛，蛤蜊壳遍地都是，比石头都多。蛤蜊丰收的季节，哪家不是守着大盆的蛤蜊消磨时间？夜里来到街上，两边的房子里传来清脆的叮当声，这是人们在炕头吃蛤蜊，望着窗口摇曳的灯光，可以想见，一家老小盘腿围着炕桌，专心地剥壳，细小的蛤蜊肉在清贫的年代，是人们能坐得住的唯一理由，即便不能充饥，却也能解馋，或者说可以消磨时间，蛤蜊壳撞到钢精盆上铿然有声，在夜空回荡。还有的吃出了花样，发明了吃蛤蜊的一套游戏：每个人把吃完的蛤蜊壳摞在桌子上，一桌人比赛看谁摞得又高又稳，吃完一盆，桌上耸立起大大小小的尖顶，如果你冷不丁听到一声尖叫，你不必惊慌，紧接着会有众人的一片笑声传来，那或许是一个由蛤蜊壳摞成的高塔不小心倒塌了，昏暗的灯下满桌狼藉。

热闹了一夜，第二天早上，就有蛤蜊壳堆放在各家各户的大门外了。煤球作坊挨家挨户收走，在村西的空地上囤积了一座小山，不时有调皮的孩子爬上去，然后再出溜下来。简直难以相信，我们吃出了一座小山，当中的每一片都经过我们的摩挲，而身边碎壳机的传送带正在急剧地吞噬着小山的一角。有了蛤蜊粉，同样大的煤球耗煤少了，也更禁得住烧，成本自然就降下来。这种煤球燃起来常常会有清脆的爆裂声，那是蛤蜊壳的碎片爆裂了，屋子里飘起了温热的气味，这气味有着看不见的气泡形状，还未飘过来时先感到它是热烘烘的，像火炉一样烤人，而后碰在脸上爆裂开，蛤蜊壳的焦煳味涌出来，闻得久了竟成了香味，这是冬天的气味，在我们卑微的生活里不经意地释放出来，随着热浪四处游走。每当闻到这股气味，我就知道，冬天来了，该下雪了，早晨的窗玻璃上该结冰了，这些特殊的煤球指出了冬天的讯息，不经意间成为一个少年认识外界事物的参照物。

就是这些贝粉煤球，年年都让我想起一件久远的事情。

早在二十多年前，我只有五岁，刚刚能记事儿。根据现在的回忆，那应该是冬天，外祖父搬过来和我们一起住。有一阵子，大雪不断，连着下了几天，引火的草大多潮了，苞米棒也不灵了，外祖父就找了些碎纸引火。碎纸终归比不上柴草，一开始烧得挺旺，放进煤球去就给压住了。外祖父急得满脸是汗，鼓捣了半天，满屋子的烟，还没把火炉生起来。要知道，他在船上用了一辈子火炉，点不燃火炉对一个老渔民来说，无疑是最丢面子的事情。父亲要过来帮忙，被他横起胳膊拦在了身后。父亲伸伸舌头，话到嘴边又咽了回去，悄悄地退在了一边。外祖父四下踅摸，忽然蹲在火炉边，把垫着火炉腿的一块青条石紧紧抓住。火炉压得挺紧，他第一下没扳动，只好摇晃着往外挪。青条石抄在了手里，他逮过一个煤球就敲，一边敲一边说：不用些细煤面是点不燃了。青条石的一角拍在煤球中央，像扔进了墨水池，溅起大片漆黑的浪头。一些煤屑崩到门窗上，听上去活像一个捣蛋鬼扬了一把沙子。那么多煤屑纷纷落在地上，骨碌了几圈又停下。其中有一大块煤屑恰巧蹦到了杯子里，清脆的水声再一次打破了安静。

地上的煤球变成了粉末，还有几个较大的碎块，外祖父又举起青条石。我在热炕上被惊醒，眼前的一幕把我给吓坏了。在我看来，外祖父把好端端的煤球敲碎（那些煤球是多么圆整，外壁光洁无瑕），简直是做了天大的坏事，甚至是罪大恶极，我突然从炕上伸腿蹬了他一脚，正好蹬在他左肩膀上，他没有任何防备，身子晃了晃，半天才稳住了身板，紧接着响起了外祖父的怒吼，连同他对火炉的不满，在那一刻集束爆发了。

二十多年后的今天，老人早已经谢世多年。又是一个冬天，在帮父亲生火炉时，我突然想起了煤球的故事，不由得出了神，直到火苗燎到手才回过神来。贝粉煤球几年前已经停产了，拿在手上的是岛外运进来的煤球，我开始想念贝粉煤球粗粝的手感。

如今来看，对错已经不重要了，我急于想知道的是，那年我只有五岁，是懵懂无知的年纪，可在最初的时候，是谁把保护煤球的任务交给了我？

【鱼汤】

母亲把一锅打着滚儿的鱼汤从火炉上端下时，炉膛里的火苗受到惊吓，剧烈地蹦了几下，一些细小的灰尘趁机逃出火海，不住地盘旋飞升，就像黄昏里的一群飞蛾，出于对黑暗世界本能的恐惧，在幽暗的房子里匆匆打开翅膀。它们直奔明亮的窗口而去，这景象总让我想起夜里归航时遇到的鸥鸟——通常情况下，几只鸥鸟从浪里蹿出来，随后高飞，钻进深不见底的黑夜。

鱼汤搁在地上，里面的浪头还不肯歇，翻滚着，让我们看清了汤里的东西——白的碎鱼肉块，绿的菠菜叶，还有圆片的黄姜。母亲左手抓一把盐，右手抓一把葱花，瞅个空子，全掷进锅里。两记重招，立时制服了一锅翻腾的浪。许多年前的冬天，我趴在滚烫的火炕上，被这阵势惊得说不出话来，我低头看看锅，又抬头看看母亲。从那时起，我开始了一生中最初的崇拜。

这对母亲来说，或许早已习以为常，在她脸上找不到丝毫胜利者的喜悦。她正盯着鱼汤，而鱼汤已经平静下来，像大战之后的战场，喊杀声虽然远去了，可激烈的战斗的痕迹仍在，从锅沿上升腾着滚滚硝烟，母亲拿来锅盖，把白烟盖住了。

喝鱼汤必须小心翼翼。鱼身上有很多软刺，随着锅里浪头一滚，鱼肉散开，鱼刺毫无规律地散落在汤里。汤喝到嘴里，我不敢急着咽下去，总是用舌头先试探一番，碰到鱼刺就把它挤压在上腭，喝完汤再把它取出来扔掉。因为我有一次喝得太急，喝进了一块鱼肉，囫囵着咽下去，鱼肉进了肚，深藏其中的软刺却卡到嗓子里，害得我连着囫囵吞下三小块棒子面饼，才把软刺“带”了下去。我不怕软刺扎嗓子，最怕的却是吞饼子：带着复杂不安的心情，把希望全寄托到饼子上，一次不成，再试一次，如此往复，这对我离开半岛以后的生活，分明是一种隐喻。

碗筷撤下，一堆鱼骨全掀到炉膛里。新鲜的鱼骨不敢乱丢，不然，老鼠甚至野猫会成为堂前客，它们几位来了，大大咧咧，全然没有客人的样子，先嚼鱼骨，然后穿堂过户，拱翻盆盆罐罐，这个冬天就不得安宁了。我拿铁钩子翻翻挤在炉膛里的鱼骨，盼着能生出几个大块的火苗，而它们看上去并不肯合作，没精打采地闪了几点蓝色的微火，之后开始冒烟，烟被吸进铁皮烟筒，进了炕洞，鱼骨随之改变了颜色。它们这种敷衍的态度让我很不高兴，又捅了几下还是不见起色。这时候，鱼骨通身变成红色，我已经不对它们抱有任何希望了。第二天早上掏炉灰，鱼骨混在炉灰里，同是银白色，不细看很难分辨，每每掏炉灰时被扎得手生疼。在半岛，家家户户门前都有火烧后的银白的鱼骨，一个冬天过去，鱼骨和炉灰的混合物堆得小山似的，到开春时，炉灰多半随着一冬的寒风跑光了，剩下些鱼骨峭棱地挺着身板。

就在那个冬天，我沿着海岸走出很远，在沟汊上迷了路。我来到褐色的浅滩上，居然捡到一片火烧后的鱼骨。附近没有人烟，它是怎么跑到这里来的？幽闭的渔村有许多诡秘的事情发生，我宁愿相信它是长了腿，趁着夜色自己跑出来的。现在，鱼骨横在我手上，脊柱粗壮，每根刺都是空心的，我认得这是梭鱼的骨，曾经多么灵动的躯体，鳍、鳞、尾，斑斓的纹饰，还有在水中漂亮的转身留下的身姿，都让一个呆头呆脑的慢性子火炉带走了。

透过鱼骨梳子般的致密的缝隙，我看见一个芜杂的家族，随着海浪四处漂泊，家族的成员们分波踏浪，穿行无阻。如今，支撑它们身体大厦的顶梁已经老去，我手上的这片鱼骨，苍白无力。拇指和食指轻轻用力，它立刻变成细软的粉末，地上立刻出现一小堆隆起的银白山丘。

回去的路上下雪了，细软的雪。我抬起右手看看还在发白的手指肚儿，突然有种莫名的恐慌。我开始沿着滩涂边上的土岭子奔跑起来，不知道跑了多久，更不知道为什么要跑。一晃的工夫，十八年过去了，我好像还在跑，依然跑得两耳生风。在炉灰里探头缩脑的鱼骨，手指肚上的白色印记，还有落雪时莫名其妙的恐慌，这些事情反复出现，一直伴我走过许多年寂寞的时光。

奇遇

【船蠹】

黑铁火炉冒出黑烟，劈成碎块的船板燃起，大火瞬间将它们覆盖。火光过处，船板上的虫洞一一点亮，火舌在此间流溢，每一柱光焰都与虫洞严丝合缝。这时天已经黑了，满屋只剩下虫洞喷火的吱吱声。

在这样的夜晚，有一个老船夫冒着大雪来到家里做客，他掀开火炉盖，看到了虫蛀的船板塌陷在火窠中，通体透明，而船蠹虫留下的虫洞散发着黑气，宛如烟囱。这是船蠹虫当年的居所，蠹虫早已不知去向，它们的子孙还在海上肆无忌惮，许多年来潜藏在船板的深处，经它们咬过的船板几成空壳，随时有崩坏的危险。看到火中密集的虫洞，老船夫忍不住叹了口气。他是我父亲的长辈，我请他坐下说话。他给我讲起他当年见到的一切，他说：

那些年，我们的船去了一趟口外，帮人运了一趟木材，回来时也没闲着，打了一船鱼，在回来的路上，船上招了蠹虫，是运木材时带到船上的。一开始谁也不知道，船走了好几天，蠹虫在船上都跑开了，我那天一脚把船板给踩漏了，脚印形状的一块木头从我脚底陷下去，落进船舱里，我们这才看见木板的断碴上全是蠹虫。满船水手都慌了，船老大赶紧挨着一块礁石停靠，船刚靠到礁石上，就开始漏水了，我们爬到礁石顶上，眼看着船沉没。在礁石上挨了一夜，等到天亮，才来了一条过路的船，把我们带了回来。这件事已经过去五十多年了。这五十多年来，经常有船蠹虫出没，人们都说是我们的船带来的祸害。

老人说完就沉默了，在火炉前把头深埋进双膝。

我从柴堆里翻找出一块有蛀孔的船板，藏在椅子底下。这块船板不到巴掌大，在椅子下安然躲过了冬季的大火。现在，它被安置在我异乡的书桌一角，雕花似的虫迹里暗藏着暗紫色的微光，蠹虫足迹终止之处，便是生命终结之时。繁复的纹样，宛如古老的图谶，于我而言，这是蠕动着的故乡。许多年来，船板在案头岿然不动，我成为痛苦的旁观者。

一天夜里，书房传来了巨响，把我从梦中惊醒，长夜里的寒气中残留着撞击带来的余波，开灯查看，原来是那块船板落地。板上的虫洞此刻还震着低沉的余音。那些蠹虫早已不在了，却还具有倾覆船板的威力，就连一块脱离船体、远遁他乡的船板也没放过。

【婚俗一例】

八月的午后，巷子空空荡荡，饭点刚过，空气中的菜香还没有散尽，油腻的碗筷早已聚集在黑漆漆的铁锅中央，白亮的瓷碗散发出耀眼的白光，一双关节粗大的手正在搅拌，点点油花洇开来。你知道，这是很多年以前的情景了。

午饭的忙碌与饭后的腹胀，带来了漫长的慵懒和倦怠，正如拖长的树影一样疲惫。这时节，人们都有午睡的习惯，各家的门户大开，无须防范，一辆大金鹿自行车倒在门外的树荫下，无人照料，自行车一个脚蹬着地，后轮翘起，在风中微微转动，锈成紫红色的辐条在土路上投下粗重的斜纹，不住地变换位置，就在它刚才倒地的瞬间，钢结构的骨架发出巨大的轰鸣，这时谁也没有听到——酒足饭饱的午后，正是酣睡之时。左手的车把在地上砸出了圆坑，坑里原有的泥土飞出来，贴到了对面的院墙上，形成一个突起的疙瘩。而削平这个疙瘩，正好填到那个坑里去，分毫不差，可见这种碰撞是多么精准。一只家养的黄鸭站在旁边，侧头看着自行车，刚才它一定被吓坏了，自行车歪倒时差点砸到它，不远处有一根黄色的羽毛，想必就是它受惊吓时扇动翅膀掉下来的。它眨着小黑眼珠，一会看看车子，一会又抬头看看我，它在想什么？眼看着一个高大的铁器骤然变矮，瞬间到了它能够靠近的高度，在它看来是难以理解的，这样的问题，或许会困扰它一生。这么多年了，一辆旧自行车就这么倒着，好像从来没有被人扶起过，或者有人来扶它也赖着不起来，就等着我回来。我俯身去扶车，瞬间感到它的沉重，从车把传遍我的全身，车把上的胶皮套早就没了踪影，等我支起车架，翻过手心来看，满是暗红的铁锈，我离开了太久，它按照自己的钟摆，毫无悬念地走到了迟暮之年，已经认不出我了，原以为它会像大黄狗一样，从地上一跃而起，不等我去扶就会自己起来，丁零零响起铃声……

在海边的小屋里，我看到过父亲骑着这辆自行车，在虾池间的小路上闪过。两边都是深不见底的海水，小路只有几尺宽，稍有偏差就会掉进海里。他的这种骑法，我从来不敢试，父亲骑上去，前轮丝毫不晃，稳稳地骑远了。

父亲和平叔是村里最早有自行车的两个人，旧时半岛娶亲，有两种方式，一种是“迎亲”，男方雇花轿到女方家迎娶新人，另一种是“送亲”，男方在家等候，女方的家属把新人送上门。若用自行车送亲是极其排场的，街坊四邻有嫁女儿的，常提着烟酒来找父亲和平叔借车，说是借车，实际是连人带车一起借去。父亲和平叔经常一道去送亲，俩人交换着带新娘，起先是平叔空着车在头里开路，父亲带新娘，走一阵子就歇歇，把新娘请上平叔的车，父亲到前边去开路。土路两边的庄稼地哗哗直响，走到盐场时，父亲忽然停住了车，他看到那只隹鸟，正在地上扑棱着，两只红色的脚爪上别着铁夹子，原来是逃走的猎物。父亲心里欢喜，用绳子捆了挂在车把上。到了新郎家，送下新人，父亲和平叔被让到里屋喝茶，父亲手里还拎着佳鸟。主人家见了十分惊奇，随手接过来道：怎么带了只鸟来？父亲慌乱中只好随口说：我们那边兴这个。主人家连连称谢，父亲有些舍不得，张了张嘴没有说话，父亲看到那只佳鸟的眼里有异样的光。

等到年底，六爷的孙子娶媳妇，送亲的人也是骑自行车来，车把上赫然挂着两只佳鸟，送亲的人停下车子，双手捧上佳鸟："听说你们这里兴这个。"六爷全家愕然，嘴里只好胡乱应着，接过佳鸟摆在正堂的桌上，这无疑是承认了不存在的风俗。以后的许多年，父亲一手创制的风俗居然风靡一时，送亲必须有佳鸟上礼，前海的佳鸟几乎绝迹。有一次放学回家，我看见一个外乡人拎着几只佳鸟来到村里，正在叫卖，不大时间，居然被抢购一空，至于用途自不必说了，临庄还有很多人跑来打听，已经卖完了，转过年来，父亲也骑着自行车参与到捕佳鸟的队伍中来。

我眼前常常出现这样的情景：满月之夜，海滩上空空荡荡，而那辆自行车倒伏在不远处的空地上，沉重的铁锈和淤泥把它隐入了黑暗。藏在礁石后面的人们默不作声，静等佳鸟现身。无数猎枪的枪筒从礁石上方斜探出来，在月光下暴露无遗，就像一小片突然出现的荆棘丛。

【海货市场】

海货市场突如其来。

在秋季的早些时候，半岛通向内陆的唯一一条公路两侧，一夜之间挤满了地摊，花花绿绿的油纸铺了满地，石块似的花蛤和海螺通常堆在黑色塑料布上，以衬托其鲜嫩。它们沾染了太多的礁石习气，乍看上去沉稳安闲，很难想象它们是活物，偶尔有一只蛤蜊轻启圆壳，吐出小股水柱，溅湿了路人的裤脚，力气大的蛤蜊喷水时还会发出哨声，让人猝不及防。有一家海货摊子摆出了桌凳，新鲜的鱿鱼现烤现卖，摊主的小女儿还不到板凳高，她搬着长条凳子，两手合抱在胸前，板凳的一头高过她的头顶，挡住了视线，她歪着头看前面的路，趺趺撞撞地朝她母亲走去。她母亲是个围着红头巾的黑瘦女人，两只手各提着一塑料桶稀泥似的鱿鱼，脚底的粉红色拖鞋噼啪山响。那时夏天的余威还在，天已近中午，太阳烤得头皮发烫，躲在树荫里却又觉得有几分寒意。由于过度劳累，她的脚上显然沁出了汗珠，脚后跟在拖鞋上每一次抬起，都带着迟疑的粘连之声。拖鞋在路面上的清脆节奏，掺杂了喑哑的脚后跟与鞋底的粘连声，怪异的声响在海货市场上铺天盖地。这声音忽然停住，远远望去，粉红的拖鞋跳着越过了一只手，这只手正把蹦出盆来的对虾捡回盆里去。对虾回到盆子，蜷着身子沉下去，拼尽全力的弹跳似乎使它耗尽了力气，而拖鞋的节奏又在不远处肆虐起来。

市场外围一阵骚乱，又有新上岸的渔户到这边来了，小贩们围拢上来，有的骑着三轮车，有的推着手推车、蹬着自行车，大包的鱼虾装上了车。打开蛇皮袋子，里面是一个热闹的世界：梭子蟹顺着袋口往外爬，不得不一次次把它掀下去；钩子虾必须覆一张网在袋口，否则会在眨眼间全部蹦出去；而在另一个袋子里却看到不声不响的鳗鱼，它有着蛇一样的外形，拉链式的两排细碎牙齿严丝合缝地勾连着，最上边的一条鳗鱼，两排牙齿轻启，露出诡异的笑，它的白眼珠朝上斜翻着，凶狠的目光撩起了每个人的发根。老人们讲，鳗鱼的眼光是带毒的，和它眼光相对时，便在无形之中被伤了魂魄，所以老人嘱咐我——当鳗鱼看你时一定要避开。我至今不敢看鳗鱼的眼睛。离开半岛以后，我又看到各式各样的鳗鱼式的毒色眼睛，老人们说的果然没有错。

一会儿工夫，新上的货也都摆开了，安静的贝类都堆放在黑油布上，鲜活闹腾的鱼需放在盆里，有时要在盆口蒙上细网。每个摊子后面摆上一张小板凳或者撑开一个油腻腻的马扎，摊主落座后，陆续有行人围拢上来问价。我在路中间，只看到两排人的后背筑起的高墙。踮起脚，我望见不远处废弃的小旅店，铁门紧闭，门前的空地上长满了地龙草，草叶足可齐腰深。十几年前，母亲在这里摆摊卖海星，那是煮熟的红海星，五个角里塞满了米粒状的碎肉，既好看又好吃。我仿佛又回到十几年前的那个下午，母亲的摊位前围了一群刚放学的孩子在买海星，他们把海星举过头顶，不住地挥动，旧旅店门前一片红光。如今这片空地被一圈矮墙围住，墙高刚到膝盖，以粗暴的姿态标榜着土地的所有权。每次回半岛都要穿过海货市场的人墙，我分开人群，脚下的土路露出来，明显感到这条土路比记忆中窄了很多，一个戴迷彩帽的男人看了我一眼，像盯着一个陌生人。他和我擦肩而过，帽檐下的阴影里，是熟悉的面部轮廓，一时又想不起来了，或许是我旧时的同学，也可能是镇上的邮递员，或者是本族的后生，我离开了太久，这么多人的面孔都淡漠了。

海货市场几步就走到了尽头，我在海螺摊前蹲下来，拳头大的转心螺，碧青的壳，有几只顶出了盖头，女摊主端起盆颠了几下，这些螺才安静下来，各自回到自己旋转的房间。我掂量着手里的转心螺舍不得放下，拿定主意要了十斤。过好秤，女摊主又挑了两个大块头的青螺，扔进我的塑料袋里，我顿时愣了，这样慷慨的小商贩如今已经难找了，原本平衡的秤杆一头立刻撅起来，被她及时捏住了。付钱时，我看清了裹在红头巾后面女摊主的脸，竟然是我的中学同学艳红。模样没变，只是脸变黑了，换上了渔家妇女的装扮，往日的神采只能从她的大眼睛里才能找到。我刚开口要叫她，她面无表情地看了我一眼，从挎包里翻出零钱递过来。十几年没见了，她已经认不出我了。我张开的嘴赶紧又闭上。

十几年前，我在离家二十里的一所高中念书。学校所在的一个小镇是交通要地，商铺林立，行人不断，教学楼暗红的墙壁隐在闹市中。老式的教学楼前的甬路上，立着两排平房，是学生宿舍，山墙上是老式的水泥黑板。那时，学校里一个月出一次黑板报，我写字，她画画。黑板是一间教室的山墙，用水泥抹出了长方形的一片平面，几个年轻的老师戴着白手套，用中午休息时间刷上了黑板漆。雨季来临时，黑板下面的墙也跟着黑了一大片。在这种黑板上，粉笔写的字很难擦掉，只能用布蘸水擦。有一次，我看见她拿湿拖把擦黑板，像拖地一样，黑板擦干净了，一面墙也湿透了，中午的阳光斜照在黑板上，她坐在台阶上等着黑板晾干，就那样一动不动地坐着，就像十几年后的今天，她坐在摊子前等买主，也是这样坐着，她周围的小贩都是叫卖声震天，她却一言不发。几根长条凳子是从老师的办公室搬来的，一个下午，我们在凳子上跳上跳下无数次。那天老师拿来一张报纸，上面有一幅线描的牡丹图，艳红在凳子上，左手接过报纸，右手拿红色粉笔，拿眼角的余光瞄着报纸，在黑板上勾出了牡丹的轮廓，笔笔准确，没有任何涂改，和报纸上的图案一模一样，众师生惊得说不出话来。谁也没有想到，高中还没毕业，她就辍学回家了，她的父亲在那次远航中遇到风暴，再也没回来，家里顶梁柱倒了，只剩下她和生病的母亲，还有一个正在上小学的弟弟。她的生活是怎样的？这么多年我一无所知，看来，她早早担起了一家人的生活重担。我努力回忆当年的事，那些琐碎都模糊不清了，只是清楚地记得，那天下午她从板凳上跳下来，和我说起她想报考美院。我回头说，你一定能行。她清脆的笑声隔着岁月的回廊传来，宛在眼前，就连几个颤音都没有遗漏，却又倏地被吹散在初秋的风里。

走出几十步就是公交车站，车还没有来，只有一个穿大红裤褂的女人在等车，她满身耀眼的红色更让车站空空荡荡。我又回头望艳红，不料她也正在摊位前站起来，踮起脚朝我这边张望，她看见我回头，又赶忙把头低下。这时正好来了买海螺的，她习惯性地抓起大盆，猛地颠了几下，海螺飞离了盆子，我看到它们飞到最高处时，忽然有片刻的停顿，海螺棱角分明的外壳出现在半空中，像太空中悬浮的细碎石块，艳红的面孔隐在后面，更加模糊不清，我们之间已经塞满了浩大的时空。

【庙会】

鱼骨庙盛大的庙会兴起于何时，已经无从考证了。每到秋后，庄稼被收走，大地一片赤裸的黑褐，海上也基本没有鱼汛，街上一夜之间多出了晒太阳的人。每到这个时节，人们从四面八方赶来，卖香火的地摊铺开了，满地金光灿灿的锡箔纸，一对唱戏的老夫妻从我身旁经过，男的用手推车推着女的，女人手里抱着三弦，一年前我在山上还见到过他们。我四周挤满了人，都是参加鱼骨庙庙会的。通向山顶的路，有东西南北四条，四条路上已经没有落脚的地方，有时即使立着不动，也会被流动的人群带上山去，这个队伍里混进了很多懒汉，他们想去庙会上看光景，却总也不愿动腿，只好乘坐拥挤的人流上山去，我曾见到一个懒汉在人群中睡着了，还打起了呼噜，他的头歪向一侧，随着人流的涌动而前后摇摆着，呼噜声也忽远忽近，他的嘴角流出了口水，闪亮的一串，挂在衣领上。人流推着他走到了山顶的开阔地带，人群四下里散开，他站立不稳，倒在地上，这才从睡梦中醒过来，胳膊肘撑着地爬起来，去追赶远去的人群。

时候尚早，此时的山顶，人群分成了一簇簇草丛，从山石缝隙里冒出来。庙会上最多的是卖糖葫芦的，糖锅周围全是孩子，他们踮着脚把毛票举过头顶。说书人没有占到好位置，只好在斜坡上扎开了场子，为了防止身子下滑，他后腿曲着，前腿向前平伸开，背靠着高坡，俯视一片黑压压的头顶，有的头上有一个旋，有的是两个，这么密集的头顶一定让他想起了初次表演时头晕目眩的感觉，他稍微定了定神，就高声说了起来，他用一把扇子调动了无数黑压压的人头。

鱼骨庙位于空地中心，庙后一片杏林，我们常到这里摘杏子。据说庙里最近挂起了一条木龙，用红绸子盖着，这根木头大有来历，不久前，人们在海边看到水上漂来一根木头，木头上坐着落难的一家人，浑身湿淋淋的，人们把这一家人救起来，才知道他们坐船出海遇上了风暴，漂了三天才到这里，这根木头被看作是神木，被救的一家请来村里的木匠，雕成了龙形，放在鱼骨庙里。庙会那天撤去红绸子，我们都跑去看，只看到木龙头上生出两只树杈似的角，我们怀疑这是用木头上原有的树杈改造的，龙身子雕成了四棱的，尾巴分了叉，像鲅鱼的尾。这条怪模怪样的龙唯一细致之处，是鼓出的眼睛和下垂的长眉，我多看了几眼木龙的眉毛，无数根合成一股，垂到眼睛下面去，大殿吹进来的过堂风经过，两股眉毛晃动起来，像小姑娘的两根辫子，而木龙两只鼓出框外的眼珠直愣愣往前看着，不知在看什么，鸡蛋大的白眼珠上点着黑点，不细看还真是难以看清。那位木匠的手艺实在不敢恭维，木龙被他雕成了这般呆傻的样子，到正殿看热闹的人看了都捂着嘴笑，笑过之后，纷纷绕开木龙去进香。木匠挤在人群中，我一眼认出了他，不久前他还在我家修过窗户，他的耳朵会动，放上铅笔，耳朵能自动把铅笔夹紧，翻跟头也不会掉下来，到了要用铅笔的时候，耳朵一松，铅笔会自动滑落下来，稳稳地落在手里。那次他叮叮当当敲打了一整天，刨花堆了一地，这才把窗子修好。这时他扶着香炉腿，脸涨得发紫，看得出他的手在发抖，香炉里的香火弯曲着升起来。又进来一拨人，甚至笑出了声，毕竟，这么简单的龙，更像是孩童自己做的玩具。木匠转身分开人群出了大殿，他的身影消失在门口方形的白光里。

庙门外的戏台锣声大作，吸引了我们的注意，大家立即失去了对木龙的兴趣，转身去戏台前。松木的台板上下颤悠，台上两个武生翻着筋斗上场了，穿黑袍的持枪，穿红袍的持刀，互相纠缠着打在一处，俩人凌空飞出几个筋斗，站定后各自亮相，众人无不喝彩。前方的人群中忽然冒出一顶高耸的黑礼帽，帽檐下的人抬头往台上看着。他的眉毛与众不同，是垂下来的长眉，垂到了鬓角以下，两眼鼓出框外，直愣愣地盯着台上，我觉得他有些眼熟，想不起在哪里见过，再看他头顶上的礼帽，高得出奇，帽子里面鼓鼓囊囊，不知塞满了什么，就像魔术师的帽子，再看他身上，瘦得像根木棍，前襟布满了垂下的纵向褶皱，身后披的红斗篷更显得滑稽，像一面旗在无风时耷拉在旗杆上。木匠从人群中挤进来，抓起那个瘦子的胳膊，两人一前一后，消失在人群中。戏台上的锣鼓还在响着，我望着他们远去的背影消失在半山腰芜杂的草木里，不敢吱声。

庙会结束当天的晚上下雨了，乌云罩住了孤零零的山头，水从云头上泼下来，庙会的地摊上留下的菜叶、果皮，还有孩子们顺手扔下的糖葫芦的竹签，都顺着雨水淌下来，堆在山脚动弹不得，更大股的雨水从山上下来，推着杂物齐刷刷地向南，一直把它们冲进海里去了。只留下光秃秃的石头山和孤零零的庙。父亲说，那是龙神在布雨刷山，人来人往的庙会弄脏了他的地盘，所以他趁着傍晚这段闲暇时间，弄来一阵雨刷洗，每年的庙会过后，都会有雨水准时从山上下来。这天晚上，雨线还在密密地斜织着，母亲正在为晚饭忙碌，厨房里传来油花的叫声，我站在窗前，远远望见山头冲下一条红绸子，有着闪缎的面子和金黄的流苏滚边，和我在庙里见到的盖着木龙的那块绸子一模一样，它也被冲进海里，翻了几个浪头就不见了。

【头巾闪烁】

阳光带着欢快的色调，冲破了盘踞一夜的黑暗。此时的地面布满迟疑的光斑，试探着落脚，时间尚早，地面还没有变成灼人的铁锅，浅灰的树影刚刚落地，又被一阵风给卷走了，这正是赶路的好时机。即便如此，头巾已经开始在她们头上闪烁，金属质地的车流在她们之间闪过，带起了滚滚烟尘，路上的人们急忙侧转身，失去了各自的面孔。五颜六色的头巾，裹住了她们的头和颈，也裹住了她们的真实面目，头巾尖角耷拉在后背上，偶尔会被风掀起。许多年过去了，她们藏在严实的头巾下，面孔已经淡漠，或者说我已经认不出她们，时间过去了太久，但她们的头巾都是一样的，在头上裹得严严实实，前沿探出很长，面容深陷进去，乍一看她们像是同一个人。依稀辨出其中有祖母，还有祖母的几个老姐妹，她们戴着不同颜色的头巾，两颊的斜纹在头巾的暗影底下，看不出老迈的颜色。红黄蓝三色是头巾的主色，此外还有紫色、金黄等变种，都是纯色的，没有方格或斑点等花纹，都是正方形的，四周有垂下的流苏，沿着对角线对折成三角形，蒙在头顶，两个尖角系在下巴上，穗子随风舞着，指示着风向。海边的人常年面对海风，有时被吹得站不稳脚跟，甚至生出了红眼圈，眼角经常流着泪，女人们学会了用这种宽大的方头巾遮挡凌厉的海风，头巾是海边妇女出门必备的装饰品，不论是出海、赶集，还是出远门走亲戚，头巾一系，就是出门的装扮了。你知道，这是很久以前的事情了。

我的祖母是一个船老大的女儿，从小在海边长大。七岁时就学会了摸蛤蜊，她的母亲解下头上的头巾给她围上，宽大的头巾包住了她的小脑袋，刚走了几步，头巾就滑落了，显然，她还不到戴头巾的年纪。等到她戴头巾的时候，已经有了几个孩子，她经常用头巾遮脸，到集市上去卖海货。许多年后，她手把手地教会了女儿们戴头巾，嘈杂的人群中，她们在路边摆开箩筐，箩筐张着口，里面的鱼虾全部呈现在人们面前，她却躲在头巾下，目光扫视着往来的行人，只看到人们的身子，他们的头被头巾上沿遮住了，无数个步履匆匆的人变成了影子，消失在头巾的左右边缘，好像都与她无关了。在这里，头巾不光能挡海风，还能挡住熟人们的一双双眼睛，这一点似乎成了头巾最主要的功能，所以无须别人叮嘱，她们自愿戴上了头巾，任何时候都没有忘记。

是的，头巾确实能挡住熟人们的眼睛。我上次回到半岛时，就见到了一个熟悉的身影，像是我的一个女同学，她穿着黑皮裤和黑皮靴，上面布满了放射状的泥点子，车上也沾满了泥水的条纹，显然刚从海边回来。她骑自行车从我身边掠过，我们错开的瞬间，风吹起她头巾的一角，我还是认出了她的侧脸。

头巾为她挡住了扑面而来的海风，在头巾底下，她的年龄也被遮蔽了，她和那些中年妇女一样的打扮，听说在海上比她们还要卖力气。现在，她把车子蹬得咔咔直响，车轮碾在街道上沙沙作响，细小的石块都被橡胶轮胎给崩飞了，在两边的墙壁上爆开了脆响，她的车子经过我身旁，划了个弧形，显然是有意躲开我，然后顺着下坡直冲下去。我目送她在街上飞走了，一直冲进街尾绿树掩映的一排瓦房里，那里是她的家，红头巾在绿树下一闪就不见了，我想，她过不多久就到家了，进了院子一定还会把头巾摘下来，挂在院里的绳子上，头巾终于可以在绳子上休息一个中午了，它垂下来，系扣处还是微微弯曲着，这条头巾已经用了很多年，浸满了海水和汗水，盐渍都被鲜艳的红色遮蔽了。在她消失之前，她头巾后摆高高飘过了头顶，露出了里面的马尾辫，头巾一闪又落下了，鲜艳的红色在街上一闪而过，正是中午，街道上没有其他行人，这样的景象只被我一个人看见，红头巾闪烁在空荡荡的中午，我眼前一阵眩晕，红头巾劈开街道，土路分成两半，朝中间塌下去，我在路上站立不稳。许多年以后，我或许还会记起这个场面，同样也会记起那些不堪回首的艰难岁月，还有她们头巾之下模糊不清的脸。

十几年前的黄昏，高远的深秋的天空终于融进阴暗中，海鸥的白翅出现在海岸的上空，它们朝我飞来，在我面前飞远了，它们用剧烈扇动的翅膀，轻而易举地把我推向海边。那时我还没有离开半岛，整天无所事事，这天在海边的十字街上走来走去，正是归航时候，女人们在街上等候男人回家，我看到那么多头巾在街上闪烁，整条街变得五颜六色，人流无声流淌，各色的头巾在跳跃着，那是她们随着脚步的起落而产生的闪烁，头巾就像浮在水面上，毫无规律地一起一落，颜色互相交叉，几个戴黄头巾的人挤到一处，大片的黄在街道上格外显眼，随后又被一股红色头巾的暗流冲散了，黄昏的街道因此变得神秘莫测，我在街上迷失了方向。这样的街道，我以前没有见到过，恐怕以后也不会再见到了。

紧接着就下雨了，雨线的底部到头巾而止，戴头巾的人毫不在意。雨越下越大，我在树下躲雨，缀满头巾的街是一张五彩的纸，被雨水打得紧缩了，街道原本齐整的边缘也被人流冲得变形了——许多人被挤到了街道外面，也有的人急着赶路，为避开街道上的人群，主动离开了街道，深一脚浅一脚走在泥泞的土地上，笔直的街因为一场猝然降临的雨而扭曲了，白亮的雨水下闪烁着各色的头巾。我的心猛地疼了，那么多鲜艳的头巾，都被雨打湿了，变成冰冷的深色，我总也忘不掉这些潮湿的色块。

【归航】

我们的船靠了岸，这是一次前所未有的收获，鱼虾塞满了船板，我们只好侧着身子通过。和我们同时回来的还有十几条船，大家都忙着分拣货物，分别过秤。这些船都是相隔不远的几个村子里出来的，平时走在街上都能遇到那些船上的人，隔着水面互相点头问个好。所以在船靠岸时，不时有串门的跳过来看看收成，顺便聊上几句。熟练的船家在船队里穿行，不沾不碰，紧挨着停下。两船之间相隔几步之遥，每一个跳上船的人都带来一阵剧烈的摇晃，主船上的人难站稳，不留神会被晃倒在船板上，甚至掉进水里去，我望见有人要跳过来，就提前做好了准备，在他的脚刚落在船板上的时候，我赶紧跳在半空中，把这一阵突然的震颤躲过去。左舷有一位胖老叔刚早想过来瞧瞧热闹，他看我躲来躲去的样子，再低头看看自己的大肚子，也不好意思往这边跳了，我长出一口气。

专门贩卖海货的小贩们早就在等着了，码头上一排探出密匝匝的脑袋，那是一排多么熟悉的脑袋，有几个上年纪的人已经在那里干了一辈子。他们在码头上放下绳子，放到船上来，绳子头上拴着铁钩，我们就把货物勾住，然后高喊一声“起”，圆滚滚的一整包的鱼虾就飞升了，这是个力气活儿，两手交替着往上提，所以在我们看来，货物在空中一顿一顿，在上升的过程中，装货的网兜总要转几圈，父亲手搭凉棚往上看了看，低头对我说，小贩们用的绳子太差劲，动不动就拧了劲儿。我宁愿相信是鱼虾在挣扎，它们细小的腿和身子一起动作，形成了巨大的合力，可惜尼龙绳织成的网兜过于结实，小鱼小虾即便合力也难以挣破，只有艰难的旋转。货物包里不断落下水滴，有的是从海里带上来的海水，还有一些是鱼虾吐出来的水，滚圆的球状水滴坚硬如钢珠，砸在头上嗡嗡作响，遥远的回声在耳鼓回荡。许多年来，我们开始试着躲避落下的水滴，并且学会了在水珠之间穿行——侧着身切进两个水珠之间的空隙，衣襟紧贴着水珠掠过去，稍有不慎就会碰到身上。从远处看，我们的身子晃来晃去，全然没有规律，而且呵欠连天，昏昏欲睡。在外人看来，我们心不在焉的躲闪居然准确无误，足以让他们惊奇，其实我们早已厌倦了这种躲避，几个上了年纪的水手在海上连续航行了几天，手脚已经不听使唤了，许多水滴在这时竖直劈在他们的衣服上，划开了细长的口子，这种水珠含泥沙较多，滴在青布褂上，深色的道子长时间不褪，等送完几批货，身上已经伤痕累累，他们红着脸侧过身去，也有些聪明的老水手夹杂在我们中间，他们从舱里找来湿透的布褂套在外面，身上落再多的水点也看不出来。通常情况下，只有那些尚在青壮年的水手衣服上才会滴水不沾，他们嬉笑着看那些老水手们出丑，全然不顾老水手的责骂。

空中的滴水结束时，我们骤然轻松了不少，这预示着出海的工作告一段落。我们三三两两坐下休息，开始收拾着自己的东西，忙了半天，抬头一看，其他人家都收工了，有的走出了很远，甚至直接走没影了，偌大的码头就剩下我们还在船上，为什么总是我们落后呢？而且往往是上岸越早，收工越晚，这样的落后不止出现一次了，想到这里让人沮丧。

两个月以后，我们又一次回来，这回收获颇丰，就连平时不苟言笑的船老大也是笑呵呵的，主动跑出来和我们交谈，我们吃惊地看着他，像看着一个陌生人，他也并不介意。螃蟹和鳝鱼装满了青丝网兜，我们推着手推车，有说有笑，一起回村去，在这热闹的人群里，我猛然想到，这回我们没有落后，热闹的时候容易忽略这个问题，只有在离群时才有巨大的恐慌，回头望，一户落后的船家急急忙忙赶上来，怀里抱着的渔网拖在了地上，他也毫不在意，不久之前，我也像他一样。

渔事录

【蟹笼简史】

蟹笼是网罟的变种，更加精巧的诱捕术。钢筋的骨架撑起了渔网的柔弱。蟹笼沉入水底，渔人离开，在他目力所及的整片海域内，有数不清的蟹在横行，而密密麻麻的蟹壳上，似乎都覆满了他的掌印，那些蟹也必将属于他。

蟹笼多数是随意而造，造笼者以自己的喜好为准，方圆不等，大小不一，通常作为家传的样式传给子孙。后来贪心不足，便不断扩大其容量，经几代人的不断改进，蟹笼一度成为最庞大的渔具，起笼时需要三四十人同时用力搅动绳索，才能把庞然大物拽出水面。蟹笼出水时海面撕裂，笼里掉下的海水哗哗响过之后，露出的是蟹群在笼中的拼刺场面，巨螯折断，汁液迸溅，在蟹笼底部纷纷如雹散落下。

到后来，蟹笼越做越大，一条大船只能装载两三个蟹笼。蟹笼一沉入海中，水面立刻上升，我们脚底踩着的船板隆起，而到了收回蟹笼时，水面下落，我们的船也随之坠到谷底。蟹笼中心捆着死鱼，是引蟹的良饵，蟹们纷纷钻进蟹笼争食，殊不知进来容易出去难，进来时是喇叭阔口的陷阱，出去时却被卡住，求生无门。

长年不停歇的蟹笼捕捞，蟹族日渐聪敏，提起蟹笼来，有时居然是空的，只得再把蟹笼扔回海里。

这时药笼便出现了。

在半岛的东海岸，悬崖峭壁直立，崖头长满了小叶紫花的野草，有蟹攀岩而上，巨钳夹住叶子便吃，更多的蟹没有爬上来，中途掉回海里，悬崖上缀满了蟹，应该都是冲着这野草来的，这草被称为蟹药草。天生万物，必有相生相克之理。于是渔夫中就有猛士攀上山崖，采了一筐下来备用，从中取一把捣碎，拿细网包成一团，放到蟹笼里，居然连连满载而归，蟹药草有腐臭之气，正是蟹类所喜。在蟹类日益珍贵的年代里，崖顶的野草就此被渔夫挖尽了，不久之后，蟹药草的种子在草筐底发了芽，植草的人应运而生。捕蟹的渔家都在自家院子里种满了蟹药草，互相引种，尖瓣的紫花瞬间开遍了半岛的大小庭院。过膝的荒草，紫气闪烁的黄昏，都成为渔家生活的原初记忆。紫花的蟹药草，再加上蟹笼，蟹被捕捞殆尽。每个蟹笼出水，里面都盛满了蟹，还有不少蟹挂在蟹笼外壁，不肯松开巨钳。

终于有一天，岛上发生了大规模的蟹族入侵，它们来自潮间地带，无一例外地举着双钳，从每一户的门下空隙进入庭院，吃尽了院中种植的药草，然后一哄而散。第二天早上，人们醒来，看到凌乱的蟹腿布满了大街小巷，多数蟹腿还在动，在初降的晨光里痉挛不止，那是蟹群在夜里成群结队赶来时，因踩踏而受伤脱落的腿。人们把蟹腿搜集到一处，堆得像粮仓一样高，岛上居民遂分食了蟹腿，吃不完的晒成蟹腿干，蟹腿风干开裂后，剩下一束束的细肉丝，是难得的美味。

经此一役，蟹药草被蟹族连根刨起，啃噬一空，连种子也没留下，蟹笼捕蟹又陷入低谷，后来又有了三十六面的蟹笼。

蟹笼的复杂化，体现在棱角和面的不断增加，三十六面体的蟹笼能出现，也就不足为怪了，这种蟹笼的陷阱口也有三十六个。在梭子蟹集体出动的九月之夜，载着蟹笼的小船就在这时划进了满月里，无所依傍。划船者只顾埋头往前划，才能走出黑暗。三十六面的蟹笼落水，瞬间沉没，常常会有三十六只蟹在蟹笼的三十六个出口同时失足坠落，腹甲撞击之声，在船上就能听到，若在捕蟹船上听见水底传来瓷器碰撞似的声音，满船人都会喜形于色。众蟹在笼子中心短兵相接，带着蟹笼在泥滩里翻滚，海湾里生出一团团浊浪，漩涡和暗流遍布海湾，在月下的水面上旋出颗颗金轮。

我们曾有过难得一见的丰饶之年，蟹腿在饭桌上充当牙签，剔完牙就插进木制的窗台上，留待以后随手取用。蟹壳甚至做过咸菜碟和调料缸，里面塞满了咸菜、蠓酱和各种香辛佐料，蟹螯也成了叉子，可以轻松叉起盘中食物，配合筷子使用。蟹在这里成了赖以度日的粮食，人们饱嗝里掺杂着蟹黄的油腻，热烘烘的浊气，拒人于千里之外。每家的院门前都有蟹壳堆积过膝，众多蟹壳在起风的夜里轰然倒塌，蟹壳触地的哗哗声响接连不断，其间还夹杂着因之而起的犬吠，这些构成了渔村夜晚的基本形态。蟹壳在院门外堆积如山，雨水敲击蟹壳，如鼓点般急促，在午后的大雨中，不妨靠在枕上听，不同质地的蟹壳，发出不同的声响，我在驳杂的雨声中仔细听，越发感到蟹壳绵延无尽，如恒河沙数。终于，蟹壳之丘在雨中轰然塌陷，我们躲在屋里，却已听到了门外的巨变，有的蟹壳在积水中漂走，也有的沉没，被泥土覆盖，它们来自泥水，终于又回到泥水。

在以后的漫长岁月里，蟹族终于一蹶不振，我们居然再也没有见到像样的蟹壳之丘，我们的夜晚也变得悄无声响。在雨季里，雨水也能直接拍到地上，再也没有薄而脆的蟹壳来承接雨滴。这样的夜晚，我们都默不作声了，蟹笼还挂在南墙上，可是，属于它的时代早已远去。

【四面合围】

围网捕捞在半岛已经有百余年的历史了。一般的围网需两只船同时施用，一只船在海中抛锚静立不动，把围网的一端固定在船上，另一船则带着围网的另一端，绕一圆圈再回到出发点，两船合而为一，将网片合在一处，数不清的鱼虾就被围在网圈中了。围网顶部有浮子，底部还有网坠，能立在水中，充当一面围墙。随着包围圈的缩小，水面开始沸腾了，鱼虾翻滚跳跃，荡到网边，又被顶回来。只有少数健壮的大鱼跃出了网圈，逃逸而去。船上人见状，急急收紧网绳，网住的鱼虾尽数收入船舱。船舱里撞击声不断，无数细小的身体在挣扎。

船舱合闭，一切归于平静，新一轮的围网又开始兜圈子了。

鱼群远遁，双船在后紧追不舍，围网张开，兜着鱼群的后队，向前包抄。鱼群中落后的鱼不在少数，它们的尾部已经触到兜上来的网眼，被网推着前进，有些鱼尾直接被网眼锁住，鱼群的后队大乱，波及惊惶逃命的前队，围网正在悄悄合拢。鱼群无法冲破围网的高墙，盘旋着寻找出口，却是徒劳。在鱼群的漩涡底部，海洋中的古老岩石如猛兽般伏在水底。

有一场空前的围捕收获，黄鱼群冲到近海，离港不到二里地，终被围网圈住，水面上跳动的全是黄鱼，海水被挤出了网圈之外。当年亲历的一位老渔夫回忆说，这样密集的鱼群，是从来没有过的。鱼群开始尝试从顶部突围，它们以集体的合力压塌了网边的几处浮子，围网的高墙溃其一角，落水的鱼群立刻变换队形，网内的涡流直冲出来，眼看就要全部流失。船老大率先跳进水里，游到网边，用手托起了网的缺口，他在鱼群的冲力下渐渐不支，众人纷纷跳下水，把一触即溃的围网边缘牢牢擎住了。在这群渔夫中，唯独有一个人没有参与救网的行动。他也随众人跳下水，却跟在最后，见众人力气不支，就折回身朝岸边游去，游到岸上他已疲惫不堪，拖着沉重的双腿回家睡觉了，他家就在岸边的渔村里。收网之后，大家发现他不见了，归航之后，同船的渔夫们在他家里把他给堵住了，那时他正睡得口水直流，枕巾湿了一大片，大家一齐叫喊，最后动手开打，才把这个懒汉叫醒。船老大当场给他结清了当月的工钱，并宣布，他不用再回船上了。于是，他成了长期被嘲笑的对象，老人们教育子女，指戳着他的后背对孩子们说：千万别学他。他走在街上，身后就有笑声不断，村里的孩子围着他起哄，把海螺壳扔到他身上。他回身时，孩子们四散逃到弄堂的各个角落里，他倒也满不在乎，继续低头走自己的路。

直到今天，围网捕捞依然盛行，海湾里渔船出动，在海上划出一个个浑圆的圈，那是围网在作业。但每当围网收获之后，总要有一场水上的庆祝仪式，人们回到船上，在离岸不远的浅滩里模拟围网的捕捞运动，选取一人扮演当年的逃兵，众人拿围网圈住他，不让他逃脱，以此仪式来祈求捕到更多的鱼。而位于围网中心的逃兵角色，一般由船老大来表演，他在人群中左冲右突，都被人们举着围网给挡了回去。按照彼时的规则，网中人如果逃出围网，则被看作是鱼破网，预示着来年海上歉收，所以网中人就假意伺机逃走，其实只是作势表演，只有围观的孩子们在替网中人着急，盼他快些冲出来。

许多年后，孩子们或许会明白这海上游戏的诡异之处，但他们当中还是有不少人一生也没明白，在他们以后的人生岁月里，便无端起了执念，甚至毕生都在维护这种仪式。

当年逃遁者的耻辱已经洗刷，今日竟成为无上的荣耀，随着围网仪式在滨海地区的广泛流传，各地纷纷效仿，网中人的这个角色就固定下来，必须由船老大来扮演。稀稀落落的鞭炮过后，船老大站在齐腰深的海水里，缓缓走向网心，在围网中左晃右晃，离着网圈老远，就急急撤回身朝另一个方向去了，如是再三，迟缓如龟步，即便如此，岸上仍有掌声雷动。船老大在水中扬扬得意，却原来，荣耀来得如此容易。他在围网中心站立，后来四处逡巡，再后来不由得改成了四方步，俨然封疆大吏，而四周围捕的人，则成了拱卫四方的士卒。

那么多渔夫做梦都想当船老大，在船头干活时总是各怀心事，其实他们想做船老大，无非是冲着这一角色去的，在整个仪式中，网中人将会是乡党瞩目的核心，他的一举一动都牵着几千观众的心，还有什么比这更令人血脉偾张？每当船老大在围网中心手舞足蹈，他就成了众人瞩目的核心。那一天来到之际，十里八村的渔夫都将到场，对他行注目礼，他仿佛英雄归来耀武扬威，又似新科状元夸官闾里，在围网中心尽情表演，夜幕的到来让他更加肆无忌惮，他在夜幕里自己表演。

虽然谁也看不见他，但他自己并不这么认为。

祖父从围网表演的海滩上回来，把自己关在屋里，整天唉声叹气，他为失去了围网中心的角色而伤心不已。在我看来，围网中心舞动的船老大是个局促的小丑，但这丝毫不能动摇祖父的艳羡之心，你知道，这是很多年以前的事情了。

【风螺壳】

在半岛渔村，有不少“关上门自己过”的人，别家看不过去，就会出来好言劝告，常用的劝喻之词无非是让闭门过日子的人各处走走，多结交些朋友，而这样的劝告多以失败而告终，因为那些“关上门自己过”的人总会笑着说，到各家去走走，还不如上街捡个风螺壳呢。说到这里，好心的劝告者们——或可称之为无所事事的串门客们——就会惭愧而退，再也不敢登门做说客了。

这里说到的风螺，是如拳头大小的一种海螺。风螺壳的走俏，源于海上捕章鱼船队的畸形扩张。章鱼又称为蛸，因其八足，又称八足蛸。它浑身无骨，却能吃掉全副武装的螃蟹。章鱼沉到海底，把长脚悄悄伸近螃蟹进行引诱。螃蟹见到嫩肉，自然不会轻易放过，上前便来吞章鱼的长脚，待螃蟹把长脚慢慢吞进肚里时，章鱼却突然发力，猛地一抽，便把蟹的肚肠拉出体外，甚至连蟹壳也能掀掉，蟹受此重伤，就僵伏不动了，章鱼抱住这丰厚的战利品饱餐一顿。

渔夫们通过长期摸索，发现章鱼的生活习性特异，最喜欢钻海螺的空壳躲起来。又有渔夫偶然在空螺壳中窥见章鱼的身影，于是想出了用空螺壳诱捕的方法，可谓坐享其成的简易之法，全然不费人力，亦不费饵料，这样的猎章之法深受渔人喜爱，迅速风靡半岛，空螺壳的走俏也就理所当然了。

风螺壳在半岛海域是捕捉章鱼的利器，渔夫趋之若鹜，渔妇及子弟也见螺红眼，寸螺必争。凡螺壳似成人拳头大小者，并且壳的内壁保持原色没有损伤，皆在收购之列，壳上钻一孔，拴绳子系于主网之上，然后沉到海内。当天夜里下螺壳，次日早上提起，螺壳往往被章鱼肥硕的白嫩所塞满，在青黑螺壳的映衬下格外显眼，渔夫持特制的铁钩把章鱼钩出来，一番挣扎过后，螺壳内壁上还残存着章鱼腿上的吸盘。

拳头大小的螺壳常现于近海浅滩、海货市场和渔村街头。出现在渔村街头的，是渔家多年前食用海螺后随手丢弃的，那时捕章鱼之法尚未普及，螺壳便沦落道边，与沙石土块为伍，许多年后，街道上才有孩子低头寻觅螺壳，作为零花钱的来源。上街捡风螺壳，说的就是渔家持家的道理——自给自足，饱食后不乱串门，足以戒是非，即便是操持风螺壳这样的微利，也是胜于游手好闲，这是有定力、有主见的渔人的回答，难怪那些好心的劝告者要羞愧而退了，“关上门自己过”的人轻松化解了来自庸众的好意。

可惜的是，那些羞愧而退的劝告者们，自来是不肯认错的，辗转一夜，由愧而生恨，于是满村散布谣言，说“关上门自己过”的人着眼于蝇头小利，是势利小人云云。是非的转换在渔村如此简易，就像一枚铜币的正反面，任人摆布。可见，在渔村想关上门自己过也不是那么容易的，总要有人找上门来，以正义的名义，高举着道义的大纛，来做世俗意义上的说教，自觉充当渔村卫道士，当我离开渔村以后，还是会遇到这种自动上门的规劝者，这等人物像石子一样堆满了土路，随时硌在脚底。

许多年后，我又回到了这里。当我再次站在渔村的长街上，不禁又想起当年那些低头寻找螺壳的人——寻螺壳的队伍中老幼皆有，他们在晚饭前后出现在街上，共同的姿势是背着手从街头走向街尾，貌似散步，却时刻留意着地面。不多时，海平面出现在街的尽头，仿佛长街就是直插进海里的一小块陆地，长街尽处，是海螺壳的故里，每寸土地都洒满了凝望的目光，每块沙石土块的方位都印在寻螺者的心上，在不远处的海底，那些风螺们是否会因此而感到隐隐的不安？

海底的风螺探斧足弓身前进，螺与寻螺者的姿态何其相似，但螺或许不会知道，来自另一世界的侵略正在紧张进行，寻螺者也不会知道，海底的活螺正在戏仿他们弓身缓步前行的姿态，无意中构成了反讽的镜像，这意味深长的一幕，恰巧被一位正在拾螺壳的少年给看到，他不由得放慢脚步，开始了漫长而又痛苦的思索，这种习惯必将伴随他一生，任凭岁月流转，也不会有丝毫改变。

少年时代的寻螺经历使他学会了往下看。往下看，既有螺壳的收获，又能躲避沟坎、远离水井，这是寻螺壳给他的经验。

街角的平房里响起手摇钻的吱呀声，那是在螺壳上钻孔的作坊，几个工人身后堆着半屋子螺壳，手钻摇动，钻头在螺壳上拱出了黄豆大小的圆孔，螺粉簌簌落下，像一场大雪覆盖了地面。

在众多寻螺者的身影当中，这个穿蓝条纹毛衣的少年赫然出现在我的眼底，再也没有离开，他从渔村的院落里一路走出来，不断低头寻找，这时，他两只手里已经分别攥着两个螺壳，硕大的螺壳，已将他的小手挤爆，两个螺壳险些从他的手心逃逸，他只得把手心朝上，改为托着螺壳行走，在前行的道路上轻轻纵身跃过了路边的一丛杂草，他身上蓝条纹的毛衣似曾相识，他在正午的大街上显得格外孤单。那个少年难道是我吗？

我在秋日里捡拾螺壳的大军中恍惚看到了自己，蓝条纹的毛衣与海的背景混为一体，记忆最终在海天交接处复归于混沌。你知道，这是很久以前的事情了。

【止风术】

东海边上有一个善于使用绳结的族群，早在几百年前，他们就在东海上来去如风，以捕鱼为生。他们造船从来不用钉子和卯榫，船板的接缝处穿孔，以绳索捆扎缝合而成，捕鱼也不用钩，只用绳索套鱼，结好的绳扣抛进海底，待鱼游过绳套，便会自动绞紧，从无失手。铁器在船上是禁止的，在族人看来，铁器不如绳结方便，若使用铁钉和铁钩，便会遭到族人耻笑。

他们的绳索不断从船上飞出，收回来时，每个绳头上都拴着大鱼，水手们忙着给鱼解扣，解扣的工作繁重，鱼是那么多，绳扣的数目和鱼的数目分毫不差，那是惊人的收获。船板被鱼群覆盖，水手往来已无落脚之地，只得踩踏鱼身，许多鱼被踩成肉泥，长年累月的沉积，鱼肉与海泥的混合物渗进了船板的缝隙，所以他们的船总是密不透水。

飓风来时，族人毫不惊慌，也不躲避。船上为首的船老大走出船坞，大风立刻把他的衣角掀开，他赶紧从腰里拿出绳子，把衣角捆得结实。他抬头望着风来的方向，左手早已打好绳结。飓风来时，直扑船帆。船老大不慌不忙，单等风快要挨到船上了，他手上的绳索才迎着风疾速甩出，这绳索是两股绳子拧起来的，拧得不紧，中间还留有无数孔洞，在风中扔出，可破风的冲力。船老大一击得手，正中目标，套在了风的脖子上，随后绳扣一松，又滑在腰上，大块头的飓风动弹不得，它掉在船板上来回翻滚，把船板上的泥土擦得干干净净，泥土覆盖的船板又露出了木纹，船老大把绳头缠绕在膀臂上，铁青着脸不说话，头上暴起了十几根青筋，突突直跳，几个水手忙过来抱住他的腰，这才帮他稳住了身子。这时，风还在船上翻滚，船板缝隙里的鱼鳞也给清理掉了，包括腥味与霉味，也一起带走了，船板为之一新。

船老大这才收紧绳套，把飓风勒得喘不过气来，借此机会，又把几十个绳套铺天盖地般扔了上去，也不知这些绳套事先藏在何处，也未见船老大的手从何处取来绳套，但见这些绳套无一旁落，直把飓风捆成了粽子。旁边冲过来几个水手，和船老大一起抬起飓风笨重的身子，把它扔下海。

和巨石落水相仿，船尾掀起了滔天巨浪，船身前后摇晃。在飓风落水之处，海面上旋起了巨型的涡流，那是飓风溺水后的垂死挣扎，要不是被捆绑住身子，它旋起的涡流势必会把船吞没。不多时，飓风就旋转着沉到海底，鱼群纷纷逃逸，有的受惊蹿出水面，形成难得一见的渔汛，此时下网，便会有沉甸甸的收获。终于，飓风在深海的岩礁上撞成无数气泡，待它粉身碎骨之后，海面上风平浪静。

船老大手搭凉棚望着身后的水面，气泡上涌所掀起的白浪在身后的海面上格外醒目，他的嘴角露出了笑容，附近的飓风纷纷陨落海底，其他飓风闻讯都绕道而行，来往船只皆受其惠，你知道，这是很多年以前的事情了，他们就是远古时代的防风氏的后人。

以后的许多年，族人中有的做起了专门的驱风买卖，每到夏季，飓风肆虐的季节，渔人便把他们请来护航，乃至远在大陆腹地的皇帝也听说世上有这样的奇人。皇帝久居宫殿，对奇人异事的需求更甚于金银珠宝，他派出大臣远赴东海寻访，擅使绳结的部族听到了风声，集体涉洋避到海外去了——这样神异的部族远涉重洋自然不是难事，一路上不免捆绑飓风无数，在他们身后留下一条漫长的无风地带。到最后，谁也不知他们定居在何处，绳索止风之术就此失传了。

【皇帝的钓钩】

走在海边的沟汊地带，经常会看到几个孩子站在水边，花花绿绿的衣服在灰色海滩上格外显眼。他们是附近渔村里的孩子，其中最大的也不过十二三岁，他们手里系着透明的尼龙丝线，丝线的另一端沉入海底。在那看不见的海湾深处，亮银的渔钩正闪着微光。他们装作若无其事，抬头看着天，有的东张西望，在原地踱步，还有的蹲在海滩上翻找贝壳，根本不像在钓鱼，倒像是在车站，进行冗长而又无奈的等待，他们手中的钓线是透明的尼龙线，悬在空中几乎隐形，肉眼很难发现，然而他们紧攥着的右手却出卖了垂钓者的身份——白嫩的手背上有几根若隐若现的青筋涌动，虎口处指向那片起伏不定的海域，看不见的钓线从手心里蹿出，刺穿海面，沉到了深蓝的海域，却像什么都没发生，春日的午后，整个海滩空空荡荡，只有几个孩子手持丝线，把跳荡不止的海水牢牢拴在手中。

每当鱼咬钩的时候，孩子食指上第二个关节首先感到丝线颤抖，他赶紧往回一带，手掌宽的鱼破水而出，径直飞入孩子的掌心，他劈手抓住，五指深陷进鱼鳞里，鱼尾忽然翻折过来，重重抽在他手背上，传来清脆的皮肉撞击之声，水花溅满了前襟。他忍痛把鱼塞进了小褂的口袋里，捂住袋口，沿着土路跑回家去。他的家，就在海滩之后的一片房屋里，那是渔村的最前端，有的人家甚至把船停到了门口的滩涂上。此刻，他小褂的口袋翻腾如兔跃，粗布中传来遥远而又沉闷的敲击，但很快就被他的小手给压下去了。

把鱼扔进木盆，他长出一口气，不到一天，这里已经积攒了半盆鱼，他拿起其中一条，钓钩在上腭留下的小孔清晰可见，这时他忽然记起父亲买回钓钩时的情形了。曾几何时，蝎尾似的银钩摆满了窗台，银钩光洁的表面映照着窗棂弯曲的形象，也映出了他弯折的脸。

这些钩生来就有反骨。父亲说，这种钩不是由笔直的铁丝弯曲加工而成，而是从整块铁板上直接镂出的新月之弧——它们生来就是弯曲的，不论多么凶猛的鱼都没法把它扳平。听了父亲的话，这个十几岁的少年感到微微的心惊，世上居然有生来就弯曲的钩，本来钩是最狡诈的秘密器具，它的生产却是这样明目张胆，直奔主题，从来到世上开始，它们就是弯折的，多么无奈的记忆。这样的事，在少年未来的生命里还会遇到很多。当他轻抚着它们中的每一个，彻骨的寒意从指间直达后背，脊柱的间隙里忽然有了奇异的酥痒，他赶紧缩手，哪知钩上的倒刺早已戳进了粉嫩的手指肚，他的哭声惊动了大人，他们忙扔下手里的活，跑过来看他的伤处，父亲一把抓过他的手，把钓钩摘掉，就像刚刚钓的一条鱼，伤口处只是个红斑点，冒出的血在那里聚成了豆粒大的半球形，大人们笑着走开了，没有人来安慰他，他哭得更厉害了，这是钩送给渔村少年的成年礼，教会他以后对生活必须小心翼翼。

与谨小慎微相反，我想到了那个毫无顾忌的古代皇帝。他是有史以来第一个皇帝，因为他首先使用了皇帝这一称号，并且武力平定了全国，几千里江山绵亘不绝，尽数绘在金帛地图上，经他的手徐徐卷起，金帛霎时隐入黑暗。在帝国的版图上游历，恐怕要耗尽一生的精力。

天下既定，皇帝东巡到了海边，并有幸像渔夫一样做了一次垂钓。他到来时，暗红正是半岛最美的时节，春日迟迟，半岛上鼓荡着微温，槐树椭圆的叶片蜂拥而至，一夜之间就覆盖住了岛上的渔村。可惜他的钓鱼技术远不如开疆破土的手段高明——刚咬钩的鱼丝毫不慌乱，它咬断渔线，衔着钓钩和渔饵逃走了，头也不回地游进了漆黑的深海，闪亮的鳞光最终在暗处骤然熄灭，只留下无边的黑暗。皇帝身子不由得一震，他站起身，愤愤甩了甩衣袖，掀起的风声引发了微型地震——身后的文武群臣纷纷跪倒，以头杵地。皇帝下令，必须追回金钩，将逃鱼擒获。群臣抬起头，望见了水花四溅的海面，顿时不作声了，这样的沉默更让皇帝感到恼怒，却又无可奈何，眼前这片巨水，竟然在他的疆域之外。

回都城的路上，皇帝的眼前总是出现那条衔钩而去的鱼。那条鱼不知叫什么名字，只记得它是细鳞巨齿，面无表情，浑身银白，有三尺多长，白鳞包裹着的身子蕴藏着沉默的力量，鱼嘴咬断丝线时，通过钓竿传递过来阵阵痉挛，清晰地触碰着皇帝的手。皇帝想了一路，整夜失眠，他撩开车驾的布帘，黑而硬的河山在他面前闪过，遮天蔽日的车阵仪仗此刻也委顿如蚁阵，他轻轻叹气，几天后意外身染恶疾，在归途中郁郁而终。

皇帝的死讯传到东海，已经是半年之后。彼时正是秋后，海上却仍有热风吹来，灼人肌肤。有个年轻的渔夫坐在小船上钓鱼，他的船离岸不远，泊在石崖之下，所以谁也没有注意他。当他听到往来的船家争相传递的消息，草帽下面的朱红嘴唇浮现出一丝轻蔑的笑，他下巴上的丝绦来自草帽深处，把草帽牢牢地拴在头颅上，此刻，那几束丝绦因他的微笑而轻颤。

那个年轻的渔夫是不是我的前生？

父亲的海

【壹】

马达突突直响，又一只船靠岸。提前守候在岸上的海货商贩围拢上来，码头霎时热闹起来。

船上渔夫在分拣、过秤。缩头沉默的海螺，嘴里吱吱乱叫的螃蟹，还有面色冷峻的梭鱼，稀泥似的章鱼，通体透明的白虾，一袋袋提上岸来。有的小贩开着蓝漆的铁皮三轮，也有的推着手推车，经常看到几个小贩不约而同地扬手甩掉半截烟，一起凑上前来看货。我看到还有几个女人提着编织袋，靠到船边挑货，这是家住在岸边的主妇们，等着海鲜下锅。在炸雷般的讨价还价声中，鲜货被装车运走了。沿途落下几只透明的小虾满地乱蹦，浑身沾满了泥土，还有的混进了草丛，与蚱蜢并肩而卧，蚱蜢受到惊吓，纷纷跳出草丛。运气好的虾蹦回了海里。它们落水时短促而又清脆的细小声响，引起了一个人的注意。

那个人之所以这么快被我发现，是因为他正站在船尾，双手交叉在胸前，与船头那帮吆五喝六的家伙们迥然有异。他头上戴着长檐儿的白色遮阳帽，帽子上没有一个泥点，均匀的针脚微微突起，向着广阔的帽檐腹地投射出一串锯齿状的阴影，双眼和大半的鼻子隐在黑影里。一身青布裤褂也是一尘不染，在阳光下闪着青光，看上去质地格外坚硬，像一块青黑的礁石，仿佛掷过去贝壳立刻就会被崩得碎屑飞溅。

没错，正是他。

我离开多年以后再回到村子，很多人还在私下谈论起他，常说的一句话是——“他哪像个下海的！”众人一阵大笑，六爷笑掉了帽子，混乱中帽子被几个年轻人踩了好几脚，满是泥脚印，六爷并不气恼，追打着那几个年轻人。我突然出现，他们的笑僵在脸上，六爷捡起帽子顶在头上，风吹过来，六爷帽子上几块草末被风吹掉，从地上沾来的泥土也在风的作用下逐渐松动，却久久没有掉下来。我望着帽子出神，六爷又拽下帽子在腿上拍了拍，分开人群走了，众人也各自散了，剩下我一个人站在那里。

而现在，那个人站在船尾，眼光随着那些跃回海中的小虾来回起伏。在船头，同船的伙计们身上泥点星罗棋布，甚至看不出衣服原色，其中两个人为了争几只泥螺涨红了脸，一个穿绿油裤的人扇动两片嘴唇喋喋不休，一张嘴似乎要振翅飞去，一边说一边捋胳膊挽袖子拉开架势。对面一个红鼻头的胖子紧咬牙关，腮帮子上的肉突突直蹦，别在背后的手暗暗攥紧了木棒，恨不能把木棒攥碎，一场争斗即将爆发——这一切的热闹统统和船尾那个人无关。

早在十几年前，我还是个跟着大人们在码头上跑来跑去的孩子，玩累时停下来，常常看见他一个人在船上发呆，海鸥在他头上盘旋，甚至把他当成了可以落脚的礁石。那时我还没能理解他的寂寞。现在，我终于又一次看到他在船上，而且是躲在暗处向船上张望。交叉的双臂、整洁的衣帽就像十八年前一样，没有丝毫改变，这竟带给我由头至脚的阵痛。我忽然想到，我离开半岛以后在人群中的生存态度，和那个人有着千丝万缕的联系。

那个人是我父亲。

【贰】

潮退远了，海水逐渐望不见了，只剩下灰色的海滩。我又看见了那群蟹，那是一种身材瘦小的尖蟹，它们挥着兵器，像密集的弓弩，挂着风声，从泥滩的浅水里冲杀出来。我赶紧跳到一边，避开了凌厉的攻势。

尖蟹长条形的身子连着八条腿，外加两个比腿粗不了多少的钳，面无表情地飞奔，需要小跑才能追得上，而其中有多数尖蟹跑起来一颠一颠的，掺杂在队伍中间，还有一只跑起来剧烈颤抖，它少了两条腿，看上去更像是在跳跃前进，与整个队伍的奔跑极不协调——它们当中，大部分成员缺了一条腿。相形之下，一队伤兵让人放心许多。谁也不会想到，这是渔民们的杰作。

捕鱼人常年待在船上，追逐着四处迁徙的金枪鱼群，短的也要在船上待上大半年，已经习惯了海面上起伏不定的生活。回到安稳的陆地，居然头重脚轻，生出些许晕眩了。随船带了蜂窝炉，用完就熄，饼子码在炉盖上热热，网里捡出的小鱼扔到锅里滚一滚。小虾是可以生吃的，嫩白脆凉，像吃凉拌黄瓜。一顿饭就这样悄然开始了，满船都是大吞大嚼的声音，正如起风后的弄堂，充满了来路不明的撞击。一伙蹲在船板上吃饭的渔民中，忽然有一个人停了下来，猫着腰，直奔船头的一堆渔网。同船的伙计们心知肚明，低着头吃自己的。只见那人揪出一角网，翻了多时，拎出一只张牙舞爪的尖蟹。轻微的一声脆响，像折断了火柴棍的声音，一条蟹腿已经被掰下来，剩下的部分扔进海里。淡青色的蟹腿被两个陡峭的关节分成三段，上面布满了绒毛，尖端细长锋利无比，尖蟹靠它能爬上高大的礁石，在垂直的断崖上如走平地。现在，它穿行在牙缝里，干鲅鱼歪斜的肉丝被提起来，又塞回嘴里去，紧张的牙缝里一阵舒泰。至此，蟹腿也就没了用处，可能随手丢在船板上，也可能甩进海里——这种结局是我最担心的，那只受伤的蟹可能正在海的深处，仰头看着属于自己的腿飘落下来，蟹如果有知，也定然会垂泪。然后他回到原处蹲下接着吃饭。尖蟹肉很少，净是骨头，不中吃，本可无忧，却意外地被安排了这样的角色。

渔民吃饭最忌讳说话，四下里只有吞咽声。一次局促的午饭进行得井井有条，人群当中掺杂着我的父亲，他压低帽檐遮挡着海风，大口咀嚼的动作也带动着帽子一起一伏。

父亲不像他们那样蹲在船板上。他盘腿坐在那里，一声不响地撕咬着干鲅鱼，像撕一块旧布，烟尘四溢，那里面隐藏着死亡的快感。他平静地看着一只只尖蟹被拎起来又抛出去，一言不发，许多年来的磨炼，他已经是一个成熟的水手了。这个波澜不惊的中午，海面上没有浪头，菱形的波纹反射着太阳的光辉，他抬起头望着前面空荡荡的水面，目光穿越海平面，却总被潮湿的水汽挡回来。干鱼有着棉絮一般的柔韧质地，悄然进入口腔内幽暗的骨质缝隙，扭曲的肉丝在黑暗中寻找攀缘的台阶，都被父亲咬紧牙关挡了回去。有一回，他再也支持不住，一股铁丝似的鱼丝塞进臼齿，周围的牙险些被挤倒，他也像其他船员一样猫着腰沿船舷前行。在船头，他扯起一片网，翻找半天，拎出一只蟹，这只蟹只有七条腿，不知被谁抢先掰过了。父亲皱皱眉，把它扔回海里，蟹的落水声被船的轰鸣盖住了。在海边有个不成文的规矩：每个尖蟹最多只能掰一条腿来做牙签，不可多用。不知是谁立下的规矩，居然被几代人严格地遵守着，沿用了许多年。对尖蟹来说，未尝不是一件好事情。父亲再次回来时，嘴里溢出了干鱼的味道，他的简单的午饭就此结束了。干鱼的咸腥气夹杂着口腔的温度，四处游走，这些气味飘在船板上，瞬间把干鱼的粗糙质地复原了，气味的斜纹罩在渔船上空，织成了薄薄的网。

父亲是有心的人。他也常用蟹腿做牙签，只不过用完蟹腿从来不乱扔，而是放到蓝布小褂的口袋里，锋利的尖角经常扎破衣服露在外面。同时放在口袋里的还有毛蛤、海螺、盛放烟叶的铁盒、火柴，毫不相干的东西胡乱放在一起，母亲埋怨过许多次，父亲依然我行我素。等我离开半岛以后，惊奇地发现，父亲的方法到处都在用。父亲每次返航，我都要翻翻他的上衣口袋。毛蛤、海螺照旧交给母亲下锅，我把蟹腿留下，晾在窗台上，几年积攒下来，也有一大堆了，开窗时经常被窗扇推出一些掉在地上，我们也懒得去捡。母亲常随手抓过一条剔牙，蟹腿的锋芒比针尖还要细，能搜遍任何细小的牙缝，用它搜索一遍，吸气时牙齿微凉，冷风沿着牙缝自由出入，我却再也不敢去碰它们了。那年，我和母亲同时拿着蟹腿，在墙根下剔牙，我用力过猛，被蟹腿的尖刺扎得血流不止，落在手指肚上的血触目惊心，鲜艳的底色上掺进了唾液，温热与咸腥的气息让我晕眩。母亲忙扔掉手里的蟹腿跑过来，轻轻掰开我的下腭，口腔里的秘密暴露无遗，一小截折断的蟹腿深深楔进了牙龈，母亲把蟹腿拔出来，牙齿周围立刻被火热的血包裹了，我久久不敢合嘴。多少年了，像蟹腿刺破牙龈这种血流如注的事情，仍然在暮色四合的院落里生长。

直到有一天，我回到半岛，在退潮的海滩上再次看到颤巍巍前行的蟹，被它们庞大的阵容所震慑，禁不住暗想：它们的一条腿，又和什么人的牙齿亲近过?

【叁】

父亲年轻时喜欢游泳，起先是在村里的池塘游，整个夏天都泡在里面，直泡得浑身发白起皱，手上脚上绽出了条条深沟，上岸半天还能挤出水来，后来又去海里游，日子久了头发里生出了盐渣，乍看去像落了一头雪。

八月的半岛酷暑难耐，人躲在屋里都待不住，穿堂风也是热的，夹杂着潮气，灼得人两眼冒出火来，躺在竹凉席上翻来覆去。那些年，父亲还很年轻，他走出堂屋，沿着树影走到河边，找一枝芦苇，把中间关节打通，叼在嘴里就能在水下蹲半天，有时他躺在浅水里琢磨事儿，水面上的粼粼波光不住跳跃着，也许只有在水底，他才会得到片刻的宁静，而那些偶尔走到水边的人却冷不防被他吓一跳。

听母亲讲完这些，我简直难以相信，父亲竟然耐得住寂寞，一个人潜到水底，我们在滚烫的夏季小心翼翼，不敢过多走动，即便躺着也是不住冒汗，夏天似乎和父亲无关。后来他学会了憋气，一个猛子扎出老远，在河的另一头冒出来，大股水柱从他脸上落下，水面上炸出波纹。

一年中的大半时间，他都是湿漉漉的，他躺过的草席因为常年受潮变了颜色，在灯光下侧面看去，有个绿色的人形图案平躺在席子上，后来这张草席散了架，冬天来时，父亲把旧席钉在房顶挡风。望着旧草席上那个模糊的身影，父亲端正的睡姿仿佛就在眼前，这么多年了，他睡觉还是平躺着，晚上睡下时是什么样子，早上起来时还是什么样子。

二十年前正是父亲生龙活虎的年代，他冒险出海做了渔民，母亲拦着不让他去，他只说了一句话，就让母亲松了手——我在水里没事儿。可上了船才知道，没有他想象的那么简单。船上有渔筐滚下水，总有人把他踢下去打捞，而父亲来这条船之前，都是几个人放下皮艇去捞。通常是后背挨了一脚，父亲就从船头到了水下，一个翻身露出水面，伸手抹一把脸，回过头来向船上怒目而视，那人也总会笑笑说：谁让你水性好呢？俺们都不会水。父亲愣在那里，直到海水漫过下巴才回过神来，忙分开波涛前去追赶渔筐，船上站满了一排人，不住地喝彩。父亲也许会想，今天这是怎么了，手脚不听使唤，突突直颤。不过，当他双臂分水时，所有的不快都被他甩到脑后去了，终于，他把渔筐甩到船板上，两只手扣在船舷上，待了一会儿，他从水里冒出来，晃了晃头，甩出大片水珠，船上的人纷纷躲闪，船老大高兴地说，往后这活还是你的。船上的人又是一阵哄笑。

傍晚，父亲光着膀子走进村，手里拎着湿透的衣服，本想搭在肩上，衣服还没干透，滴滴答答还有水，用手拎着还有水滴到小腿上，格外不自在，只好把胳膊探出去，远远隔着身子拎着，一进村口，路边有几个本族长辈在乘凉，其中有一位抖着缺口的蒲扇称赞道：真好！把爱好和工作结合起来了。父亲怒不可遏，回到家里就摔碗。母亲没作声，拿来笤帚扫走满地碎碗片，我在炕角，吓得不敢吱声，盯着地上的碗碴，忽然看到一片极规整的，它来自花碗的侧壁，深蓝的滚边疾走龙蛇，聚拢为一大朵团花，来不及细看，就被母亲扫走了。父亲下炕到了天井里，外面响起他的怒吼：不会水的浑蛋们都能出海！每到这时，母亲和我都不敢吱声了。

二十年以后，我没有接父亲的班做渔民，而是远走他乡，最终侧身媒体，谋得一份差事。那天在街上遇见几个旧相识，他们见到我后赞不绝口：真好！把爱好和工作结合起来了。这时，我忽然明白了父亲的愤怒。这些善意的问候同样来自庸碌的年代，来自暧昧不清的庸碌群体。

【肆】

顶棚上映出了两块橘红色的光斑，它们互相追赶，不停地变幻着位置。揭开炉盖，里面都是满满的长条形火块，细碎的火花从缝隙里钻出来，歪着脖子挤进了烟道。长条火块周围包裹着沸腾的煤，同样的红色，它们紧紧挤在一起，不细看分辨不出，父亲又在烧泥网坠了。

泥网坠是父亲这一代才开始用的。父亲年轻时就爱琢磨，那年刚开春，他推出独轮车，架上两只柳条扁篓，拇指粗的藤条拧成了麻花，透出一股精神劲儿。他站在车前喜滋滋地看了一阵，叫我坐在其中一只扁篓里，他推起了独轮车。经过门楼时，门楼细长条的黑色投影猛冲过来，从我脸上飞跑过去，晃得我睁不开眼，这硕大的黑色猛兽过去后，去往南山的大道已经在我们面前铺展开了。

独轮车碾在土路上吱吱响，不时碰到突起的石块，我在车上来回直晃，父亲脖子上挎着襻带，随着车的走动，磨来蹭去。土黄的条纹，已经分不清雨水、汗水和阳光的痕迹。我注视着襻带，它正打磨着父亲并不粗壮的脖子。我第一次这么深情地望着父亲，一股豪情在小小的身体里长大，水一般地漫溢，长长的路一下子变短了。当独轮车停下时，父亲的脸上滚动着一颗颗汗珠。

来到南山北坡，我从车上跳下来，满山追野兔去了，回来的时候，父亲正用铁锨拍打扁篓里的土，拍得很卖力气，两篓土像条石一样瓷实，父亲还没有停，细嫩的红土变得镜子面似的，他才让我上车。我看看光滑的土面，不忍心坐上去。父亲一把把我抱上车。我坐在红土上，生怕从上面骨碌下来，双手抓住缆绳入了死扣。

一进村，天就黑下来。黑夜沿着墙角树根咕嘟咕嘟往外冒，父亲加快了脚步。我闭上眼，忽然有种异样的感觉。我对父亲说，闭上眼觉得车子在往后跑。父亲攥住车把往后倒退，问我：现在觉得向前还是向后？我说：向前。父亲后退时绊在石头上，好不容易稳住身，一个扁篓的土洒出一小堆，我揪得紧，才没掉下去。父亲吓出一身冷汗，额角有一滴汗被月光照得晶亮，他嘱我千万不要告诉母亲，我用力点点头。

冬季的多数时间，父亲都花在这些红土上面了。他在院里堆了一小堆红土，顶部挖开，像个火山口。倒进水去，小心地搅着，升起的气泡被漩涡吸进去，紧接着，张开的巨口悄然倒塌了，干燥的红土飞起来，在空中凝成了一朵朵红绒花。

泥和好了，工作的地点就转到了屋里。父亲有一把短把儿的手锤，红泥用一小片绿线网蒙好，开始了漫长的锤打。手锤忽上忽下，窗棂也跟着发出细微的颤音，手指放到上面去有些发麻。冬季近海封冻，不能出海捕鱼了，父亲心里憋着一股劲，也把所有的气力全砸在泥土上。直到摁不透，泥土就算砸瓷实了。父亲在光亮的平面上不住地抚摸，招呼我下炕来看，我在炕上赖着不愿挪窝。

窗户上映进来半个月亮，周围裹着一圈红色的光晕。我指给父亲看，父亲说，明天要起大风。最后，泥块变成了泥饼，父亲拿刀割成细长条，然后断成一块一块，摊在地上晾着，吩咐我不要踩着了。我蹲在旁边看，只见这些泥块大小相近，新割出的棱角直上直下，四面立陡，让人望而生畏。

第二天早上果然起了大风，父亲把炉火调旺，挑开燃烧的煤，在炉子中间掘开一个坑，他敛起半干的泥块往炉膛里扔，忽然发现里面有两个泥块变了形状：一个变成了尖嘴叉尾的鱼形，身上还有些交叉的斜道儿，像是鱼鳞的样子，另一个两端翘起，顶部有凹陷的深槽，分明是条船。父亲知道是我干的，微微一笑，一齐扔进了炉火中。一家人吃过了早饭，已经烧得透明的泥块可以出炉了。它们和燃着的煤块已经没有什么区别，通身是半透明的红色，冒着不易察觉的蓝火苗，扔到地上后，明亮的红顿时暗下去，逐渐变黑，最后变成砖红色。我一眼就望见了泥鱼和泥船，先拿火筷子夹出来，搁在墙角晾着。最高兴的还是父亲，他又收获了几十个泥网坠。它们已经逐渐冷却，父亲从我手里接过火筷子，把泥网坠拍成整齐的行列，横着数了数，然后又纵向数了数，他心里早已算出了那个总数，乐得合不拢嘴。这些泥网坠像砖头一样的颜色，或者说，它们就是一个个小型的砖头，匀称地码在地上。

红土烧制泥网坠是父亲的发明。早年间人们用的是铅坠或者铁坠，拴在网上倒是稳当，能把网的下摆牢牢楔进泥里，然而用不长久，就锈坏了。父亲的泥坠一出，至少能用十年，这一带的渔网纷纷改成了泥坠儿。那次父亲带着我去了趟南街，街面上晾着好多渔网，咸腥气和鱼虾腐烂的气息堵住了街道，我们弯着腰艰难地走着。父亲指着地上摊开的一挂网对我说：你看这些网坠，都烧坏了。我走近细看，网脚上的泥网坠青一块紫一块，是火候不到，禁不住也跟着揪心起来。那些网的主人见父亲来，硬挤出一个笑，比哭还难看，有的人低头忙别的，也有的人老远望见父亲，起身抱着渔网回家了。父亲一路走一路叹气，从口袋里掏出两个橘红色的泥网坠，托到我面前：你知道吗？好成色都是这个样的！我心里嘀咕：终究都是往泥里扔的东西，谁会去在意成色，还不都是闭着眼那么用？有几次我要对父亲说，可都忍住了。

父亲口袋里开始揣着泥网坠，是在那次大战之后。在黑风口那片滩涂，两个外乡人看父亲这边捕鱼多，动手来抢，三人在滩上用船桨打了起来，父亲招架不住，渐渐落在了下风，可巧他那天刚补完网，兜里还剩几个网坠，他朝上挥桨招架时，沉重的衣角像一只小手，轻轻朝下拽了一下，这一拽提醒了父亲，他伸手抓了一把泥网坠，劈面扔到其中一个外乡人的脸上，那人疼得大叫，另一个也被镇住，瞬间扭转了劣势，居然反败为胜。从那以后，他就网坠不离身，时常拿出来把玩，这些都是他的精心之作，红土的芬芳在他的手掌心弥散开来。通常情况下，几个网坠把他的上衣抻得笔挺，没有一点褶皱，他兜里揣着网坠的时候总是衣服挺括，容光焕发。

以后的许多年，家里网坠已经多得用不完，可父亲还是不停手。我看见院墙根堆着一大堆泥网坠，和一小堆蛤蜊皮混在一起，还夹杂着生火用的柴草，层层叠叠，眼看快要攀上窗台了，它们来自父亲臻于完美的流水线般的手艺，神完气足，坚硬无比，却又轻而易举地被弃置了，多像我们无处安放的青春，还有与之相关的枝枝蔓蔓。

十八年过去了，我终于感受到了父亲难以排遣的寂寞。长久的清贫生活下，似乎只有专心做泥网坠才能减轻他内心的沉重。许多个夜晚，他在切割泥块，未动刀之前他已经算出了这次的数目，刀锋的每处转折都了然于胸，顺畅的直线从他的刀尖下流出来，绵绵不绝。那一刻，他仿佛逃离了琐碎的生活，紫红色的灯泡下，他在埋头工作，那是他一生的荣耀。

谁建大宅

【白光】

胡同两侧竖起的高墙，因太阳和雨水的交替出现而有了浓绿的霉斑，它们的顶端压在山墙的瓦缝里，成条状倒挂下来，越往下越窄，分成了十几条绿丝带，还没有触到地面就停止了，那是久远年代里一场大雨的状貌，流泻的水柱骤然噤声，在墙上凝固。许多年后，我再次回来，站在山墙下，仰头望着流动的霉斑，我耳畔响起那场大雨经久不息的喧哗，其间还伴随着翻滚的雷声，穿越久远的年代奔袭过来。

胡同的衰老过程缓慢，每天暗淡一分，这一分是那么细小，我们用肉眼根本看不清。衰老的过程是在不知不觉中进行的，我们天天看到，便不觉其衰老，只有离开一段时间后再回来，才会忽然发现它的老态，中间的过程被轻易地跳过去了，这正如父母的衰老，也是突如其来，同样让人揪心。幸好胡同里还有些明亮的花，挨着院墙开放，硕大的花盘在风中晃动，古旧的院墙显得更加黯淡，还有的花甚至挡住了道路。花的主人，定是寂寞的人。这条胡同贯穿整个渔村，东侧是丛林般的山墙，午饭和晚饭后，有人坐在山墙下织网。织网人的样子已经记不清了，时间过去了太久，只记得他们坐在板凳上，网的一头挂在山墙的钉子上，另一头在他们手里，碧绿的一捆网，在竹梭的飞舞中变长。胡同另一侧是并排的平顶，院内的台阶能通到顶上，这是为晾晒鱼虾而搭建的，岛上人家以捕鱼为生，整天和鱼打交道。阳光充足的日子，胡同里弥漫着鱼虾的咸腥，各院子的主人赤着脚走在平房顶上，正如农人走在田垄间。他们俯下身子摆鱼，或者从竹筐里抖出一堆虾米，他们站在平顶房上，举起右手测定风向，就像站在自家的船上，飞起的檐角就是船头。有一家摆着几盆仙人球，西瓜大小的圆球上生着若干小球，它们一律顶着尖锐的刺，这家的孩子比我小几岁，那次在胡同里遇见他，他说仙人球摆在平房上是为了防止外人偷鱼，他还看到过仙人球上有血迹。我每天两次看见仙人球，就这样看了很多年，直到有一天，我看到圆球上喷溅着尖瓣的白花，还有淡淡的清香，我这才知道，仙人球也是开花的，只不过开花的时候太少，我只当它不开花，却意外遇到了它开花的时候，平淡的日子变得稍异于往昔。如果早知道仙人球开花，我是没有耐心等待这么多年的。我踮着脚尖拔下一根刺，捏在指尖观看，这刺是半透明的，掰到第三次才掰断，脆响过后，断碴处还淌着淡绿的汁液，我不明白的是，柔软的仙人球上怎会长出坚硬的刺，或许这些刺和我们的指甲是同类。胡同里走出一个裹着粉红头巾的妇女，泼出一盆带着鱼鳞的脏水，等我走到近前时，脏水已经渗进地里，鱼鳞却留下了，是些圆片的鲅鱼鳞，天色尚早，这家的女主人已经开始准备午饭了，中午的饭桌上必会有新鲜的鲅鱼，鱼头从盘子里探出来，布满尖牙的嘴微微开启，筷子拨开鱼身最外面的一层青皮，就像打开了绸缎的封套，里面露出耀眼的金黄色鱼肉，久违的光芒，照亮了一家老少的脸。

一天上午，我再次出现在离开多年的胡同里，环顾周围，胡同里一片黑暗，高大的山墙遮住了阳光，在另一侧投下尖角的影子，朝南打开的胡同口，阳光探进来几步，若到了中午，阳光照彻，整条胡同就会变得明亮无比。这个上午让我想到了另一个上午，那是很久以前的事了——那天的阳光侧身挤进了胡同口，在地上切成斜面，一个少年背着书包，第一次走出家门，胡同外的世界忽然呈现在眼前，他在胡同口稍微停了停，然后毫不犹豫地冲进了白光里。

【厢房】

厢房是以大院的南墙为依托而垒起的几间平顶房子，北面随便开了几个绿油漆的木门，里面存放渔网和杂物，成了渔村常用的仓库。在厢房不起眼的拐角处，红砖砌成的台阶通向平滑光洁的屋顶，阳光闪耀的时节，这里摊晒着鱼虾，那么多细小的生命，在炙烤下扭曲，艰难的变形正在我们看不见的厢房顶部秘密进行，我们在院子里走来走去，偶尔也抬头看看天，但对厢房顶上的蠕动却毫不知情。

五月里，乌云的黑气随时降临，浓黑盖住了地面，沿着院墙上升，这是暴风雨的前兆。鱼虾都收起来了，厢房顶上一片空旷，这时常有孩子站在上面，他们把椭圆的贝壳抵在食指和拇指之间，抡圆了胳膊，自后往前挥出，与此同时奋力用食指把贝壳弹射到低沉的天幕上，漫天飘着飞旋的贝壳，有的被逆风吹回来，落在水泥屋顶上摔得粉碎，三角形的碎块四处跳跃，最初的落点留下了海鸥粪便似的白斑，久违了的白斑，令人想起夏季的黑礁石，朝着海的一面全是这样耀眼的白，海鸥在这里飞过，啄食贝壳而形成的粪便随处可见，那是从天外飞来的白，翻转着坠落，挂着风声，落地清脆的爆裂，生成一朵展开的蒲公英，它们同样掺杂了贝粉与阳光。不久，雨就来了，厢房的平顶立刻被烟雾笼罩，我坐在正堂里朝外看，满眼热闹。黄昏时雨停了，屋里有了片刻的明亮，是谁家的女人站在厢房门口，把两根干鱼并在一处互相敲打，烟尘四溅，枯木般的铙钹响起，鱼鳞被声浪激出很远。

早年间的厢房顶部留有一个圆洞，趴在洞口往下看，厢房里摆着一口水缸，缸口正对着房顶的圆洞，正午的阳光会把水缸照亮，年久积攒的尘埃在缸口飞升，被屋顶的圆洞吸走。每年秋后，厢房顶上的海米晒成了，经过皮手套的揉搓来脱皮，将它们举到空中再放下，落到地上的是橘红的弯曲肉段，满地跳跃，破碎的外壳则被风吹走了。收海米时，只需在厢房屋顶，冲着圆洞倾倒下去，屋里的缸就接得稳稳的，省去了上下搬运之苦。那年正是海米丰收的季节，他随着父母一起忙碌，时不时抓起几个海米放进嘴里大嚼，父母也不加阻拦，就在父母忙着收海米的时候，他却一脚踩空，从圆洞里掉下去，父母惊呼着从厢房上跑下来，推开厢房的门，见他正从缸里探出头来，嘴里塞满了海米，耳朵和鼻子里也有海米落出来，他的父亲母亲转惊为喜，一家人大笑起来，笑声沿着屋顶的圆洞攀缘而出，在渔村上空鼓荡——那真是难得一见的丰收，这样的日子里，孩子们可以放肆，所有的过失也可以忽略不计，所有的惊恐与不悦也都化为云烟，这是他对厢房最初的记忆。

许多年后，厢房依然耸立，渔村的上空只剩下一个孩子奋力挥动胳膊的身影，雪白的贝壳最终消失在黑幕里。一千多年前这里就有了渔村，厢房在每家每户的院子里拔地而起，厢房的屋顶上照样站着一个弹射贝壳的孩子，当贝壳在空中升到最高点时，一只蛎鹬恰好飞过，就在贝壳快要贴到肚皮的时候，它猛扇几下翅膀，往前紧赶几步，终于把贝壳甩在了身后，随后在孩子们的头顶盘旋飞过。每年春季到来，当海边的劲风变得松软的时刻，蛎鹬从海上飞来，路过半岛的这个岬角，照例在渔村上空经过，它躲闪着空中飞旋的贝壳，仿佛见证了那个孩子的永生。

【照壁】

照壁是半岛地区房屋的常见格局，打开院门就会先看到它，其实就是一人多高的半堵墙，四边是青砖起凸，中间留出大片白月光的镜心，用石灰水刷成白底子，再装饰一些福禄寿等吉祥图案，还有的人家请能工巧匠做了整本的折子戏剪纸，嵌在照壁上。这样的人家，天一亮就打开院门，还要把两扇门撑住，免得被风合上，即便到了夜里，也要亮起灯来，过往的行人无不停下观看，有时为了折子戏的内容各执一词，甚至引起过争斗，主人家自然扬扬得意，笑着出来劝架。照壁正好挡住院里的正房，对于正房里的饮食起居，路人只能靠想象了，我离开半岛以后，见到了更多和照壁一样的遮挡，美到无以复加的遮挡，让人敬而远之。

有许多次，我们看到有人上吊，就吊在照壁前面，粗麻绳把身子挂在门楣上，此刻，湮灭的躯体如此之轻，一阵微风就能把他吹得来回摇摆。他们无一例外选择了凌晨，把死亡的愤怒展示出来，披散的头发板结成块，迸出眶外的眼球布满裂纹，长久难以在我们心中熄灭。那天一大早，我们看到照壁前面吊着一个老太太，白头发挡住了整个脸，鲜艳的红花袄如血光般耀眼。看热闹的人聚了一大堆，人群里有人低声骂这老太太的孩子不孝，老太太的两个儿子赶来了，把老人的身子放下来，早已经断了气。这时我们才看清，照壁上刻着寿星的图案。在笑嘻嘻的寿星图案面前，我们愣了一阵子，原来寿星也有不灵的时候。孩子们在人群的缝隙里，母亲们总会分开人群，双手扣在我们的腋下，我们像萝卜一样，一个个给拔回家去，十几个孩子消失了，人群顿时显得稀疏了，人们也都摇摇头回家去了。从那以后，相当长的时间里，不管在白天还是在夜里，我们不敢经过那些大门，还隔着几条胡同就赶紧绕开，他们的目的达到了。

有一回邻居家要起新照壁，我们都跑去看。门前的空地上还堆着黄沙和水泥，门里的墙已经垒好，甚至刚刷了白灰，新白灰的气味刚进鼻腔，就觉得鼻子里干裂开缝了，大家不约而同地揉了揉鼻子。施工的匠人盼着照壁的花样快点送来，坐在门前的水泥台阶上，一边抽烟一边等，正说笑间，一个老太太颤着小脚赶来，红纸剪成的花样包在白手绢里，叠得整齐，铺展开来，是两条大鱼在滚动，它们几乎同时被一个胖娃娃搂在怀里。红纸上的镂空小扇形鱼鳞，精准的序列让人着迷，细小的鳞片都是老人用剪子一个个抠出来的，她翻过手来，给我们看过左手的食指肚，发黄的厚茧上是密密匝匝的剪刀眼，她抖落的几片鱼鳞散落在院子里，和地上日积月累的真鱼鳞混杂在一起，难以分清。为首的匠人接过花样，早用水泥在照壁中心抹出了圆形的镜心，花样蘸水贴上去，匠人用半片剪子，趁水泥半干时，依着花样在水泥上抠出了图案，与花样不爽毫厘，抠出的小团水泥都甩在了地上。过了一会儿，换了一个匠人倒班，这个匠人喜欢把抠出来的水泥朝我们这些孩子乱甩，我们都躲得远远的。第二天水泥干透，花纹描上黑漆，衬着白石灰的照壁墙，白底黑花，令人窒息的美，主人进进出出，脚步有些踉跄，终于送走了最后一拨客人，进门转过照壁就不见了，只听见正房门“啪”地一声碰上了，他的日常生活深藏在照壁后面，我们一无所知，只有照壁上的黑漆鱼纹在滚动着，象征着“有余”的美好日子。

回老家时，正巧路过一个女同学的家门，她的说笑声在照壁后面，和当年一模一样，上学时我被老师叫到黑板上做题，面对裂缝的水泥黑板，脑子里常常是一片空白，她在下面偷偷地笑。十几年了，笑声没有多少改变，只是人被挡在照壁后面了；十几年了，模样可能早就认不出来了。我走上台阶，那笑声忽然停下了。我心里一惊，是不是照壁上有眼儿，他们在照壁后看到了我？刚想到这里，说笑声又响起来了，比刚才还要热闹几分。我在台阶前停下，灰白的水泥台阶，纵向的截面上布满了苔色，台阶没有多少改变，而踩在台阶上的这双鞋，却从汗渍斑斑的球鞋变成乌黑锃亮的尖头皮鞋了，在过去的岁月里，我们有了片刻的重合，然后朝不同的方向疾驰而去。十几年过去了，我们有了各自的生活，正如这照壁后的生活，谁也看不到谁，照壁无处不在。想到这里，我顿时没有走进去的勇气，照壁上的财神在冲我笑。如果没有照壁挡着，她一定会朝我这边跑过来，如果她向我问话，我又该怎么回答呢？或许，我会把十几年的漂泊说给她听，我仿佛看到她一改平时的嬉笑，静静听我讲完，然后一起陷入沉默。

照壁的角落里，一本卷了边的书扔在地上，从院门涌进的风不断翻起书页，我在纷乱的书页中看到了书名是《说岳》。当年在她书包里见到过，我上课时也拿过来翻了几页，看到“风波亭”我就看不下去了，趁老师转身在黑板上写字的时候，回身把书递给她。没想到这本书居然还在，和以前相比，只是字迹模糊了，纸页的外缘开裂了，碎成条状，整本书变得衣衫褴褛。风势愈大，所有的书页都朝后倒伏，整本书以书脊着地，在暴涨的风势中骤然站起身，靠在了照壁上，人有寿命，书又何尝不是，它已经走到了迟暮之年，需要靠在照壁上歇歇脚了。我近前几步，越过了门槛，捡起乱蓬蓬的书，翻出书脊，幸好它还有坚硬的书脊，支撑起残损的身子。我沿着书脊把它卷起来，卷成圆筒，紧紧攥在手里，然后转身离开了。

【正堂】

正堂的布局极为简单，紧靠北墙摆上两把椅子，低垂的扶手被磨得锃亮，祖父的掌纹、父亲的掌纹均匀涂抹在扶手表面。两把椅子中间是长条的茶几，摆满了蓝瓷的杯盘。正墙上挂着一轴卷了边的“连年有余”图卷，画的是白胖的娃娃奋力抱住一尾大鱼，大鱼做极力挣脱状，遥远的背景上还有一串鱼成拱形跃出水面，两边配着对联，上联是：向阳花木易为春；下联是：积善人家庆有余。上联因为受潮，下摆凸起拳头大的包，我把它按了下去，它又弹起来，带着清脆的纸响，只好作罢。站在房间中央环顾四周，我才觉得正堂多么小，小到多跨几步就会碰到墙，正如小时候我觉得正堂很大，当初作为庞然大物的桌子，仰起头来也看不到桌面上有什么，只看到笔直的桌檐，如今桌面高度只到腹部，这种变化没有给我带来丝毫喜悦，我们的房子变小了，像节日过后的气球那样萎缩下去，更多的时候，不敢敞开门，打开的房门像气球的嘴，我生怕狭窄的空间从门漏掉，关上房门，坐在太师椅上，随着我坐下，顶棚忽然长高了，在我头顶留出大片空间，我心里这才稍微安稳些。

十几年前，厢房里挂起灯笼，摆开了筵席，来的都是父亲的老兄弟们，他们吃着喝着，喊声震动屋顶，有墙皮掉下来。隔着门缝，我看见有一位是外号“鱼鹰”的船老大，还有一位是水手，另外几位背对着门，看不清他们的脸，他们在灯泡下喝酒，我记得在海上遇到过他们。船老大常来找父亲，那年祭海，他带人用松枝扎起了三道门，据说能给人带来好命运。因为那是半岛人心中通往海洋深处的“龙门”，他看见我在人群中，叫我出来，让我在松门下走了个三进三出，说这样能去病，桌上摆着三牲，他带着众人拜了又拜，我们一群孩子在旁边凑热闹，看到这景象，竟然都自觉停止了打闹，对神灵的敬畏在那一刻忽然降临，那真是庄严的场面，以后我再也没有遇到。

他现在正拿着一个青螺，矮下身往地上拍，回到椅子上坐正了，青螺绽开了几道斜纹，他轻轻掰开，手中的筷子倾斜着探了进去，拽出来的是黑白相间的螺肉，在灯下冒着热气，他扔进嘴里细嚼着，半天才嚼烂，据说有人把螺泡在酒坛子里，几年之后螺还活着，比原来大了一圈，显然是几年来长大了。所以吃了这螺能解酒，喝了再多的酒也不容易醉，他一连吃了五个，可最后还是醉倒在桌子底下，父亲和其他几个人也趴在桌子上睡着了，鼾声如雷，桌上的盆碗微微颤动着。母亲站在桌子前面，望着杂乱的桌面和横躺竖卧的几个人，不知如何是好，通常情况下，她会关上门退到正堂里来，坐等他们醒来。那是漫长的等待，正如岁暮之夜等待新年的到来。

每到除夕，正堂挂上了家堂轴子，按祠堂的格局排列，三重院落层层推进。画出了身着官服的各色人物和飞檐斗拱的楼阁，象征着本族的荣耀，中心位置用墨线打出了密密麻麻的方格，祖先们的名字写在方格里，始祖的名字写在最上方，雄踞于金字塔的最顶端，踮起脚来才能看清。他是一个被神化了的人物，来到半岛的第一天，就凭借家传的宝刀斩杀了一个巨人，巨人涌出的黑血染遍了半岛，所以礁石至今是黑色的。后来他生了八个儿子，他们正如一棵参天巨树的八个粗壮的枝丫，繁衍了无数子孙，树杈与树杈之间越隔越远，我们都是大树上的叶。除夕之夜，一对闪烁的红烛下，我们抬头望着先祖的名字，像看着一座高山的山巅。在这样的夜晚，我们嗑着瓜子，盘腿坐在炕上甩着纸牌，火炉的烟火通过土炕传给了我们，潮湿的暖流透过高粱秸的炕席缝隙升腾出来，我们不住地欠身，而他分开荒草寻找道路，侧耳听着林中的声响，深夜里，我们躺下睡觉，他燃起了篝火，火苗跳动在古老的夜晚，宝刀上的明珠闪闪放光。他离开太久了，在他身后，密密麻麻的人名占满了一面墙，本族的谱系在这里绵延不绝，让人想起古树上密集的叶片，在阳光下闪着碧绿的光。

那一年，祖父的名字也该写上去了，父亲站在我身后，帮我端着砚台，我握着毛笔的手颤抖着写上祖父的名字，纸是陈年老纸，落笔时墨迹妥帖，没有丝毫流溢，三个字安安稳稳地摆在方框里，或许，这三个字早就在那里了，浅淡的笔画像影子已经写就，我只是照样描了一遍上去。父亲叹了口气，一切最终平静下来，祖父的一生有了归宿，从此只能在过年时见到他了，他的名字淹没在黑压压的人群中。父亲从中认出了他的祖父，往上还有他的曾祖父，再往上游追溯，就完全是陌生的名字了，方块的墨迹在我们眼底模糊成一片，他们是谁？父亲的困惑也正是我的困惑。一对红烛亮在暗夜里，鸣叫的烛芯冒出黑烟，这种烟辣眼，从外面刚进屋就被辣得流出眼泪，看来在先人面前想不哭是不行的，红烛是先人的化身，他们的离去具有催人泪下的力量。先行流出的几滴泪，引出了更多的泪。祖父的一个老兄弟来玩，在正堂里站了好一阵子，我听到有动静，开启房门，见他在那里站得笔直，我叫他过来坐，他摆摆手拒绝了。后来他说，他在跟我祖父说话。他告诉我，祖父记忆力极好，常常在集市上听评书，一听就是一天，回到家能给大伙一五一十地讲出来。烛火摇晃的夜晚，在祖屋的炕上，祖父把集市上听来的书讲给家里人听，他的讲述穿透了黑暗，还有默默倾听的四五双明亮的眼睛。

正堂里灯火通明的夜晚只有除夕之夜，其他日子里，夜间的正堂是一片黑暗。许多年后，我在城市的房间里熄灯独坐，周围的深渊隔开了当年的人与事，我忽然想起在正堂里抽烟的父亲，他总是黑着灯，摸出火柴点着烟，几十年了，他掏烟、点烟的动作已经不需要有灯光了，烟叼在嘴里，火柴紧跟着递上来，手肘移动的位置不多不少，火柴正好够着烟卷，环形的亮光出现在正堂中，最后萎缩成一点暗红，他说这样一点亮光能防贼，贼在外面看到了，知道里面有人，就不敢进来了。就这样，他常常坐到后半夜，而那小小的光焰忽明忽暗，能否驱散笼罩了他一生的黑暗？

【前街】

推开临街的院门，不远处的弧形海湾忽然投射出炽烈的白光，前街暴露在剧烈的辐射之下，显得更加局促不安，密集的房顶在空中排出很远，只有沿街的房子能够看到墙壁，多数铁门半开着，偶尔有人进出，转瞬又不见了。在它们的身后，屋顶密密麻麻，铺成一片，有红有蓝，像一个碎布拼成的坐垫。雨季到来时，我们靠屋顶判断天气。半岛的雨时断时续，多数时候是纤细的，在阴暗的屋子里难以看清，我们想出门，只要透过窗子看看满街的屋顶就知道了——下雨时瓦片发亮，瓦楞上闪着雨的冷光。而到了雨停时，瓦上密布的小孔会瞬间把水吸干，比针鼻还要细的小孔，这是火焰留下的纪念，我仿佛听到了“嘶嘶”的吸水声，成片的屋顶渐次隐入黑暗，整条街又阴沉起来。

出院门几百步就到了前街的尽头，一片白沙土的开阔地铺展开来，再往后是黑压压的松林，松林后面就是滔滔海水了。这片难得的清静之地却是镇上的大集所在地，这天正逢大集，我来得晚了些，满地菜叶、果皮，还有些穿糖葫芦的竹签，毫无秩序地摊在地上，通过它们可以大致推断出蔬菜摊、水果摊和冰糖葫芦的小贩各自的位置。大集已经散了，只有几辆三轮停在街上没走，车后斗里装满了白亮的燕子鱼，摊主们坐在车前的平地上，其中两个一边抽烟一边说话，烟圈在他们头顶升起，还有一个靠在三轮车的前轮上，独自抱着收音机听评书。他们是附近村里的渔民，车上的鱼是经他们之手从海里捞出、晾晒的，天到这时，他们还在眼巴巴地盼着买主。刚才听收音机的摊主抬头看看天色将晚，这才下定决心准备收摊了。他从地上站起来，抄起坐在屁股底下的一段长条的木板，用木板把鱼推进了车斗内侧。多日来在街上晾晒，这些鱼多已经半干，散发着热烘烘的腥气，经不住几下翻动，许多鱼鳞从鱼身上脱落，随着风飞过来，我忙横起胳膊拦挡那一片银光。有几片碰到手背上，细微的疼痛，像六月的麦芒。

那一天下午已经很晚了，我还在街上走来走去。几户人家把渔网堆在路边，一家老小坐着板凳，手提梭子，翻找网上的破洞，这是一天中最安静的时光。一个小男孩和他的父亲并肩坐着，他手上也攥着梭子，学着父亲的样子修补网洞。或许是被礁石断层划破的口子，足足两尺有余，孩子翻找出这么大一条口子，兴奋异常，亮给他父亲看，我离得太远，只看见他的小嘴动了动，没有听到说什么。孩子的父亲伸手来要，毕竟，这么大的漏洞孩子是难以补好的，可孩子却攥住了不给，把破网藏在了身后，父亲只好由他去了。孩子喜不自禁，低头匆匆穿了几梭，忽然发现父亲的身影遮挡住了阳光，这使他的梭子下一片黑暗，甚至看不清网扣了，随着夕阳的不住下滑，父亲的身影也在变长。孩子并不起身，两只脚夹住板凳，轻轻往前一跳，连人带板凳跳出了父亲的阴影，甚至连屁股也没离开板凳，他梭子上垂下的一段草绿色尼龙线晶莹剔透，在他刚刚坐定后发出了耀眼的光芒。

半岛人物志

【李状元】

在半岛的东海岸，有个棋盘一样规整的村子，村名叫作李状元村。也不知是在哪一朝，这里出了一位姓李的状元公，在当时是方圆几十里值得夸耀的事情，直到现在也是，人人脸上都觉得光彩，即便跟自家没有任何关系。大家跟状元顶着同一片天，也便觉得自己与众不同了，尤其李状元村的人，个个精神饱满，作为状元的乡党自然是高人一等了。如果你到了李状元村，停下来问路时，没准会碰上一个满腿黑泥的人，得意扬扬地对你说——你是外地人吧，李状元村谁不知道，脚下就是李状元村，别小瞧这块地，出过状元呢！说完，他踩着两行泥脚印走远了，他的背上也许会背着绿尼龙绳的网兜，里面盛着鼓鼓囊囊的海螺。望着他远去的背影，很难想象出状元跟他有什么关系。当我走过很多地方以后，见识过那么多慷慨激昂、热泪盈眶的人，总会想起那个背着海螺的渔民，他们的骄傲是一样的，他们的虚无也是一样的。

其实，李状元的家并不在李状元村，他的老家是五六里地外的李家庄。当我翻遍当地的旧志，终于找到了这一遮遮掩掩的真相。当年李家庄兴旺之时有五百多户，那时的李状元村还是退海的一片荒地，狐兔遍地，没有人居住，只因为临海，风光倒与别处不同。这一年从几十里外的镇上来了一位先生，看好了海边的这块地，就建了一处私塾，也就是李状元读书的地方。该私塾全盛时期有上百名学生，先生徘徊在众学子的琅琅书声中，面带笑容，李状元彼时还是他的学生，坐在方桌前摇头晃脑地吟唱着《论语》，拖长的腔调带着哭音。

据说李状元早年间在私塾读书也不甚用功，没有出现什么早慧的“神童”的迹象，他每天在私塾放了学就和一帮孩子去海边摸青螺，攒多了就堆起柴火来烤着吃。烤青螺自古以来就是半岛的名吃，经火烤后的青螺外焦里嫩，入口时，螺肉最外层焦脆，在齿间聒噪一阵，夹杂着烟尘的清香灌了满口，而里面的嫩汁在这时弥散开来，正如陈年老汤，盖过了方才的烟火气。最妙的是，螺的外壳在火烤后也脆化了，手指一用力，就四分五裂，热流登时溢出，螺壳的碎屑被托举到顶棚。平时难撬动的青螺竟比吃瓜子还要方便。民国时本地财主何渔隐先生办寿宴，难怪要搞什么“百螺席”了。李状元就读的私塾现在已经重修了，原址早就无处寻觅。县志中还搜集了李状元几首回忆当年求学的诗，其中有“金风向晚至，蒿莱乱入窗”之句，可见学堂只是荒郊野外的茅屋罢了，出了学堂不远就是海滩，白花花的沙滩，鱼虾甚丰，难怪孩子们要坐不住。

那天先生家里有事，匆匆忙忙赶回去了。学生们看老师走了，也纷纷起身回家去了，只剩下李状元离家近，天色还早，也不急着回家，想看看书却又看不下去，案上的竹管毛笔泡在砚台里，墨已经凝固，攥住笔管摇了几下才把毛笔撬出来，几根笔毫却粘在了砚台上。他顿觉乏味，搁下笔，毫不犹豫地跑出了学堂。那是他生命里最关键的一天，他的命运开始出现转机——就在那天，他在海滩上找到了闻名遐迩的神螺，他连同他脚下这片土地，在那一刻产生了微微的抖颤和倾斜，只是他没有察觉而已。

灰褐的滩涂边缘光滑，海岸线微微朝海水中凸出，弧度是那样小，以至于看上去是条直线。李状元面朝海水站着，迎面吹来的海风掀起他的粗布衣襟，风直吹在半敞开的前胸上，他忽然一阵心慌，觉得有什么事情要发生，这个念头只是一闪，再要寻找已经没了踪影。

当他刚接触到粗瓷般坚硬的螺壳，还以为是块粗瓷碗片，刚要避开时，指尖却触到了半圆的螺盖，年轮似的环状条纹让他一阵狂喜，毫无疑问，这是一只巨型的螺。当他把这只螺捧在手里的时候，两个手掌心甚至感到了它微微地抖动，颤抖来自盘旋的回廊。它跑到了螺旋的最顶端，那是它的最后防线。李状元不得不狠劲抱着，巨螺的抖动越来越明显了，李状元的身子也跟着抖动起来，正在手足无措的时候，他的肚子却“咕噜”叫了一声，这无疑是个极好的提醒。

青烟从海边的松林上冒出来，李状元生起火，神螺也没能经得住火烤，香味飘出十几里远，引来鸦群在树林上空盘旋不去，李状元挥舞树枝驱散鸦群。自从吃了这只螺，李状元一连肚胀了三天，入厕时排出了不少黑血，从此耳清目明，看书更是过目不忘，第二年正是大比之年，他进京赶考，毫无悬念地中了状元。小渔村的鞭炮响了三天，空气中弥漫着严肃的火药气味，刚出屋的人都能打个喷嚏。人群中簇拥着帽插宫花、十字披红的李状元，众人纷纷称赞李状元的才情，李状元却低声说：“打那天起，我有可能是变笨了。”他微弱的声音并没有人听到，潮水般的欢呼把他淹没。有好事者在李状元吃螺的那片树林里立了“李状元食螺处”的石碑，历代题咏不绝。第二年春天，李状元的旧居里，沿着墙角冒出了很多青螺壳，逐渐盖住了院子里的地面，还在不停上升，一直升到了窗台之下。青螺“嗞嗞”的鸣叫让人想起毒蛇，腥气满院，闻到的人忍不住要呕吐，街坊四邻也给惊动了，大家走出家门，来到李状元的祖宅前，见门板已经倒塌，豁口的大门里流出了潮水般的青螺，门前的街道已经被青螺堵住。李老夫人，也就是李状元的母亲还在家里，她听到动静后，掀开窗看了一眼就昏了过去，木撑落进青螺里淹没了，掉下的窗扇啪啪响着。第二天青螺们退去了，院里的梧桐树却枯死了，一个月后，京城传来了李状元被贬岭南的消息。

李状元进京后，许多人来到这片海滩住了下来，走在海边，经常会遇见自己的亲戚朋友，大家尴尬地笑笑，心照不宣，各自散开去忙自己的事情。他们都想找到神螺，但没有一个人找到，更没有一个人去想李状元的结局，还有李家离奇的衰败，想到的，只是高头大马的荣耀。许多年后，人越聚越多，就成了村落，人们把村子命名为李状元村，大家也都怀揣着做状元的梦想，日夜不停地劳作，他们浸水后肿胀的手掌摸遍了每一片海滩，滑腻的淤泥在指尖游走，哪里有碎石、哪里有暗洞、哪里有海蛇，一切都了然于胸，而神螺却一直没有再次出现，莫非古往今来神螺只有那么一只，恰巧又被李状元碰见？

许多年过去了，状元的传说被淡忘了，荣华富贵的幻梦也少有人提起了。那天我来到李状元村，远远望见村口的海滩上满是撅着屁股摸青螺的人，这些都是状元的追随者，还有他们的子孙，最初的梦想已经没人能记起来了，他们成了岛上第一批卖青螺的渔民，三三两两，推着手推车在街边叫卖，车上有肥皂泡碎裂似的声响，那是青螺的呼吸声，小推车的轮轴吱呀呀怪叫着，两轮中间洒下一条水迹，偶尔会碰到小块的碎石，车轮一震，推车的人急忙维持平衡，有几个青螺从车上滚落下来，一直滚到路边，旁边窜过一只耷拉耳朵的黄狗，低下头嗅了嗅，又走开了。几个刚放学的孩子说笑着打这里经过，他们几乎同时看到了掉在地上的螺，有两个孩子跑在最前面，同时俯身探手去抓，其中一个用肘把另一个孩子撞倒在地，而且就地打了一个滚，滚了满身泥土，撞人的孩子牢牢抓住了螺，攥在手里。这是我头一次去李状元村看到的景象，那个抓到螺的孩子转身跑了。

半年后，我又去了一趟李状元村，回来时在村口的海货摊上买了十斤青螺，到家一过秤，刚到八斤半，还有很多泥封的“死口”，其实也不算奇怪，他们的祖上就是投机者，他们是投机者的后代。

【何渔隐】

在半岛，捕杀白鳝的钩杆须及时收起，横挂在檐下，因其倒钩太过尖锐，会无意中伤人。每天出门都看到鳝杆紧贴在屋檐下，两端各有一个绳套牵引，杆头和杆尾搭在绳套中。风吹过檐下，鳝杆头尾微微摆动，如在水中游进。槐木手柄上，海泥的青灰色泽深入木纹里，生铁的倒钩缚在杆头，除了明亮的钩尖之外，这木柄上唯一的铁器早被铁锈所害，黑铁常年流失，铁的浓烟随时在水中融化。

青砖瓦舍内，正堂上明烛晃晃，烛火间飞出的青烟瞬间融入无边的黑暗，何渔隐在堂前席地而坐，他在捆扎鳝杆。

麻绳蜷曲在他脚边，槐木棍去皮抛光，后又擦了乌贼骨粉，更觉干爽，入手也更牢靠。擒住一端轻抖，杆头便连颤五六下，甚是灵便。前几日，铁匠炉送来了二十件何渔隐定制的鳝钩，此钩乃是何渔隐亲手绘了图形，三尺长的铁锥，取一尺左右的尖端，向一侧折下去，弯成圆环状，尖端留出一指多宽的开口，这便是捕杀白鳝的利器了。鳝鱼似蛇形，却比蛇多了满身的涎沫，滑腻不可着手，双手扑住鳝鱼时，鳝鱼可以轻易滑脱，只能以锋利的铁钩扑杀。

何渔隐去官后，过起了平静的生活，闲来无事时最爱焖白鳝和烧白鳝下酒，是吃鳝的行家，鳝钩也是他首创的。那一日，铁匠打造的鳝钩送到堂前，他让管家付了账，便向后山去寻槐木。正逢初秋之时，山间绿叶仍在，丝毫不见萧瑟气象，但天已经凉了不少。何渔隐专寻槐树根部发出的旁枝，直挺挺的一根长条，并无旁枝，躬身斧斫，与仆人满载而归。当他们回到院里，卸下肩头的槐木杆，后山上的树叶纷纷落下，秋日之鞭提前降落到山上，满山枝叶迸溅，木叶横飞，何渔隐和仆人在院子里抬头观看，只见屋顶后兀然冒出的山岗抖动不止，秋天已经深了。何渔隐怅然间冲仆人挥了挥手，仆人把槐木棍立在墙角，这是他们在秋季的大萧条到来之前，从山上抢下的最完整的树干了，它们将成为鳝杆的手柄，在海上的深渊里打捞起油滑之鳝。

捆扎鳝钩之法，须用熟麻绳缠绕数十匝，这种熟麻见水愈紧，实为海上绳索之佳选。若要寻个牢固之法，可在木杆上凿出凹槽，以容纳铁钩。凹槽末端钻孔，将铁钩的尾端折起，敲进孔中。这些都是后话了，何氏草创鳝钩之时，只是草草捆缚一番，尚没有这些细处的讲究。何渔隐因贪食而生趣，鳝杆上各题有一字为记，钩杆共二十根，二十个字合在一处，正好是一首称赞鳝鱼之美味的五言绝句诗，而每个字又暗合各个钩杆的微妙属性，比如这根杆上是“风”字，那这根杆就是微弯的，如风中草木弯伏之状；再如，杆上若是“天”字，这根杆必然是最高的，在二十杆中必然是直摩云天的一根。可惜的是，这首诗没能流传下来，只因鳝杆在何渔隐死后传到民间，渔家多用其杆来捉鳝鱼，渔夫不认得字，便觉杆头的字迹可憎，他们不约而同地刮去了杆头的字，何氏鳝杆的精髓也因此消散大半。

许多年以前，在半岛沿海的河口地带，成群的鳝鱼会在无月之夜浮出水面呼吸，见光则遁迹。何渔隐带着僮仆，拨开小船悄然驶出，持杆在浅水里拨刺，不时有鳝鱼中钩。僮仆在船尾清洗，斩连刀，放在小火炉上清炖。另择出几小段，用铁钳穿了，置于炉下烤。何渔隐随船带着烧酒，吃喝一夜，到东方发白，才命仆人开船。仆人年幼，早已醉倒不省人事。主仆二人同醉在船上亦是常事，过往此地的同村渔船见了，怕他们被冲到外海，于是伸出铁索套在何家船头，牵着他的小船入港。

乡人习以为常，何氏也乐此不疲，他曾在一首诗里记录夜渔的场景，并回忆了炖鳝的肥腻与烤鳝的酥脆。烈酒驱散了海上寒夜，无尽的海上只有小船一叶，由无形之手牵引着，疾驰进黑暗里。虽然海上无月，借着星光，也能看到群星跌落在万里水波，随着浪头涌向天际，也不知是星坠于海，还是海中升起星斗，小船倒像是在天上游了，无所依傍，何渔隐拍了拍稳稳托着他的船板，才稳住心神，原来船一直稳稳托举着他和他熟睡的仆人，眼前一切不过是夜间海上极易出现的幻象。

当此情景，他居然连饮不醉，烤鳝的油爆声，锅里炖鳝的咕嘟水声，在他听来，都远胜于海上潮声。这样的夜晚，海天都是昏黑一片，小船似乎漂在冥河之上，他和仆人都无意辨认方向，任由小船随风漂去，即便迷路也毫无挂碍，想起前几日在斗室中吃鳝饮酒，再看眼前光景，顿觉当初的逼仄可憎，自此更爱鳝杆。夜已经深了，杯中酒满，鳝鱼翻开的白肉正热，仆人抱膝打盹，何渔隐却精神大增，他抱杆坐在火炉前取暖，鳝杆上的弯钩指向夜空的铁幕，海上恶鸟见到钩尖的一点寒光，远远避开了。

捕鳝的活动终因当年冬季的严寒降临而早早作罢，第二年想再出海，何渔隐却一病不起，并于当年郁郁而终。何氏死后，鳝杆之法由其仆人传至民间，大行于世，并在使用中逐年改进完善，钩形更加完美，钓术也大进，捕鳝者的数量日甚一日，却再也没有何渔隐这样的吃鳝人了，他身后留下的二十根鳝杆都在，尚可使用，都被仆人偷卖至附近渔家，渔夫用后顿觉便捷，远胜于他们使用的挠钩，鳝杆由此风行起来。何渔隐留下的二十根鳝杆成为东海鳝杆的源头，东海渔家俗称之为“鳝杆二十祖”，后世鳝杆均据此仿制。

何渔隐，清末名士，两榜进士出身，留京任职。不多久，民国肇造，清室宗庙既隳，何渔隐去官，在半岛闲居，以前朝遗老自居，乡人多知其名。他年少时即有文名，并有异行，而乡间耆旧多怪其行事荒唐。何氏幼年时，每过岛上鱼肆，盆中桶中活鱼见他而立毙，如是者再三，坊间有人风传何为几十年前半岛上搁浅的白鲨转世，前生啖鱼无数，故群鱼见之受惊而毙命。谣言传开后，何氏常被鱼肆商贩驱逐，他路过岛上鱼市，沿途鱼肆皆关门落板躲避，唯恐祸及活鱼。中年后有诗文行世，晚年著有《治鳝书》，专记鳝鱼习性及捕捉、烹饪之种种妙法，有的采自民间，有的来自一己捕鳝之经验，治鳝之书可谓古今罕见，何氏一人而已。何氏后人今藏其书，代代相传。

展观何渔隐的《治鳝书》，便想到了他疯狂捕鳝、吃鳝的一生，乡邻只记得他是嗜吃的渔翁，哪里还记得他曾是前清的翰林。《治鳝书》扉页的“何渔隐先生画像”是何氏后人根据记忆所画，只见他正襟危坐，短髯垂生于颏下，朝服顶戴俱全，眼光平视前方，流露出闲远恬淡的风神，俨然当世大儒。而这样的画像显然是何氏后代为夸耀祖先而绘，充斥着官本位的恶俗之气，合上书本，我心里出现的却是何渔隐在灶头吞吃鳝段的滑稽形象，可惜不擅丹青，不能为之绘，今试述其状如下：

灶台上的铁锅还冒着白气，鳝鱼已成釜底之食，鳝骨在何渔隐的两腮隆起两座山丘，他的嘴角开始流出两股黄油，沿着胡须滴下，涎沫和鱼油打湿了前襟，灶前的地上横陈着他吐下的满地雪白的鳝鱼骨。

【李廷扬】

蠓虾可以做成最美味的虾酱，也就是蠓酱，这在半岛早已不是秘密。

春秋两季，是蠓虾活跃的季节。这时的蠓虾几近透明，在浅滩中难以分辨，有经验的渔民看到原本平滑的水面泛起一丛丛尖刺，那是蠓虾脊背拱出水面，这时用细眼网兜下去，拎上来的必将是沉甸甸的一兜白雪，它们只有米粒大小，在手指肚上平躺着，在仅有的一点水里弹跳不止。它的眼睛是两个小黑点，捉一只放进桶里，顿时消融不见，定睛细看，有两个并行的小黑点在疾速移动，那正是它的所在——它消失在了水中，只留下一对漆黑的眼睛，到处闪烁，毕竟它那么小，而它想看到的又是那么多。

蠓酱的做法恐怕是所有虾酱中最简单的了。蠓虾细小，做酱时无须花大力气磨碎，只需放在黑瓷坛里，加盐渍了，用木棍轻轻搅匀，经过这两道工序，无数的蠓虾已经消融，此时盖了坛口，放到阳光下，每天正午和晚上各搅拌一次，如此长达一个月的繁复与焦急。酱成之日，急急盛上一碗，摆在大锅中央蒸熟，它们来自黑暗世界，早已染成了灰色，散发着邪恶的气息，蠓酱下咽后直冲顶梁，令人起立，四处逡巡，奇异的力量，需要呼喊来消散，南方式的娟秀小生在黑瓷坛面前紧皱双眉，蠓酱还未盛到碗里，他们便掩鼻而走了，黑瓷坛仍在原地站立，就像什么事情都没发生。这也难怪，在半岛一带，蠓酱一词还有粗鄙、暴躁的含义，自然不招小生们喜欢。

记得二十多年前，我混在捕虾船上，渔民中有这样一首渔歌时时唱：吃蠓酱、当猛将，穿金戴银搂姑娘。由蠓酱自然而然地想到了一位猛将，他就是来自半岛的武探花李廷扬。渔歌里唱到的风光，也正是他。这样彪悍的人物，到今天仍然是半岛民间的力量之源。

李生在半岛的大户人家，在弱冠之年就能舞动百斤重的大刀，舞到酣处，水泼不进。那年皇帝开武科，李一路过关斩将，终于到了殿试这一关，去往京城的驿路在他面前赫然铺开，他在晨光中策马上路。那一年，是公元一八〇一年，李廷扬十九岁。

皇上端坐在八十一级台阶之上的宝座，旗罗伞盖两厢环伺，宛若凌驾于祥云之巅。演武场上众军校寂然无声，仿佛只为等他的到来。这一场轮到他现场舞刀，他擎刀在手，慢慢施展开来，怎料忽然失手坠了刀，情急中只得飞起一脚，将刀踢起，继续演练，看台上满堂喝彩，掌声连成一片，伞盖深处的皇帝也不禁站起了身，看着李演练完毕才坐下。演武结束，李廷扬被钦点为武探花。当他回到客栈，脱下靴子，右脚已被血水浸红了，地面被打湿一片，铁刀刀杆撞击皮肉的疼痛此刻才完全苏醒，他清晰意识到了右脚的存在。

许多年以后，李廷扬在帝国的版图上东挡西杀，赢得了煊赫的声名。谁料想，他的大刀最终在洋枪洋炮的冲天火光中黯然失色，他把刀尖朝天，刀把朝地，直戳进地里去，刀杆悄无声息，入土足有七八寸深，像刺进水中那般轻松，大刀如树，孤零零耸立在东海之滨，宛如粗重的桅杆。他想起家乡捕蠓虾的渔人来了，他回望这柄曾给他带来无上荣耀的冷兵器，才发现它早已锈迹斑斑，在火光中没有丝毫反光，它轻而易举地遁于黑暗，浓黑的刀锋让李探花感到前所未有的绝望，他闭上眼睛，眼睑深处满是雪亮的刀光。他把宝刀交付给排天的巨浪，转身离开了。

李探花解职还乡后，在半岛度过了晚年时光，他这五年的行迹在正史上无处寻觅，因为无事可记，便成为永久的谜。我甚至想，在他遇赦还乡之后，平静的生活中或许充满了挫败的回忆。他吃到当年初秋新产的蠓酱时，心中会不会隐隐作痛？

我仿佛看到圆瓷盆的蠓酱摆上了八仙桌，粉红色的蠓酱与盆沿相齐，李探花胸前的花白胡须在剧烈抖动，抄起红漆木筷的右手青筋暴起，筷子滑落到地上，跳跃不止。蠓酱与猛将两个词在他脑海中疾速更替，究竟是蠓酱，还是猛将？

李探花的迟暮之年波澜不惊，蠓酱的不安隐喻令他难堪，与此同时，帝国的危楼却摇摇欲坠，同他一起老去。

【刘墉】

那年我有七八岁，第一次跟着大人坐船出远海。起锚后，我们离开海岸，迎面而来的海浪均匀地撞在船头上。一只隹鸟站在船舷，并不避人，还不时抖抖翅膀，船身在浪头上摇晃，它却站得稳稳的，长嘴左右甩动，似乎以此来维持身子平衡。这显然是一只成年的隹鸟，翅膀的边缘已经生出了暗红色的长翎，它似乎刚从水里钻出来，羽毛是脱水的，见风就干，但脚爪上还带着水渍，在船板上渗开深色的印子。隹鸟头上的灰色绒毛质地绵密，海风吹过，绒毛被层层掀起，有的地方浸了水，一绺一绺粘连在一起，被风一吹，也丝丝散开了，多像我们头上翻滚的头发。它眯着眼，沉醉于这种惬意，侧过头来望着我们。船上渔民高兴万分，起航时有鸟落在船上，是难得的吉兆，预示着有一场罕见的收获。于是，船上忽然响起了那首古老的渔歌，歌声穿透海风，腔调高昂激越，字句却十分含糊急促，符合半岛的方言特点。十八年转眼就过去了，大段的歌词已经漫漶不清，我只记得那支歌的开头有这样几句：

“一呀嘛一只鸟，船头望着我，世上的好事情呀，都让我遇着。”

不知是谁带头唱起来的，接着整船人都跟着唱起来，古老的渔歌流传了不知多少代，每一个音节都印在人们心上，每一处转折也都出奇的一致，无须费力去记，就像船上的柴油机，一经启动就会自动运转。在嘈杂的渔歌中，隹鸟双腿一纵，越过船舷飞走了，它擎着锋利的翅膀，悄无声息地掠过泊在岸边的一只旧木船，在空中频频拍打翅膀，有了片刻的停留，继而在船后面隐蔽的位置着陆了。旧木船横在我们面前，看不清隹鸟的去向，我猜想它的趾爪定是在泥滩上陷落，深一脚浅一脚地走来走去，这纤细的声响给我们送来了它全部的体重。我们的船转过海角继续前进，绕开了那只旧木船的遮挡，此时的隹鸟变成了一个黑点，它还在旧木船后面的滩涂上走来走去，对吵嚷的船队置之不理，它迈着小碎步，低头啄食，浅滩里的小鱼虾躲不过它的长喙，一条闪亮的小鱼横在它嘴里，急切中难以下咽，它昂起头，尖嘴指向蓝天，几个开合，小鱼落了进去。只见它一甩头，从我们的视线中消失了。船头上议论纷纷。有人说它钻进泥潭里捕食了，还有人说它从旧木船的裂缝钻进去了，那里有隹鸟的家宅，涌动着无数雏鸟的小小头颅……

我离开半岛以后的许多年，神出鬼没的隹鸟不断在我眼前出现，在我的生活中出现，它的存在，不由得让我想起了刘墉，这个神秘的半岛人。这一天，乾隆皇帝心血来潮，想到半岛游玩一番，忽然在朝堂上问起半岛风物若何。刘墉闻言大吃一惊，暗忖皇帝到半岛必然闹得一方百姓不安，立即出班奏道：半岛盛产一种食人蚊，嘴长一尺，浑身黑毛，十分凶险，万万不可前往。他在朝堂上陈言如流，众臣瞠目，他心中显现出一只隹鸟，在海滩上悠闲漫步，这让他心里有了主张。朝堂上光线昏暗，刘墉和众臣似乎在船上，只有他一人善识水性，在风浪中泰然自若，满朝文武晕头转向，他的身后，隹鸟扑棱棱飞起，翅膀掀起的巨大气浪令皇帝和诸臣张大了嘴巴，脚下摇晃难以站立。皇帝稳稳心神，忽然想到刘墉能言善辩，唯恐有诈，所以要亲眼看看食人蚊，刘墉遂派人快马加鞭到半岛捉来一只隹鸟，装在铁笼里觐见。皇帝从未见过隹鸟，只见这灰鸟其貌不扬，尖嘴如刀，锁在笼子里，还不停用嘴敲击铁柱，叮当作响，果然凶悍异常，皇帝不由得倒吸了一口冷气，挥挥袍袖：不去了。隹鸟还在叮叮当当敲击着铁笼，指头粗的铁柱上出现点点白光，夹杂着粗重的喉音，像猛兽发作之前的声音。皇帝急急退了殿，仓皇逃去，再也不敢踏进半岛。

刘墉这个神秘的半岛人，代表了云谲波诡的半岛式智慧。长久以来，他在历史典籍的角落里忽隐忽现，这些角落填满了碧绿的霉斑。如果有耐心抖落这些霉斑，会发现刘墉出现的场景往往是在清秋佳日，皇宫里的花园葳蕤生辉，万物繁荣滋长，上有飞鸟云集，草丛中有狐兔追逐，更有流水之声隐隐传来，种种妙处，不输造化之功，立体的皇宫在焦黄的纸页上站立起来，把持黄卷的手不堪重负。皇帝背手站在烟雾缭绕的大瀑布旁边，慢慢转回身来望着侍立的众臣。刘墉走上前与皇帝交谈，与长着三角眼的弄臣争论，言犹在耳。他在史书里交谈，甚至忘记了自己的身份，他们只是交谈而已，什么都不为，或许只为了留下这样一个交谈的场景给发黄的纸页，把上古时期的优雅留下来。我们难以看清他的表情，正如我们没有看清旧木船后面，那只隹鸟的最终去向。

草木篇

【仙客来】

仙客来是一种盆栽的海棠花，冬季里开在温室的花盆里。它开花的时节正是春节前后，鞭炮声中，红花悄然绽开，并伴着甜味的芳香，把浓重的喜气带给我们，所以家家都愿意养几盆仙客来。春节前后，窗台上红光闪烁，与红灯红烛交相辉映。我喜欢它的名字大大胜过它的花——仙客来，意即神仙降临到尘世，花之仪态可以想见。说出此花名字时，唇齿间平仄交叠，吞吐蕴藉之间，舌尖剧烈颤动，确有些凌云气概，有名如此，是机缘凑巧，更是生逢其时。春节刚过，窗台上的仙客来已经开败了，此时外面的花草还没有发芽，野花野草的根和种子都在地底沉睡，地面上还罩着斑斑雪迹，此时谈论春天为时尚早。仙客来出现在没有花的季节里，更受人们喜爱了，它填补了季节的空白，全然无视花的生长规律，在漫长的冬季里，我们别无选择。

仙客来开在温室里，文人们把眼光投向瘦硬的梅花，对娇媚的仙客来嗤之以鼻，仿佛生在温室里就是罪大恶极，只有凌霜斗雪才是正果。即便如此，世上却从来不缺少观赏仙客来的人。它粉红的布纹花朵聚成一丛，凌驾于叶片之上，花和叶分得清清楚楚，除了仙客来，我再也没有见过这样肥硕的红和绿了。

仙客来大有来历。母亲说，离此十里外有个王仙庄，庄的名字一千多年前就有了，只因庄里有个姓王的渔夫，他出海捕鱼遇到了龙女，两人一见钟情，于是结为夫妻，渔夫跟着龙女回到了深海，把小船丢在浅滩里，小船化作礁石，直到今天，我们还常在落潮时看到船形的暗礁，摸蛤蜊的赶海人常坐在这里歇脚。渔夫一去就是几百年，须知仙界一天，便抵得上凡间一年，他也跟着龙女成了仙，学会了通天彻地的法力，并且得以长生不老。渔夫成仙后，常有人看到他在水面疾走，如履平地，鞋面上滴水不沾，他所在的村子为了纪念他，就改名叫王仙庄了。渔夫孤身一人，父母已经相继故去多年，唯一放心不下的是自己家里种的海棠，这海棠最早是他的母亲种下的，母亲不在了，花在他的照料下依然开放，几年后他也离开了家，随着龙女投身幽暗的水府，花无人照料，也就不在了，窗台上的花盆里空着，枯死的残枝也朽坏了，最终融进了泥土，毕竟他离开了太久。

眼下这时节，花恐怕要开败了。初春时节，他冲出水面，衣服上滴水不沾，海水裂开了圆柱状的空洞，他从中升起来，一直来到海边的石山上，遥望自己的祖宅，早已经灰飞烟灭，花盆也被压在废墟中了，这时距他离家已经几百年了，眼下的他神通广大，和做渔夫时截然不同了，他站在海水中，海浪没过了小腿，他踩着水靠近了岸边的石山，高入云端的山尖刚刚到他的胸口，他的双腿还立在海水里，俯身看着石山，随手一指，满山都开满了粉红的花，他把时光定住，这样鲜花就永远不败，永远保持着耀眼的红花。他低头抚弄满山的红花，就像当年在自家花盆里种花一样。于是这花便叫仙客来。

我端详着窗台上的花，这便是一盆仙客来，它的叶子接近圆形，深绿的底子上还有浅绿的水渍样的浅色斑纹，几近透明的一束细茎托起了花丛，粉红的花瓣向外翻卷，犹如兔耳，花盆正如那兔笼了，它们层层叠加，单朵花淹没在花海里，远远看上去，绿叶上面悬浮着的竟如同一朵绣球似的大花，在阳光下折射出耀眼的红光，那一刻，我们都默不作声了，花苞爆裂，花瓣绽开了翅膀，一层层垂下，时光在这里找到突破口，骤然加速了，花瓣衰朽的速度令人晕眩，正如风中翻卷着的云层，瞬间就散去了。我们看得入迷，却不敢出声，阳光透过玻璃，斜照在窗台上，陪我们一起安静着。那时我对时光的离去还全然不知，只是在仙客来烟消云散时有刹那的安静，后来才知道，那安静便是对时光的恐惧。

十几年后的初春，正是我最为困顿的日子，我在异乡的旅店里醒来，在水龙头纤细的水柱里洗漱完毕，拿着毛巾在打开的窗户前擦脸，窗台空空如也，忽然想起仙客来，想起那些默不作声的安闲时光，禁不住环顾四周，窗台上只有厚厚的灰尘，而仙客来的种子遗落在遥远的乡间，深埋在某一间倒塌的老屋里，花盆的残片散落在废墟里，即便找得到种子，我也没有办法让花永远开不败，我想起王姓渔夫归来后种植的仙客来，满山红花一夜间噼噼啪啪爆裂，半岛上的居民都睡下了，又被花开声惊醒，披上衣裳出门观看，黑暗中只闻到花香扑鼻，院里的梧桐树上有投宿的麻雀扑棱棱飞起，一直飞进了浑圆的满月里，它们惊慌中抖落的翎毛落在父亲的头上，压得他的银发微微一弯，探手拿下来一看，是根翎毛，也沾满了花香，这样的夜晚让人想起很多事情。那一夜，人们不知发生了什么事情，披着衣裳回到各自的房间里。山上的仙客来开到最旺时，花枝压弯了枝头，无数花朵隐遁在绿叶下，没了踪影。这也难不住渔夫，只见他微微一笑，肩头和两肋幻化出无数只手，手的数目和花的数目正好相等，有一朵花就有一只手，他挥动无数只手，漫天臂影晃动，竟然把下垂的花朵一枝枝扶起来，然后无数只手同时撤去，撤开手的瞬间，不等花枝再次弯折，他就把时光定住了，我们看到的花就永远直立着，他在花丛中茫然站立，蜜蜂把六棱的巢穴筑在他头上，他也全然不知，这是我关于仙客来的最初记忆。

【车前草】

车前草是几千年前随意命名的一种草，每年春天它照例破土而出，好在过了一个冬天后，人们还没有忘记它的样子，土路边的空地很快铺满了放射状的绿叶，人们心头一喜，心里默念着它的名字——车前草。它们仿佛听到了，贴着地面的绿叶又伸长一段，最后的泥土空隙也都盖住了。

车前草的命名和一位皇帝在海边的猝死有关。那正是车前草滋生的季节，新发出的草叶盖住了道路，同时也盖住了很多芜杂的记忆，皇帝的死对于大海来说是多么微不足道，尊贵的身躯瞬间被海水吞没。你知道，这是很多年以前的事情了。

古时有一位皇帝驱车来到半岛，至于这位皇帝究竟是贤德还是暴戾，已经无从考证，典籍中只记录他为了到海边看海而赶了很长的路，累死了无数马匹，更有大批士兵在长途跋涉中走失。是时恰逢阳春三月，帝国的原野无边无际，野草漫过了士兵穿着牛皮靴的脚，草叶刚被踢倒，马上又站起来，甚至比原先站得还要直一些，野草遮住了大军整齐的脚步声，前队疾行的马车淹没在原野里。皇帝从车上站起来，远远望见白亮的阡陌之上升起了弯折的蒸汽，蒸汽后面的树木扭动着身子。野草刚刚发出来，一簇簇的绿连在一起，终于盖住了黄土地，车轮碾过，许多草被轧进土里，轧进了车辙底部，车辙两侧松软的泥土塌陷，很快就合上了。皇帝出行一次，就会有无数的草消失。直到有一天，眼看就要到海边了，远处已经传来隐隐的潮声，地平线上突然出现的一片透明的蓝色令众人精神一振。也正是这时候，皇帝的车驾却被一株草拦住了去路，木质车轮卡在草叶上，立刻停止了转动，无论如何也翻不过去，更别说居高临下轧过去了，皇帝身子一震，险些向前飞出，危急的一刻，他抓住了车前的横梁，才勉强稳住了身子。驾车的八匹马纷纷扬起后蹄，朝后踢飞了大块的泥土，这株草一歪头躲过了密集的土块，车轮还是纹丝不动。皇帝低头去看，只见这种草叶片宽大，叶面上泛着油光，叶脉的纵向纹路深深陷进去，十几个叶片围着根转了一圈，平铺在地上，就像开了一朵绿色的花。中间生出几根细梗，顶着锥形的穗子，好像是花苞。车轮卡在草叶上，一动不动。护卫在旁的将军大怒，他跳下乘坐的黑马，脚还没等着地，肋下的青铜宝剑已经出鞘，半空中打了一道霹闪，由上而下猛劈，剑刃撞在草叶上，直劈得火星迸溅，草叶却丝毫没有损伤，连个缺口也没有，倒是宝剑锋刃上出现了锯齿纹，将军持剑呆立，半晌说不出话来。皇帝大惊之下，不敢下车观看，赶紧避回车里，急急下令让车后退，躲开这种草。驭者赶着马倒退，兵士们在后面抓住车往后拽，车子慢慢后退，皇帝回身问左右的侍臣说，这是什么草？侍臣们戴着夸张的高冠，汗水渗出来，赶了这么长的路，他们正在暗暗叫苦，听到皇帝问话，忙上前伺候，静听皇帝把话问完，四周一片寂静，只有车前的白马鼻子里轻轻打着呼噜，众臣中居然没有一个人认得这种草，但他们丝毫没有慌乱，他们的头脑长于随机应变，身居庙堂的必备法宝，于是众臣纷纷说——请陛下赐名。

既然这草拦在车前面，就叫车前草吧。皇帝心不在焉地说。他被车前草吓坏了，哪敢久留，急忙朝众人挥了挥手，众人唯唯而退。

虽然有皇帝赐名，车前草好像并不领情，依然卡住马车，殿前护卫用上了穿甲弩箭，丝毫伤不了它。马车向后倒退几步，斜行向前，车轮顺利避开了车前草，皇帝长出一口气，他的队伍继续向东。向海边前进的途中，他的队伍却不慎闯进了一片车前草丛，马车动弹不得，皇帝只好带着侍从舍弃了马车，提着袍服跳下车来，众臣和侍卫们紧跟在他身后，一路蹦跳着前进，以便躲开那些坚硬的车前草。在蹦跳的过程中，皇帝的皇冠失落在草丛中，他只顾赶路，顾不得回头寻找，蟒袍也被撕成了零碎的破布条，终于，他们在黄昏时分来到了位于帝国边缘的海岸，脚下峭壁林立，深不可测，这便是帝国的尽头了。海水凌空而起的大潮让皇帝忘记了旅途的劳顿，站立的潮头中有巨蛟的金身若隐若现，布满鳞片的趾爪露出水面，爪尖放出寒光。它摇头抖落一身水珠，岸边立刻下了一阵大雨，淋在每一个人身上，皇帝的华盖丝毫不起作用，因为水是横着飞过来的，好像直奔皇帝身上砸来，正砸在胸口，皇帝一阵剧痛，朝后倒去，幸亏两个侍臣及时搀住了他。在他们的身后，车前草破土而出，抽叶的声音宛如阵阵雷声，叶片顶起的浮土遮天蔽日，车前草在田畴阡陌中直起身，皇帝的宫殿淹没在绿叶中，振翅欲飞的檐角在车前草的遮蔽下飞走了，回去的路也已经无影无踪。皇帝已经没有退路，于是跳海而亡，众臣和侍从纷纷跟着跳下去，这是一个值得纪念的日子，车前草荡平了帝国的所有当权者。

最早是海边的渔民先发现有人跳海，那些人身穿紫袍玉带，在海边悬崖上飞身而下，衣袂飘飘，犹如仙人下凡，消息不胫而走，帝国的百姓欣喜若狂。

远巡成了皇帝的不归路，他撒手扔下了绵延几千里的江山，而他本人也在帝国的版图上消失了，有意思的是，在他身后的海岸上，江山形胜并没有随他一同逝去，它们仍然浩浩荡荡，向着海的方向倾斜过来，这样的季节里，车前草遍地生长。

【鱿鱼草】

至今还记得十几年前的那个下午，母亲带着我探亲回来。正是初冬时节，路上行人稀少，两边的枯草刚刚经过一场野火，有的地方还冒着黑烟，大路从中穿过，越发显现出耀眼的白光。我们沿着破损的马路沿，一路跌跌撞撞地走向那个小站。这个小站是进入半岛的必经之地，我们经常在这里落脚。小站有两间平房，最上面的窗格有一圈放射状的裂缝，它来自某年某月一块石子的撞击。透过玻璃，会看到正屋里摆着简单的桌凳，一个等候换班的司机戴着蓝布帽，帽檐挡住了半边脸，他坐在桌旁喝水，桌角横着一副叠得整齐的蓝布套袖。窗框上的绿漆纷纷爆裂，像干裂的土地，有的地方纸一样卷了边儿，最终被风折断，细微的脆响过后，露出了里面的木纹，院子四周是不到一人高的围墙，可毫不费力地望见车来的方向。这是小站留给我的最初记忆。

那天下午，天空似乎格外高远，太阳在云后忽隐忽现，把云层的裂缝投射在我们脸上，而小站看上去就在眼前，可是走了半天也没有到达，我们每往前走一步，小站似乎就跟着后退一步，或许，它只属于远方。在我们看来，小站盘踞在马路的尽头，就像拴在丝绳上的气球，红瓦顶俨然浮在半空中，风从我们背后吹来，小站微微向后倾斜着，脚下丝线般的道路也扭曲着，我们开始有了晕眩的感觉。我抬头看母亲，她还在大跨步往前走着，丝毫没有疲倦，我只好在后面一路小跑，紧紧跟着。那串烤鱿鱼已经在我手里失去了最初的温热，蜷曲着别在铁条上，母亲刚才在路边给我买到这串鱿鱼时，鱿鱼还冒着热气，焦煳的香味暧昧不清，我忍不住咬掉了几条细腿，轻嚼几下，甜丝丝的香气瞬间镇住了喉舌间的干燥，剩下的大块在手里擎着，我紧跟其后，走几步就抬头看一眼，说什么也舍不得再咬了。

当我们到达那座小站，天已经黑下来，院子里站满了等车的人。临近年关，他们纷纷外出置办年货，脸上带着少有的喜色。车从路的另一端蹭过来，人群一阵骚动，车门打开，售票员站在门口，刚要说什么，就被蜂拥而上的人流挤回了车里，我和母亲要上车时，车门已经关不上了，我们几个人被挤下车来，远远地望见车门关上一半，门缝里夹着一只剧烈抽搐的胳膊，胳膊上裹的是碎花布的袄袖子，汽车走了一程，我们才看见那只胳膊颤抖着缩了进去。即便如此，我们剩下来的十几个人还是满心羡慕地望着这只抽搐的胳膊远去。

母亲说，只好等末班车了。末班车如果坐不上，除了步行二三十里路回家外，我们别无选择。没坐上车的一群人互相看着，表情异常古怪，有几个人慢慢挪到院门口，伺机抢在前面，母亲看出了他们的意图，拽着我走出了院门，为的是能抢在他们前面。院子里还有十几个人，一下子都跟出来了。半小时后，末班车颤巍巍地出现在路的尽头，已经有一半人窜出人群，冲到了马路中间。母亲赶紧攥住我的胳膊往外跑，还在靠着墙根交谈的人们刚刚反应过来，也往外挤。许多年后，这一幕经常出现在我的梦里——一位戴着蓝头巾的大婶挎着竹篮子，向前跨出了一大步，回头招呼自己的男人，张开的嘴巴圈成了完美无缺的圆形，还有一位老汉左脚着地，右腿向后飞出，脚后跟眼看快要打到了后脑勺，母亲跨出了院门，我还在院里，却被她扯得飞离了地面，双脚在空中踢腾……就在这时，有人撞到我的肋骨，我手里攥着的鱿鱼脱手飞出，向后翻滚着飞进院内，横在土路中央，我连连回头，却被母亲拽上了车。透过人缝，我在车窗看到那串鱿鱼沾满了泥土，又被谁踩上了一脚，锃亮的铁杆嵌进地里，鱿鱼的一丛细腿是乱蓬蓬的头发，一对凸出的球形眼睛也有了惺忪的睡意，这时挤过来一个大胖子，他的黑呢子大衣下摆挡住了我的鱿鱼，车厢里顿时陷入黑暗，黑夜降临了，小站消失得无影无踪，我对这个胖子又恨又怕，他似乎带来了黑夜，把我的鱿鱼给淹没了，我抓紧母亲的手，随着汽车来回颠簸。汽车在公路上穿行，远远地把那串鱿鱼给甩开了，车厢里人挤人，我的双脚逐渐离开了地面，巨大的燥热和颠簸，我喉咙里冒了烟，忽然想起嚼过的那几条鱿鱼腿的熨帖，回望车后窗，只看到了深不见底的方形黑暗，我使劲甩甩头，才意识到自己的存在。

二十年后，我又一次来到这个小站，因为公路改道，很少有人从这里走了，小站已经废弃很多年了，院子荒着，有一段院墙裂开了豁口，当年光秃秃的院子里如今竟然长满了鱿鱼腿形状的异形植物，在墙头露出一大截，有风吹过，它们扭动的姿势和鱿鱼一模一样，茎上也生着密集的吸盘，不住喷射着气流，吱吱作响，在小院的上空搅起了旋风，几个花色鲜艳的塑料袋盘旋不止，久不落下。一人多高的鱿鱼草摆出蛇形，尖端部分一伸一曲，毫不费力地游动着，好像永远不知疲倦。根部生出两只球状根瘤，一左一右，活像鱿鱼的两只眼。我注意到每一株鱿鱼草都有几条残肢，在靠近根部的位置齐刷刷断掉了，断碴处是丝丝缕缕的麻絮状，看上去像是新碴口，或许是我当年咬了一口的缘故。

【地龙草】

地龙草是海边丘陵地带上最为常见的一种草，据说它来自海的另一边，是来往的商船把它带来的，最早的时候它出现在商船的船舷上，在木缝里生了根。船舷长草是衰败之象，水手会皱着眉头把它拔掉，随便扔进海里去。有一棵地龙草的幼苗躲过了杀戮，适逢商船废弃不用，随便扔在了岸边的空地上无人问津，地龙草的幼苗从暗处走出来，几天就高出了船头，它把穗头从船舷投射到了地面，细茎上的气根抓住地面，随后攀缘而下，稳稳落在了陌生的土地上，完成了最初的登陆，半岛的地面为之一震，泥土的后背微微感到了瘙痒，这竟是顽疾的开始。不过几十年的时间，地龙草占领了半岛的主要地面，除了海水的蓝，就是地龙草的绿，两种颜色成为半岛一带的主色调，更多时候，地龙草和海一样，带给我们的似乎只有灾难，无节制的大往往通向灾难。

地龙草生在向阳的高坡上，它有着长条的叶片，每株草有六七个叶，叶簇中间抽出一根翠绿的细茎，秋后结了缎子似的亮纹穗子，这是一种善于爬蔓的草，作为主干的一枝细茎常年倒伏着，紧贴地面，茎上生出的气根垂下来，遇到土就抓住不放，几天的工夫就会深扎进地里去，生出一丛新的地龙草，如此往复，一棵生长多年的地龙草甚至能爬满一个山坡，它的蜿蜒回环之势持续不断，垂下的气根似钢构铁爪，乍看确实像龙的形态，也不枉叫作地龙草。

据我所知，大多数人是讨厌地龙草的，它缠住了山头，给山穿上了一件线织的外套，在它的藤蔓所到之处，别的草是难以存活的，只能被地龙草缠绕，最终走向枯萎。这片山坡上没有庄稼地，庄稼都种在没有地龙草的山坡底下，人们把整个山坡拱手让给了地龙草。走在山坡上，经常被绊倒，俯下身子查看，地龙草的细茎弓起，两边分别有一处气根固定住，绕成坚实的套索，在截住一个人的全身重量后，纤弱的茎居然毫无损伤，刚才脚套在套索里面，大小正合适，仿佛量身定做的一般。和其他野草相比，地龙草是最难拔的，拽住大把的茎和叶，全身的力气坠上，到最后最多只能把草茎齐腰拽断，地里的根还是完好无损，它的根深扎在山石缝里。在这样的山坡上走路，绝不能拖着脚走，行人不得不高抬脚，否则会带着一嘴泥回来。这样的环境也给我养成了高抬脚的好习惯，尤其是在高处行走时。

我们回到半岛时正是初夏时节，遍地都是地龙草，它们合力守住了山包。刚走到山下，我抬头望见了地龙草齐刷刷的穗子，我赶紧回过头对同行的几个朋友说，地龙草封山了，我们还是绕路回去吧。这时节，疯长的地龙草让人绝望。

我们绕了很远的路才回到老宅的院子，在石凳上喘着粗气。

遥望那座隆起的山包，它高出院墙，把地龙草的葱绿送进我们的视野，在我们心里留下了绿色的阴影。谁也不会想到，整座山上只有一棵草，一棵地龙草的藤蔓不断裂变，终于到了缠绕一座山包的长度，不到一个夏天，它就能走遍山顶的每一寸土地。只要有耐心拨开杂乱的藤蔓，最终找出它的主根，并把主根拔出来，地龙草就会枯萎。然而主根不是那么容易被找到的，走在这样的山上被地龙草绊倒，而且拔不出脚来，那草茎下面往往就是主根了，主根的力量总要比那些气根大一些的。

记得有一年夏天，村里一个年轻人从海边回来，路过山包时就被地龙草的主根绊倒在地，摔了结实的一跤，爬起来却是满嘴泥，年轻人一气之下就揪住了那根草往外拔，意外的是，居然连根拔起了，不久前下了一场雨，土地松软，草根上还连着一坨泥土，他拔草时用的力气过猛，结果从山上滚下来摔成了重伤。被拔出来的草根落在石崮，泥土摔碎，草根露在石头上，刚见了风就开始打蔫，草茎从根部开始变黄，枯萎开始在山上蔓延，从后山开始，一直祸及前山，原来这座山上的地龙草原本是一根。年轻人不经意间拔出的主根就像点燃了导火线，满山的地龙草被燃成了灰烬，秋天提前来到山上。地龙草枯干的叶片飞在空中，我们出门时，要低着头穿越黏滞的叶片悬浮层，回到家身上落满了草叶，村里的人咳嗽不止，鼻子里仿佛灌进了无数地龙草的碎屑，以后再有什么人伤了地龙草的主根，我们是坚决不答应的。地龙草不会无缘无故把人绊倒，我们可以不走那条路，但如果伤了它，就会惹来大麻烦，谁的日子都不会好过——这是半岛人的处世智慧。许多人落下了咳嗽的病根，那个拔出地龙草主根的年轻人因此在村里遭尽白眼，后来他干脆招赘去了十几里之外的村子，给一个跛足的老船东做了上门女婿，我们很少见到他了。地龙草被他拔去了主根，第二年居然绝迹了，偌大的山坡上生出了小叶的牛筋草，零星的叶片覆盖在地龙草的枯枝上，踩在脚底下很柔软，淹没了我们的脚步声，也不知托起我们的是枯枝还是新苗，不过值得高兴的是，我们再也不必担心被绊倒了，这时我会想起他。草木葳蕤的季节，我们大摇大摆地走过山坡，不用担心被绊倒，于是我又常听到人们提起他。

【石花菜】

石花菜生在海边的礁石断壁上，把石壁染成了绿色，海水涨潮时，有些小银鱼跑过来啄食。现在很少见到石花菜了，它快被海边人给吃尽了，礁石上一片空白，偶尔会出现一两点绿，瞬间就会被人捋走，甚至绿色的汁液也会被刮得干干净净，生过石花菜的地方比别处还要干净一些，有经验的渔民走在岸边，看到礁石上有拳头大小的白斑，就知道这里曾经长过石花菜，他凝神细想着石花菜当初生长时是何等丰茂，由于重量太大，叶子一条条垂下来，把礁石盖在下面。到如今却只剩下它的足迹了，不由得摇摇头。石花菜靠盐碱为生，在海边占了一席之地，到现在为止，它的椅子还在，它却被抽走了。

石花菜没有固定的形状，多数有着毛茸茸的枝杈，一个杈连着一个杈，没有任何规律，似花非花，似树非树，总是乱蓬蓬的一丛，与礁石的笨重很合得来。我第一次认真留意石花菜，是在十几年前的夏天，那时我正在为学业和前途而苦恼，放学后一个人从学校的侧门走出来，来到海边坐一会，总会看到这些乱糟糟的植物，就像被随意抛掷在礁石上一样，那时我居然感到前所未有的吃惊，忽然意识到自身的存在和石花菜一样没有来由，也没有具体的去向，不知从何处来，更不知要到何处去，青春成了无处安放的尴尬命题，浸了水的石花菜鲜艳欲滴，有些肿胀，我为自己危险的想法感到吃惊，于是奋力甩甩头不去看它们，我往前紧迈了几步，把它们都抛到脑后去了。好在不久之后我就离开了海，那些硕大的礁石飞快朝身后退去了，我在离开海的路上一路飞奔，石花菜的芜杂也还没有来得及进入我的生活，我就及时离开了。

据说石花菜最早是作为路标而出现的，是的，随意涂抹的路标，类似于孩子们用粉笔在墙上画下的对号或五星，所不同的是，石花菜是当年龙女跑出龙宫玩耍留下的记号。她是龙王的第几个女儿已经不得而知，按照常理，贪玩而且胆大的似乎应是最小的女儿。那是她第一次出远门，为了防止迷路，她在礁石上顺手一指，就生出一丛石花菜，留下了记号，走了一路，记号也就跟着撒了一路。她玩耍归来，循着石花菜轻松找到了回家的路。人人都说侯门深似海，龙宫又何尝不是，或许更甚于凡间的富贵。可见她出门是偷着跑出来的，以至于记号画得这样随意。在回去的路上，天已经到半夜时分，她挥舞衣袖，石花菜纷纷挣脱礁石，飞回到她的袖子里，合成一方葱心绿的手帕，原来是她把手帕撕碎变成石花菜，这时手帕恢复原状，她收紧袖口低头赶路，星光从背后照来，在她面前的地面照出了她的两个分叉的犄角，她暗暗吃惊，第一次看到自己的影子，居然有些害怕。龙宫里珠光宝气，四处嵌满了夜明珠，黑暗跑得无影无踪，所以她从小不知影子为何物。她两只脚踩在水面上疾走如飞，绣花的鞋面滴水不沾，就像走在平地上。在龙宫深处，龙王找女儿找不到，正在四处派人打探，虾兵蟹将领命，分头游出水府。龙王在大殿里背手而立，他侧耳细听，听到了来自水面的熟悉的脚步声，他坐回到宝座上去，满面怒色等着女儿回来，王冠上的珍珠流苏突突直颤，珍珠的光华映在对面的朱漆墙上，但见满壁白光缭绕，这时忽听得一阵巨响，侧门开启，进来两个虾兵，战战兢兢地扶起龙王刚刚掀翻的一张玉珊瑚桌。

龙女已经离我们远去了，只把石花菜留在我们身边，似乎故意让我们看到，可我们却找不到通往龙宫之路，她回宫后的故事也就无从知晓了，留给我们的是这些杂乱的路标。不过，我们有了新的办法对待这些原始的路标。早在几百年前，半岛的居民就学会了把石花菜从礁石上采下来，用清水洗净扯碎，熬成汁水盛在碗里，冷却后就能切出颤动着的小方块，佐以蒜泥、酱油等调料即可入菜。通常情况下，筷子难以夹起这些半透明的浅绿色方块，它们在筷子的压力下拦腰断裂，分成齐刷刷的两半，两个截面光亮，仍然呈现出光滑的镜面，均匀地照出了两个相同的我，有一块截面弯曲了，照出的头像也扭曲了。于是只好用勺子来取，入口即化去了棱角，蔬菜的清香散满唇齿间，舌根传来的余味里有青草的气息，还是被酱油和醋的味道给压下去了，冰凉的方块滑下去，从喉咙到胸口一路冰凉，乍吃时往往会受惊，赶紧用手抚着前胸，却哪里挡得住，冰凉的方块一刻不停，走到胸口时已经被磨去了棱角，最后落到肚里，只有冰凉的一团，分不清形状，却凉遍了半边身子，额角的汗珠顿时消散殆尽，热浪炙烤下的身体恢复了平静，失去的力气又回到我们身上，推开太师椅的光亮扶手，在屋里走来走去，石花菜的凉气传遍四肢，这是来自半岛夏日最美的记忆。

晚饭后走出院子，来到巷子里，各家正屋传出的灯光照亮了巷子，村子的老人们聚在一起说话，有一个人讲起了石花菜的往事，我站在旁边细听。他说，几十年前有一位衣冠楚楚的帮闲文人来到海边，当他尊贵的眼睛看到礁石上的石花菜，微微皱了皱眉头，紧接着诗兴大发，他冲四下里围观的众人抱了抱拳，款款说道——这些绿色是生命的奇迹。笑得众渔民直不起腰来，笑过之后，他们划着船箭射似的离开了。石花菜随处都能生长，不择高低，这对于那个帮闲文人来说，确实是个奇迹。

他的愚蠢并没有随他的肉体消散，而是作为笑柄传下来，多年以后的愚蠢者们当引以为戒。

【海带】

早年间的半岛没有人吃海带，那时岛上人少鱼虾多，顺着海边的沟汊跑一段，受惊的鱼就会蹿上岸来，要吃海螺，掀开小块的礁石，海螺比沙子还多，脚底踩碎了不少，带着筐去海边，往筐里捧就是，那时的生存就是这样简单。在那遥远的富足年代里，半岛的居民常用海带喂猪，猪吃得不起劲儿，好几样食料放在一起，最后剩下最多的还是海带，有时一碰也不碰，扔进去多少，就剩下多少。海带的叶片厚，水分饱满，叶表覆盖着光滑的绿皮，在潮湿的石槽里能绿很长时间不走样，和那些陆地上生长的菜叶还是有区别的，石槽里剩下海带，总比剩下那些枯萎的菜叶好看多了。直到有渔民看到鲸鱼在海里产完崽，母鲸休息了一会，然后游进浅水，把海带吃了个饱，过了一阵子，小鲸鱼游到母亲身边吃奶，人们这才知道海带是催乳的宝贝，纷纷效仿鲸鱼的做法，先是熬汤给孕妇吃，紧接着是不分男女老幼地吃起来，食海带之风吹遍了半岛的家家户户。渔闲时节，渔村的墙上有时也垂下海带来，整株海带有一人多高，底下衬的是红砖墙，那是人们在晾晒海带干，晾到半干时取下腌制，留作冬季的下酒菜。许多年前，有个内地人来到半岛探亲，住了半个多月，这天他走出院子，抬头见邻家的墙上海带垂下，在风中摇曳，他突发感慨——原来这东西是长在墙头的啊。他或许会在给家人的信中这样写道：我们吃过的海带是渔民家种在墙头的作物，根在墙头，叶子向墙外倒挂下来。红砖墙配着绿叶，煞是好看。

如果你来到半岛，一大早走在街道上，看到迎面走来的朋友面带微笑，他牙上有一片耀眼的绿，这时就要谨慎了——那可不一定是韭菜，因为现在是在半岛，那应该是海带，你从他身边经过，肩膀错开时，你探身附在他耳边轻声叮咛——你牙上有片海带。

海带今天已经频频现身于餐桌之上，成为常见的小菜，做法不一，或者切成一盘绿丝，在青瓷盘里摆成放射状上桌，或者卷成卷，里面卷着肉馅下锅蒸熟，为了防止露馅，它们腰里都给扎上了绿绳，这根绳其实就是切成窄条的海带边缘，比其他部位更有韧性，做这个角色再适合不过了，巧手的厨师还会把它系成蝴蝶结，摆在盘里翩翩欲飞，桌上若有风声。海带卷上桌后引起众人的赞叹，海带卷的截面正对着，我看到它们螺旋形的层次，忍不住有些眩晕，那些截面有刀锋走过的痕迹，在窗口照进的亮光里闪着油花，大家愣了愣，不知谁的笑声打破了沉默，海带瞬间被十几双筷子一抢而光，这十几双筷子中唯独不包括我的筷子，我举了举，就在半路撤回来了，改夹了一块咸菜，擎在筷子上充数。好在桌上人多，没有人注意到，四周响起咯吱咯吱嚼海带的声响，那是臼齿在切断海带肉质的叶片的剧烈摩擦，淡绿的汁水迸溅在口腔内壁，又滑落下来，一直渗在舌齿的狭窄缝隙里，我看见桌子对面那个奋力咀嚼的家伙，他牙缝里升起了小股绿色的水柱，当升到最高点时，绿水居然喷泉一样涌了出来，众人嚼着海带，嘴里含混着叫好，称赞声一片，因为嘴里还含着乱糟糟的一团绿，绊住了舌头，话也说不清楚了，我仿佛亲眼看到了鲜红的舌头陷进深绿的沼泽，随时会滑入无底的深渊，舌尖挣扎着寻求突围，这正是我害怕的，这种怕自有一番刻骨铭心的经历。

我已经有很多年不吃海带了。我出入餐厅饭店，总会在饭桌上见到翠绿的一团海带，在白瓷盘里开成一朵娇艳的花，这时我会不由自主地想起那个人。十几年前，浅水湾里的海带缠住了我一个伙伴的腿，我们几个都回来了，他却长时间留在海水里没有露头，那正是七月的大热天，放了学我们约好去海边洗澡，他刚潜进水底，腿就被海带缠住了，当时他游得过快，双腿经过海带丛，卷起的强大涡流搅乱了海带叶片，居然在他腿上系成了死结，他用了很大力气都没挣脱，渐渐体力不支。在水下耽搁时间久了，终于一口气憋不住，海水源源不断灌进嘴里去，咕咚咕咚的吞咽回响在他自己的耳鼓，没有被别人听到。他抽搐的四肢逐渐恢复了平静，那天放学后和往常一样，一个平淡无奇的日子，竟然是他生命的终结，第二天上课时，他的位置空着，我们不敢去看，只知道他再也回不来了。

我想到了那天的一些具体细节。刚下水时我们玩得兴起，过了一会儿，我们几乎同时发现，人群中忽然不见他的影子，我们以为他藏起来了，他经常藏起来，然后忽然出现，吓人一大跳，我们几个伙伴开始四处找他，海面这么大，我找他半天也没有找到，他在海底，海水把他的呼救声淹没了，他一开口，海水就及时堵住了他的嘴，让他不能出声，他或许已经看到水面上游来游去的单薄身体，那是他的朋友在找他，他却说不出话了。直到他的尸体被打捞出来，我才见了他最后一面。他小腿上还印着一道道淡绿色的环形伤痕，渗出了星星点点的血迹，那是海带留给他的，至于缠住他的那些海带，刚离开水面就枯萎了，齐刷刷断裂成几十节长方形的碎片，从他的脚上脱落下来，落回海水里了。

【赤松】

赤松生长在海边的丘陵上，迎风举起绿伞，海浪的喧嚣被赤松的锥形树冠挡回去了。每座丘陵的顶端都有一两棵赤松，多的时候有四五棵，聚成一小片浓荫，树干不到胳膊粗，远处望去，只见树冠不见树干，那些浓荫仿佛悬浮在半空中，直到靠近时才看到龟裂的树干，吃力地托着树冠，这显然是些尚在幼年的赤松。父亲告诉我说，在他小的时候，赤松林从海边一直延伸到村外的丘陵上，连续几十里不断，起风时松涛骇人，他在每一片浓荫里都待过，因而熟悉了每一棵树，曾经有猛虎在这里小住，松针构成的背景上经常出现金黄的斑纹，夜里虎的吼声震动松林，松针和松塔落了一地，后来猛虎不知所终，好像听到了什么消息，它走后不久，赤松林就遭到砍伐，到如今好景不存，当年令猛虎驻足的古树一棵也没有了，只剩些新树，还不成气候，它们的出现，勉强维持了父亲当年的记忆。

赤松好像专为这些丘陵而生，它们是丘陵必不可少的组成部分，没有赤松，高耸的丘陵就不完整了，光秃秃的土包也就没有吸引人往上攀登的景致了。上学以后，我常在美术课上画赤松，用连续的波浪线勾画出十几处丘陵，然后在高坡上画出棕色的树干，再画一个三角的树冠，这就是赤松的肖像了，虽然简单，这却是赤松的全部，这是我喜欢画赤松的主要原因。我在教室窗户里朝丘陵上望去，赤松就是这样简单的线条，远处的赤松正好缩在玻璃上，我擎着彩笔，在窗户玻璃上描出了赤松的轮廓。丘陵上有了赤松，就不会挪走了，所以我铆足了劲，把赤松画遍了每一个高坡，绿色涂满了纸页，上半页几乎全是绿的，绿铅笔用到只剩下半截，转笔刀转出的木屑堆满桌面，散发着木香，这时才忽然有些后悔，我提前滑下的山坡也太多了些，可实际生活中的山坡远比纸上的多，一张纸又怎能画得完呢？到最后满纸都是树，好让它们把这些丘陵牢牢把守住。

赤松之所以叫赤松，主要是因为它的木质是红色的，由留在地上的树桩可以发现这个秘密，红色渗进木纹，而且是越往里颜色越深，赤松的树干开裂处常年散发着松脂的浓烈香味，站在下风就能闻到。这种树绝少生虫子，倚在赤松的树干上乘凉最为稳妥，不必担心虫子从天而降，落进后脖领子，也不怕毒蛇从树枝上挂下身子来。据说张生煮海用的就是这赤松枝。张生世代居住在半岛，过着半渔半读的生活，直到他娶了螺女为妻，其生活才变得险象环生，张生在那次争斗中迅速变成了另一个人，这在以前，他自己连想也不敢想。螺女是一只巨螺幻化而成，她是龙王的侍女，在水底瞧见了前来捕鱼的张生，便私自逃出来与张生成亲。仙家才一日，凡间已一年，三天后龙王发现螺女不见了，螺女在地上已经和张生生活了三年，龙王大怒，在一阵暴风雨的掩护中，探出龙爪把螺女抓走了，并且顺便推翻了张生的石屋。风雨退后，张生居然幸免于难，从石屋的废墟里爬出来，原来螺女在危急的一刻把他推进了一只水缸大小的螺壳，所以毫发无伤。他在螺壳里灌满了海水，螺口朝上，稳稳架在三块礁石上，底下用赤松枝点火烧起来。赤松带油性，烧起来长时间不灭，还有清脆的爆裂声，震得螺壳微微抖颤。随着螺壳里的水煮沸，海里的水也开始冒泡，这是螺女教给张生的煮海之术，螺壳是螺女的壳，是件稀有的宝贝，盛了江河之水来煮，江河翻滚；盛了海水来煮，海水沸腾，所有水族一并荡平。她早就料到会有这一天了，在龙王光临之前，就把这等法术教给了张生。此刻，螺壳里的海水冒出白汽，直冲霄汉，再看海面上，已经漂起了一层小鱼小虾，小鱼翻了肚皮，小虾外皮微红。龙王在龙宫里热得坐不住了，龙子龙孙中道行浅的，身上都烧起了燎泡，双手抱头遍地翻滚。龙王还不服气，稳住心神施用了一阵子法术，他想引出海水，浇灭张生的火，但见海中蹿出一股水柱，直奔张生和燃着的螺。张生早有准备，抽出一根带着火苗的赤松，插在地里，海水到了这里，就被赤松木挡回去了。溅起的水花还是打到了螺底的火焰，哪知赤松燃起的火格外炽烈，越见了水燃烧得越厉害，海面上逐渐冒起了白烟，海上的渔民感到船板在发烫，赶紧划着船往岸边跑。龙王最后还是被烫得满身通红，只得乖乖把螺女还给张生。龙王从此畏惧张生三分，眼睁睁看着张生整天在海上下网捕鱼，大批水族束手被擒，张生装得盆满钵满，不出三年，居然成了富户，龙王对此无计可施。

我们做饭有时也用些干枯的赤松枝，和张生煮海用的松枝完全一样，手腕粗的枝子扔进灶膛里，断碴的木纹是浅红色，树皮的裂纹在火里撒着油，每个滴油的孔里都冒出一团火来，直冲锅底，黑铁锅在锅台上坐不稳，竟然被赤松的火舌顶得摇晃起来。锅里炖着汤，汤里胡乱扔进菜叶、银鱼和白虾，海螺和小蟹也扔进去，它们沉在锅底，打开灶门，正看到火舌燎在锅底，漆黑的锅底慢慢变红了，锅盖的蒸汽流成了一片，沿着排水口进入污水桶，海螺在锅底翻滚，哗啦啦作响，小蟹的尖爪抓得锅底沙沙响，它们一定是撑不住了。

其实我们每天都和张生一样在煮海，用的赤松都是一样的，而此刻我不断添柴的铁锅就是一个小型的海，鱼虾螺俱全，水面上翻起了浪头，不多时，海里的鱼虾都被煮熟了，真担心海里也会冒起白烟。

搁浅的鲸

巨鲸停靠在沙滩上，犹如一艘入港的游轮，附着在鱼身的海水分成小股流下来，渗进沙滩里不见了。这是一只白鲸，在沙滩上与白沙混在一起，鲸鱼的圆头直指大陆深处，海就在身后，它想翻身回去却是动转不灵了。我们听到鲸鱼搁浅的消息，急忙赶到海边，正好和它走了对面，我们在路上跑得太急，没看到鲸鱼已经到了眼前，差点撞进鲸鱼嘴里去，好在它的嘴正闭着，我们急忙向后跃开，坐在沙滩上喘息着，鲸鱼睁开眼望着我们，它分叉的尾巴垂直于地面，下半部浸在水里，尾巴的方向指明它来自看不见的海洋的深处，现在这条尾巴开始左右扭动着，居然在平地铲出了深坑，巨尾又是一阵急摇，沙滩上下起了一阵沙雨，湿润的白沙落进每个人的衣领。它极力掉转身子，想要回到海里去，我多想帮它转过身，可惜我无法像对待细小的金枪鱼那样对待它——这条巨鲸横在我面前，足有二十多米长，对我来说无异于史前怪物，它的身子是白的，就像石灰岩的白色，在月光下呈现出冰冷的蓝，显然是一只白鲸，和鱼有关的一切常识在它面前轰然塌陷。海藻附着在它身上，更增添了它的疲惫。牡蛎在靠近眼睛的地方连成一小片，就像长了皮癣，它没有时间去管牡蛎们，任它们自由生长，正如一个面有饥色的行人急匆匆赶路，毫不顾及裤管上的泥点。

人越聚越多，环绕在鲸鱼四周不敢靠近，生怕鲸发作起来，我们仰头看着它的脊背，就像看着起伏的山岭。巨鲸身子底下的沙滩已经被压出了深坑，它越是挣扎，就陷得越深，全身的重量在沙滩摇摇欲坠，它的身子正好栽在沙坑里，即便如此，它的额头还是高出我一大截，这种互相打量的场面是极为尴尬的，我甚至感受到了巨鲸心中的愤怒，因为它剧烈收缩的心脏震得地面打战，夜空中传来遥远的回声，敲打在每一个人的心上，留在渔村里的人更加惊慌，窗户上的玻璃不住颤抖，眼看就要震裂，老人抱着孩子冲出院门，来到海边的开阔地上，这时他们望到了海边的巨鲸。巨鲸一声长鸣，尖锐的声波盘旋着升到夜空中，回荡在耳鼓，在那一刻，人们暂时丧失了听觉，每个人的后背上都是热汗涔涔，不多时，孩子们的哭叫声形成了新的轰鸣，巨鲸搁浅的夜晚注定是不会宁静的，这样的夜晚让人心惊胆战，却又有一丝向往，向往着巨鲸进入我们平庸的生活，来刺激我们日渐麻木的神经。然而巨鲸这样的庞然大物，只能生活在海洋空间里，一旦离开海水浮力的托举，单靠自身的重量足以把内脏压伤，所以我们赶到海滩后看到的鲸要比实际体形矮了许多，从它搁浅开始，痛苦的变形已经在它身上进行，我们看到的鲸鱼已经不是完整的鲸鱼了，即便如此，还须仰视才能看到它微合的眼睛。

那样的夜晚，我们守在海边不愿离去，眼见着巨鲸一点点塌陷下去，却无能为力，每个人心中都盈满了悲伤，人群中传出几声叹息，更增添了肃穆和沉恸，正如一个孩子看着自己手上漏了气的气球，从饱满的浑圆状态变成了坑坑洼洼的一片，最终归于沉寂，这是无可奈何的事情，却总会让人揪心。巨鲸的肋骨啪啪爆裂，体内的爆裂声显得遥远，巨鲸低吼着，猛地弓起身子，头和尾支撑地面，想要做最后一跃，但它很快恢复了平静，我们眼睁睁看着，却没有办法出手相救，在这平庸的年代里，没有天生神力的人，荒村僻壤，也没有紧急的巨型起重机器，巨鲸搁浅只能死去，它是迷途的孩子，早知有这一天，它就不必出发了，从搁浅的那一刻起，它的命运已经无可挽回，因为难过而产生的寂灭感长久地萦绕在左右。

我一遍遍回忆那晚的情形，这时巨鲸或许正横在我的窗外。事发那天晚上，它不该贴着海岸前进。它来到岸边还是夜里，没有人察觉。它在黑夜浮出水面，顺着洋流一路北上，它走过的路连成一条柔软的曲线，漆黑的深海里因此有了白发。它只顾着低头赶路，一不留神冲到了海滩上，起初搁浅在一层浅水里，它借着惯性朝前冲了一阵子，把自己送上了沙滩。那天夜里，巨鲸发出雷鸣般的吼叫，响彻了周围的十几个村子，那是巨鲸自身塌陷时的绝望的悲鸣，起初凌厉无比，音调一路走高，这来自它肥硕的韧带，到最后却带着轻微的颤音。我们已经睡下多时了，都被吼叫声惊醒，起初骂声一片，后来听到了巨鲸无助的颤音，人们的心都软下来，纷纷披上衣裳走出家门，来到海滩上，这时巨鲸已经奄奄一息，发出警笛似的长鸣，作为全过程的目击者，我只记得月光照在它身上，大部分被吸走了，众人不敢靠近，巨鲸的吼叫掀起了大风，我们紧紧摁住了帽子，只能远远地目送着巨鲸的生命离去。

许多年后，我走在沙滩上，脚下的沙子骤然隆起，变成高山，不远处又有沙滩轰然塌陷，露出无底的深坑，沿海的整片沙滩都在晃动，我们纷纷倒地，很多人被沙子覆盖，只露出半个脑袋，那是鲸鱼潜伏在沙滩下面，它随便伸了个懒腰，就足以让我们的存在超出了我们所能见到的范围，沙滩开裂，我们开始漫长的奔跑，巨鲸扬起的沙子撒落下来，遮住了眼前的路，沙沙的坠落声中，细小的颗粒已经无处不在。

以后的许多年，我经常见到许多拍打着水花的小鱼，它们扭着腰身，露出简单到不能再简单的条纹，故意在水中发出大声，吸引人们注意，可惜我是见到过鲸鱼的人，对那些小鱼只能嗤之以鼻。

后记

相较于壁垒森严的文体范式，我更倾向于边界之外的文本，它的形貌难以界定，也难以对其命名，无法按照中学语文的文体分类秘术来加以指认——这居然是许多写作者躬行一生的方法，足见遮蔽之深。

个体精神人格的不独立，是写作的大敌，所谓“绕树三匝，无枝可依”，只能在盘旋和鼓噪中相互慰藉，在模仿中寻求安全感。故而平庸的写作向来以从众为殊荣，奉秩序为圭臬，唯恐偏离因循的轨道。

我曾对上述角色痛加批驳，丝毫不留情面，随着年齿日增，才知这是徒劳。眼见其滑向深渊，自沉之志甚坚，旁人无从置喙。眼前的热闹总是属于拙劣的模仿者，而且人多势众，当其锣鼓欢腾之际，路人都被吸引，结成松散的街头景观共同体，表演者与观看者获得了各自的乐趣。

而与这些热闹不相干的创造力，总是在不经意间对成见和常规构成冒犯和挑战，与现有秩序关系紧张也是在所难免，受到的阻力也是最大——一边破冰一边前进的航程。那么，是该亦步亦趋，为浮躁的时代增加一点嘈杂的文化点缀，还是该溯流而上，自觉加入到历代写作者对其命运的承担之中？有追求的写作者，自会毫不犹豫地选择后者。

在我看来，我的写作多得益于岛屿的环境。

在岛屿，每一天都是新的，《潮水时间歌》是岛民从小就要背诵的，若和农耕区的《二十四节气歌》比较，二者迥异其趣。海滨潮汐变化万端，二十四节气按部就班。虽然使用的历法相同，农夫是按年过，而渔夫是按天过。海中的物种，也远远超过陆地，即便老渔夫，也要经常面对网罟中的新物种，并对其命名，他们眼中的世界，尚有不少有待指认之处，记忆，语言，叙事，欲求，所有这些力量都被召唤出来，为文本的生发提供了契机。海洋环境下生长起来的人，需要面对更为广阔的世界，也需要应对风云变幻的海上岁月，时刻担负起新异的经验。海疆处于远僻之地，在历史上曾是不开化的蛮荒之所在，对所谓的权威、规矩、秩序不甚了然，亦无趋附之心，这些资源也给写作带来独立的可能。当然，海洋与内陆的分野无法截然对立，人的属性也难以遵从环境。我就曾亲见沿海地区有不少人比内陆农耕地区还要保守，内陆地区成长起来的人，或许也会有机缘巧合，突破自身的局限，而这一切又是多么难，文运最终如同命运。

我理想中的文本宛如潮间带——潮水的最高潮位与最低潮位间的海岸，也即从海水涨至最高时所淹没的地方开始，至潮水退到最低时所露出水面的狭长地带。这是一片海陆相争的所在——潮间带是属于海洋，还是属于陆地？难以界定它的身份，它本来就在界限之外，它自身即是标准。

因为潮间带的存在，地图上作为实线的海岸线变得尴尬，就像那些同样尴尬的定理与公式。当然，潮间带外在形态的波动无疑是其备受诟病的主因，无法确定形貌，便也无规律可言，漫过了农耕文化心理的因循底线，这也成了不可饶恕的原罪。

因边界漫漶不清，我的作品时而被视为散文，时而被视为小说。时至今日，文体已经不是捆缚手脚的绳索，跨文体的方式，不在于刻意去跨越界限，而是忘记了所有关于文体的规定和预设。于我而言，能够忘记，当是幸运。

汲汲于入散文范式者众矣，而我更想与散文分道扬镳。

盛文强

2016年6月于上海

图书在版编目（CIP）数据

岛屿之书／盛文强著. —北京：中国工人出版社，2017.4
ISBN 978-7-5008-6654-1

Ⅰ.①岛… Ⅱ.①盛… Ⅲ.①散文—中国—当代 Ⅳ.①I267

中国版本图书馆CIP数据核字（2017）第080035号

洋葱工作室

岛屿之书

出 版 人	芮宗金
责任编辑	宋 杨
责任校对	董春娜
责任印制	黄 丽
出版发行	中国工人出版社
地 址	北京市东城区鼓楼外大街45号 邮编：100120
网 址	http://www.wp-china.com
电 话	（010）62005043（总编室） （010）62005039（出版物流部） （010）62379038（社科文艺分社）
发行热线	（010）62005049 （010）62005042（传真）
经 销	各地书店
印 刷	三河市东方印刷有限公司
开 本	880毫米×1230毫米 1/32
印 张	10
字 数	170千字
版 次	2017年8月第1版 2019年10月第3次印刷
定 价	46.00元